XUN JI REN HUAI

寻迹仁怀 一

仁怀市酒文化研究会◎编著

科学技术文献出版社
SCIENTIFIC AND TECHNICAL DOCUMENTATION PRESS
·北京·

图书在版编目（CIP）数据

寻迹仁怀. 一 / 仁怀市酒文化研究会编著. —北京：科学技术文献出版社，2024.9

ISBN 978-7-5235-1123-7

Ⅰ. ①寻… Ⅱ. ①仁… Ⅲ. ①文化史—仁怀 Ⅳ. ① K297.34

中国国家版本馆 CIP 数据核字（2023）第 250096 号

寻迹仁怀（一）

策划编辑：丁坤善 钱一梦 责任编辑：韩 晶 责任校对：张永霞 责任出版：张志平

出版者	科学技术文献出版社
地址	北京市复兴路15号 邮编 100038
出版部	（010）58882943，58882087（传真）
发行部	（010）58882868，58882870（传真）
官方网址	www.stdp.com.cn
发行者	科学技术文献出版社发行 全国各地新华书店经销
印刷者	北京时尚印佳彩色印刷有限公司
版次	2024 年 9 月第 1 版 2024 年 9 月第 1 次印刷
开本	710 × 1000 1/16
字数	273千
印张	22 彩插8面
书号	ISBN 978-7-5235-1123-7
定价	138.00元

编委会

编委会成员

书名题写 季克良

主　　任 李　武

委　　员（以姓氏笔画为序）

丁远怀　王小军　王洪利　王晓娟　王瑞松　方廷本　冯建波
任远明　闫希军　许　鹏　吴光才　佘小兵　余方强　余昌彬
汪洪彬　汪智明　张　钊　张方利　张传远　张家豪　陈　果
周德雍　姜世威　唐　晖　曹本强　梁明锋　梁绍辉　喻阳明
焦永权　蔡孟珂

编辑部

主　编 李　武

编　辑 姚　辉　陈　灼　黄黔华　陈连忠　陈　飞　陈　炯
沈冰洁

序一

◎龙先绪

黄黔华先生将仁怀市酒文化研究会会长李武牵头编著的《寻迹仁怀（一）》送到我的案头，要我写篇序置诸简端。说实话，对写序这类事，我是很厌烦的。近10年来，我已为他人著作写了40多篇序，找各种理由推脱的还不少。但此书内容甚符鄙怀，寻找仁怀的历史古迹，之前还没有人具体做过。现在他们不但做了，而且做得及时。要不然，这些历史古迹就会源源不断地消失在历史长河中，对生于斯长于斯的我们而言，数典就是一片空白。

谈仁怀的历史，首先要有一个“大仁怀”的概念，即今天的赤水市、习水县、仁怀市，原为一县。雍正十三年（1735年）从仁怀分出今天的赤水市，仁怀县治所迁到今天的仁怀市，民国四年（1915年）又从当时的仁怀县分出今天的习水县。

夏朝把天下分为九州，分别是冀州、兖州、青州、徐州、扬州、荆州、豫州、梁州、雍州。仁怀在那时属梁州之域，秦为巴郡地，汉为犍为郡符县地，三国时为蜀汉政权领地，晋为符县置安乐县，隋为泸川郡地，唐朝先后或同时置有芙蓉、瑯（琅）川、胡刀、释燕、高山、舍月、胡江、罗为、邪施诸县，隶播州。清代顾祖禹《读史方舆纪要》中记载仁怀唐代建置："芙蓉县，在（仁怀）县南，唐贞观五年置，寻隶牢州。二十年改隶播州，咸通中废。又瑯川县，在（仁怀）县东南，亦贞观中置，隶牢州，十六年改属播州，开元二十六年省入芙蓉。胡刀县，在（仁怀）县西南五十里，唐贞观九年置释燕县，属郎州。十一年州废，县亦省，十四年夏置改为胡刀县，属播州，开元二十六年废。舍月县，在（仁怀）县东南九十里，唐贞观九年置高山县，属郎州，旋废。十三年复置，改曰舍月，以境内舍月山为名。又胡江县，在（仁怀）县东南四十里，亦贞观九年置，属郎州，旋废。又罗为县在（仁怀）县西南二百里。贞观九年置邪施县，属郎州。"顾祖禹（1631—1692 年），苏州府常熟人，清初沿革地理学家。其先祖顾野王撰有《舆地志》，高祖顾大栋撰有《九边图说》，曾祖顾文耀、父亲顾柔谦皆通晓舆地之学。他在家学的影响下，毕生专攻史地，对沿革地理和军事地理研究特为精深。乾隆年间爱必达撰的《黔南识略》及道光年间陈熙晋撰的《仁怀直隶厅志》均认同其说法。

唐代这些县须以万历二十九年（1601 年）仁怀县治犁棚坝（一名留元坝，今贵州赤水）为中心寻找。①芙蓉县治在犁棚坝南（里数不详），646 年设置。芙蓉县建治时间最长，共有 200 多年。仁怀直隶厅同知陈熙晋《之溪棹歌》第 47 首云："芙蓉山上树重重，芙蓉江水秋露浓。面面彩云红不散，芙蓉城里有芙蓉。"自注："城中芙蓉颇多，厅治为唐芙蓉县。"②瑯（琅）川县，在犁棚坝东南（里数不详），627—649 年设置，738 年并入芙蓉县。③释燕县，在犁棚坝西南五十里，635 年设置，640 年改为胡刀县，738 年废。④高山县，在犁棚坝东南 90 里，635 年设置，639 年改为舍月县。⑤胡江县，在犁棚坝东南 40 里，635 年设置，旋废。⑥罗为县，在犁棚坝西南 200 里，设置时间不详。⑦邪施县，在犁棚坝的方位不详，635 年设置。

北宋大观二年（1108 年），仁怀地域置播州乐源郡，领播川、琅川、带水三县。大观三年（1109 年）建滋州（今习水土城），领承流、仁怀两县。仁怀县之名由此始。承流治所在滋州城，仁怀治所在今赤水市复兴场。宣和三年（1121年），废滋州为武都城，以仁怀县降为仁怀堡，承流并入，隶属潼川路。元为播州播南路，隶四川行省。万历二十八年（1600年）平播州杨应龙之叛，万历二十九年（1601年）置仁怀县，辖仁怀、河西、土城、二郎、小溪、丁山、吼滩、赤水、安罗、礼博十里，属遵义府。《遵义府志·建置》云："真安州复领绥阳、仁怀二县隶四布政使司。"雍正五年（1727年），仁怀县随遵义府改隶贵州布政司。雍正七年（1729年）五月二十二日，陕西总督岳钟琪以"查仁怀县境东西各三百余里，以仁怀之西界东至夔州府计五百里，以仁怀之东界西至泸州亦有四百五十里，惟是县城现在西界是以与泸州近而与遵义远。若以县内适中之境而言之，则其相去泸州与相去遵义府，固无远近之别。况遵义一府已经改归贵州，仁怀去贵州省城止七百里，较之去四川省城一千数百余里，已减过半。且查泸州并无考场，历来州属生童俱赴叙州府应试。若将仁怀改隶泸州，则仁邑生童亦须前赴叙永厅考，水道迂折，逆流而上，陆路崎岖，负笈而行，远者八九百里，近者亦六七百里，较之往来遵义府更多跋涉之劳，是仁怀改隶泸州之处，似可无庸置议"之由上奏朝廷。岳钟琪（1686—1754年），字东美，号容斋，成都人。雍正三年（1725年）授川陕总督，加兵部尚书衔。次年，奏诏在云贵两地推行"改土归流"。

由此可知，仁怀历史数千百年，史迹颇多，一一考述记载，任重道远。李武、黔华诸君辈勉乎哉！

2023年11月11日晨

（注：龙先绪，仁怀市人，贵州省文史研究馆馆员，

贵州历史文献研究会副会长）

序二

◎李飞

与黔华相识近20年了。初识时，他供职于媒体，是一名勤奋的记者，而我是一名一线的考古工作者，常常成为他的“狩猎”对象。从桐梓夜郎宋墓发掘，到务川大坪汉墓发掘，再到海龙囤发掘与申遗，从“而立”到“不惑”再到渐“知天命，我们一起走过了那些青葱岁月。

在我看来，他就是一个为新闻而生的人。所以，后来他毅然离开媒体而转战酒文化研究时，我很吃惊。这是一个全新的领域，这个抉择也是痛苦的。很快，他从一名开着车到处游荡寻找新闻线索的“狩猎者”，转变成仁怀酒文化研究“九大工程”的忠实执行者，成了一个小团队“领导”。差不多同时，我也离开考古一线，进入博物馆，从发掘者变身讲述者。只不过，我身份的转化是被动的安排，他却是主动的选择，其中有纸媒凋零的时代背景，更有会长李武等一群热衷赤水河文化、酒文化研究的专家、学者的召唤。我们之间的联系并没有断，原因在于他将深入探寻酒文化的内涵、挖掘酱酒的历史渊源作为自己的使命。我会理所当然地认为是曾经的职业经历造就了他当下的理念。其间，我多次受他邀请一起在赤水河畔探古寻幽。无论是对他还是对我而言，这似乎都是一种职业病，我们都很享受这种田野调查所带来的快乐。我们甚至谋划一起做一个酒文化的大展，做好酒旅融合这篇“大文章”。我因为穷忙，迟迟未能启动这项工作，而他的脚步一直没有停下来，先后策划了几个大型的文艺演出活动，此时的他蜕变成一名编剧，将所思所想搬上了舞台，引起了很好的社会反响。他的转型，无疑是成功的。

不久前，黔华通过电子信箱发来几十万字书稿，说取名为《寻迹仁怀（一）》，该书即将正式出版，嘱我写几句话。我大为震惊，连忙打开书稿一篇篇浏览。他的文笔一如既往得好，记录的对象是赤水河畔那些搁浅在时光深处的美好过往，故事从一块碑、一座村、一个人开始讲述，深入浅出，娓娓道来，有精深的考证却无学究之气，有流畅的表达也有深沉的根基，兼具学术性与可读性。黔华将自己20多年来养成的考据癖和新闻表达完美地糅合在一起。据我所知，之前他的团队在李武会长的推动和支持下，通过对《四库全书》中酒文化、酿酒技艺和诗文等的梳理，整理出版了中国酒文化文献资料《酒典》，共5函25册。《寻迹仁怀（一）》是一个新的开始，他和李武所带领的团队还有更大的野心，要将寻访的对象拓展到整个赤水河流域，将稿件分门别类整理出版。对此，我满怀敬仰之情，更乐见其成。

赤水河是一条历史悠久的河，自新石器时代以来，经商周、两汉、魏晋、宋元直至明清，人类在该流域的活动从未间断，并留下众多历史的印迹。赤水河是一条承载了丰富文化的河，数千年以来，栖息于此的人们创造了绚烂而多彩的文化，譬如汉代的陶船与精细而繁缛的陶房屋模型，宋墓上栩栩如生的雕刻及明代土司的城堡等。赤水河是一条惠及民生的河，它是川盐入黔的重要通道，既满足了人民生活之需，又促进了市场繁荣。这里所产的美酒，香飘世界，对今日贵州的经济社会发展起到了重要的支柱作用。赤水河是一条民族交往、交流、交融的河，不同历史时期，不同族群及其文化在此碰撞交融，铸就了今日赤水河两岸人民坚毅豪迈的性格。

当前，国家正在大力推进长江经济带和长江国家文化公园建设，长江是中华民族的摇篮与发源地，在中华文明的起源和发展中发挥了极为重要的作用，是中华文明多元一体格局的标志与象征、中华文明文化多样性的重要组成部分。只有将长江经济带发展与长江流域文化建设的标志性项目——长江国家文化公园建设有机结合起来，才能真正有效保护、利用长江文化资源，发挥其应有的价值和作用，进而推动长江流域经济社会全面发展。作为长江上游支流的赤水河，是长江流域文化的有机组成部分，也是长江经济带建设不可或缺的一环。

因此，挖掘赤水河的历史，讲好赤水河的故事，就是讲好长江故事，就是以实际行动助推长江文化和长江经济带建设。有趣的是，《寻迹仁怀（一）》的采写与编辑出版，由仁怀市酒文化研究会发起，该会的现任会长李武先生同时是仁怀酱酒集团董事长，是一名成功的企业家。也就是说，这群践行者有着企业家和文化记者的多重背景，兼有经济和文化的属性，他们率先在身份上完成了融合，并将所行之事如同赤水河汇入长江一样融入波澜壮阔的国家叙事中。

读史，也是在读自己。在这本书里，我读到了历史的深沉，读到了人生的抉择，读到了执着的意义，也读到了新时代赤水河人奋进的精神力量。

（注：作者系贵州省博物馆馆长、首届中国考古学大会青年学者奖——金爵奖获得者）

目录

历史·人文

航运·盐道

古村·古桥

营盘·洞寨

遗址·碑刻

家族·传承

水利 · 地标

寻迹仁怀

XUN JI REN HUAI

历史·人文

寻根仁怀

◎黄黔华

城市的“根”，是她不可复制的历史、人文。独特的历史和人文，以及不同时期的遗存、传统技艺，赋予了城市的魅力。习近平总书记说：“中华文明源远流长，从未中断，塑造了我们伟大的民族，这个民族还会伟大下去的。”唯有文化根脉不断，精神家园不朽，一座城市、一个民族、一个国家方能在历史洪流中破浪前行。

仁怀，是一个有着900多年建县史的城市，积淀了仁怀深厚的底蕴，形成独特文化体系。这便是仁怀的“根”，是一部与伐木、航运、盐运、酒业交织的历史书，也是一部家国情怀的写真集。

为立体化、具象化仁怀的历史，我在前人研究基础上，查阅《方舆胜览》《宋会要辑稿》，以及《牧司一方》《仁怀县志》《仁怀建县九百周年文集》《仁怀地名历史人文知见录》等，结合自己的认知，形成《寻根仁怀》一文，试图帮助人们快速认识仁怀，了解一座城市的人文精神。

赤水河下游有个“老仁怀”

从仁怀市区出发，开车顺赤水河而下，大约两个小时，抵达赤水市复兴镇。河边崖墓中出土的文物表明，小镇已有2000多年开发史。

春雨淅沥中，沿着覆盖了船形木顶棚的长街前行，走不远就能遇到一个巷口。这些小巷的墙壁上，钉着简易指示牌——“老仁怀街巷”。

住在复兴镇上的李妈妈

小巷尽头是红艳艳的三角梅，它匍匐于丹霞石搭建的券拱门上、旁边长满青苔的瓦屋上。屋檐上，主人随意摆放的一盆朱顶红，开得正艳。

我走在湿漉漉的小巷里，本地人侧身让路，还不忘提醒“石板路上有青苔，小心脚下滑哟”，让人心头暖暖的。

券拱门旁的老屋里，住着李妈妈。在后墙根水龙头下洗衣的李妈妈，听闻客人从仁怀而来，她仰着头对客人说：“这里才是老仁怀呢!”

赤水河两岸，虽开发较早，但直到北宋才真正进入行政区划。

《方舆胜览》记载，北宋王朝施行的一些仁爱政策，使得该地区各少数民族“凡宾客聚会，酋长乃以汉为贵”，纷纷要求归附宋王朝。北宋统治者借势于大观二年（1108年）八月，下达了“西南夷赴涪、泸、南平军纳土归顺”的诏令。

《宋会要辑稿》记载，大观二年（1108年）九月，“据夔州转运司言：南平军播州夷人杨光荣以状，所管系唐朝所遗地。唐州平生户一万余家乞献纳朝廷。又夔州状：据州蕃首指挥使杨文贵等状，近年以来，闻今上皇帝圣德圣慈，百姓贫穷者，官破衣粮养活；病患之人，官破粥药疗疾。文贵等久限界外，无路得达今涪州，乞依例献纳田土”。

大观三年（1109年），流域夷酋罗永顺、杨光荣归附献地。北宋王朝为了教化一方，强化地区统治，取“布施仁爱之心，怀柔边远之民”之意，设立了仁怀县，治所复兴。

另一种说法认为，“仁怀”之名，意指“黎民百姓思仁君、盼归附”。其理由是：《礼记·中庸》中“仁者人也，亲亲为大”，“怀”指“归向”，《尚书·皋陶谟》中记载“安民则惠，黎民怀之”。

与仁怀同时设立的，还有承流县，县治位于上游的土城镇，管辖区域相当于今天仁怀市的大部分地区。

仁怀、承流二县，并属滋州管辖。

10多年后的宣和三年（1121年），东南地区方腊等农民起义，使得北宋财力、兵力大量消耗。为节省开支，裁减官员俸禄，只得废除了滋州等12个边远州县。

作为军事要地，原滋州地仍受到北宋王朝重视，遂改滋州城为“武都城”，以凸显其军事作用。仁怀县、承流县因此被撤销，合并降格为“仁怀堡”，作为“武都城”的军事哨所，改隶泸州。

宋灭亡后，元王朝设立“仁怀古磁等处长官司”，治所仍在今复兴。

千年长河中，“仁怀”与复兴的交织，长达490余年。“仁怀”似乎也成为镌刻在很多复兴老人内心深处的符号，更被视为一种文化自豪——街上的老茶馆里，“冲壳子”的老者面前，或一杯清茶，或一杯高粱酒，看见有游客进来，有的会主动搭讪、“讲古”。

中国人的传统思维中存在明显的正统观念。比如，一个地方或家族曾经的繁华与荣耀，尤其是进入了官家奖赏或记录范畴的人或事，大多会被写入族谱、勒石铭刻，成为后世引以为傲的资本。

因此，在茶馆里的老人们看来，明末平播战役导致复兴镇毁于兵火后，仁怀恢复县级区划，县治迁地，虽然管辖的面积更大，几乎囊括了今天的仁怀、习水、赤水，但“那都是后来的事了”，“复兴才是起点”，他们的骨子里都镌刻着“老仁怀情结”。

穿过复兴镇上被三角梅叠压的券拱门，继续沿着湿漉漉的石板街前行，不远处便可看到赤水河。从这道门出来，是被称为中码头的地方。

“仁怀”与复兴的交织，还有盐巴和酿造。

赤水河盐运，最早可以追溯到明初。清代中期，国家盐政改革、赤水河疏浚，使得赤水河盐运更为繁盛。大同、复兴及以下河段，河面宽广、水流平缓，从四川进入赤水河的载盐船只，多为20～30吨载重量较大的木船。

川盐入黔抵达复兴后，大多会经历第一次转运，换装到5～8吨的小船上，再经数次水陆联运，最终抵达后来一度成为仁怀县治的茅台，通过陆路送往贵阳、遵义、金沙等地。

复兴镇，作为川盐入黔抵黔的第一大港，十分繁华。码头曾经在镇子外的赤水河边呈“一”字摆开，停满了等待卸载盐巴的船只。只是，在赤水河中上游疏浚航道后，大宗货物运输的船只能够走得更远，使得更便捷的茅台镇成为赤水河后来水陆运输的终点与起点，深入黔中腹地，往来商贾、物资交换更多了，并孕育出新产品——酱香酒。

被三角梅覆盖的券拱门

发源于云南镇雄的赤水河，一路劈开大山，距今约300万年前，将西南的这片高原台地深切成“V”形河谷，局部与山顶的落差高达千米。经过数百公里奔腾，流过复兴，赤水河的河床，海拔不足300米。

低海拔河谷地区的复兴镇，雨水充沛，常年处于温湿之中。这种环境，有利于微生物菌群的生长，为赤水河的另一名酿——赤水晒醋，提供了有利条件。

每年端午前后，新麦成熟，人们到山上采回药性正好的中草药，制作成醋曲，再拌入用大米、糯米熬制的粥浆，装入坛中，用盐封口密封，置于院坝中暴晒发酵，历时3年左右制成晒醋。

赤水晒醋的历史同样悠久。复兴镇汉代崖墓的出土文字中，涉及来自2000年前的汉代醋罐。这道名酿为群众所爱，更为盐商所喜。

与茅台镇老人小酌酱酒类似，复兴镇的老人喜欢喝醋。赤水市早年官宣，该市多数百岁以上的老人，都有早起喝一小杯晒醋的习惯。

这样的饮醋风气，为赤水晒醋的发扬光大创造了条件。清代是赤水晒醋发展的鼎盛期，古镇及县城内有10多家盐号、商号，或自办，或纳股合办。在那段时期，人们酿造酒、醋以自然环境中的微生物发酵方式为主，因此人与自然共酿的仁怀酱香酒、复兴醋、先市酱油等成为赤水河两岸著名物产，后来都成为国家地理标志保护产品，只是仁怀酱香型白酒的名气更大，逐步成为强省富民的超级产业、一张中国酒文化名片。

尊重自然、顺应自然，这是复兴、茅台两地人一脉相承的山地生存智慧。依旧留存在复兴镇江西会馆中的仁怀县“禁止毒鱼”石碑，正是这种生态观、文化观的传承与发扬的见证。

今天，晒醋产业集中规模发展，人们在商铺中可以买到香、酸中略带甜的正宗赤水晒醋，再也无须家家户户上山采药制曲酿醋。复兴镇上的许多居民小院里曾经摆放在烈日下的醋缸，多被花草、果蔬替代。

复设仁怀　一年建城

留元坝在今天的赤水市区，它紧挨着一个名叫“石沓沓”的地方，意思是“石梯步”。这个地方的“石沓沓”很特别，多是在原生的红砂石上开凿而成，据称，早期从赤水河码头到街巷中，都是这样的台阶。

这里是赤水市中心保存最好的古城区，也是最早的建城区，很多人还住在里面。赤水人习惯称此处为“东门”。顾名思义，即东城门所在，至今仍在。

平播战役后，仁怀县治由复兴迁往留元坝，遂修建了城墙，并与原先的“石沓沓”一带的城墙形成联系。这道城墙是迄今贵州省保存最完整的明代城墙之一。

据称，人们把恢复后的仁怀县县署设在留元坝，是一件很无奈的事。

赤水河两岸地区，长期为各大土司控制。其间，明玉珍在重庆称帝，建立大夏政权，占据了合江、仁怀一带，改仁怀、古磁城、唐朝坝等处长官司为怀阳县。怀阳县县城，就在“石沓沓”一带。

元末明初，夏为明灭，怀阳县废，该地区仍为播州土司辖地。嘉靖七年（1528 年），杨相任播州宣慰使时，仿汉制设立了仁怀里（今赤水复兴及周边）、儒溪里（今习水土城及周边），以加强对该地区的统治。

但明成化以后，播州杨氏由于内部原因，对边界地区的控制力有所降低，奢、安土司趁机侵占播州疆域。其中，永宁奢氏土司更是东扩 800 里，侵占了从河西至黎明的土地，并在儒溪里设立了唐朝镇。隆庆五年（1571 年），播州末代土司杨应龙袭任播州宣慰使，派兵将仁怀、古磁等地收复。

这段时期，昔日仁怀的土地上，土司之间为争夺地盘引发的战火不断，百姓苦不堪言，也导致该地区发展受滞。直至万历二十八年（1600 年）六月，四川总督李化龙平播后，厘清地界，地方稍宁。

赤水老城的“石沓沓”

据李化龙撰写的《平播全书》记载，平播前夕，仁怀里头目王继先等人曾提出以他为主，恢复仁怀县治。但李化龙认为王继先的目的是把本属于土城袁氏土司的地盘据为己有，是“得陇望蜀”，有“擅地自治”的野心，于是严厉驳回。

但第二年四月，在播州改土归流过程中，李化龙向朝廷提出了恢复仁怀县的请求。其理由是“仁怀滨播枕永，襟合带泸，为怀阳县故地，当复一县”。

时任四川宜宾县丞的曹一科，因在平播之役中对粮草保障有力，成为仁怀复县后的首任知县。李化龙向朝廷举荐他的理由是“才思开爽，众曰号能”，因此“县丞曹一科升仁怀”，又“定远县主簿，应改仁怀新县（丞）”。

新的仁怀县，将永宁奢氏土司从播州侵占的800余里全部划为县域。曹一科上任后，因老县城毁于战火，且又讨厌王继先的政治野心，放弃了在复兴设县署，便打算将县城建到上游的土城。他认为，“土城居各里之中，当大路之要，山明水秀，地坦人稠，离府城七日，宜创县城于此”。

赤水老城墙北门

正当曹一科打算平整土地修建县署时，当地土官买通风水先生，诈称“今年不利于此方动土”。曹一科是个聪明人，自然知道这是土官的主意，但由于其世袭土城，势力强大，他得罪不起，只好另寻别处。最终，他把仁怀县城选在了距老县城 30 余里，位于县境北端、无人争占的“荒野之地”留元坝。

明代的仁怀县，相比宋代，县域面积扩大了两倍多，共有 10 里，包括仁怀、河西、赤水、小溪、丁山、土城、儒溪、二郎、安罗、礼博。清人陶淑李在《设仁怀县议》一文中，这样描述仁怀县之大："由县东而上，至遵义县界约八日。"

"众曰号能"的曹一科，确实是一位实干家。他在一年的时间里，就按照李化龙的要求，修建起了"周围四百七十五丈，计五里三分，高一丈四尺，垛口一千一百三十三处"的赤水城墙。

今天，人们徜徉于赤水河边的赤水市区，所见红色砂岩石的古城墙，即当年曹一科初建。城墙以石灰、糯米浆勾缝，十分坚固。据资料记载，赤水城墙有 4 道城门，将东门、南门、西门、北门分别命名为"青阳门""南薰门""聚金门""天泽门"。

城墙将留元坝上的民居院舍、街市店铺、官衙书院和宫观庙宇一一圈住，成为冷兵器时期赤水古城最牢固的防卫屏障，同时成为区分城乡的一道藩篱，通过高大的城楼，控制着出入古城的"阀门"，令人们日出而作，日落而入，并与河岸苍虬挺立的黄桷树构成赤水河上的一道雄伟壮美的景观。

但研究者认为，曹一科所选的留元坝，因曾作为怀阳县县治，并非一无所有。至于说他一年内建成如此规模的城墙，确实有夸张之嫌。《遵义府志》记载，"尔时民尚未集，士休于野，因以兵代役，给工饩治郡城"，当时，驻守仁怀县的仁怀营仅有官卒 120 人，既要负责面积相当于今天赤水市、习水县和仁怀市绝大部分地域的整个仁怀县防务，还要承担塘报传递等任务，不可能抽调更多人力参与筑城。同时，据县志记载，明万历年间，明王朝对杨应龙征讨，待李化龙平播事定，"幸存旧民十之二、三……""今惟仁怀县尚有仡佬、苗、倮倮三族，合计七、八百户"。

研究者确信，曹一科为完成筑城，也只有选留元坝的老城池略做改建加固交差。在他之后，第三任仁怀知县王所用，重新修缮了城墙，使其更加坚固，功能愈加完善。

目力所限，没能查找到曹一科任职仁怀知县的更多信息。但根据后任的情况推测，他做仁怀知县的时间不会太久。继任者是来自湖广的举人陈王道，据《遵义府学校考》载，陈王道兴办仁怀县儒学，以教化一方。

赤水河“双仁怀”开启新县治

历史上较长时间里，中国西南绝大多数地区是以少数民族或土司治理为主。这片广袤的区域，被认为是未经“王化”的地方，故称“生地”。

明末以前，赤水河流域绝大多数地区都属于“生地”。而今天的仁怀市城区一角，正处于“生地”与“熟地”的分界线上。

据《遵义军民府志·土官》等记载，明代以前，该地是播州属下的怀德长官司领地。后来，杨氏中衰，永宁土司趁机侵占了该地区，并在其南部设置了黎明镇，直到平播结束。

这一地区，距赤水河下游的仁怀县城甚远。以至于，崇祯十七年（1644 年），县志中记载的明代最后一任仁怀知县雍缔，也认为县域过大，请求将仁怀县一分为二，以二郎、安罗、礼博上三里设威远县，下七里仍保留仁怀建制和名称，但应将县署迁往土城。

雍缔的构想，还未及呈文上报，张献忠领导的大西军第三次攻占泸州，且崇祯上吊，清兵入关，李自成称帝，国家四分五裂、风雨飘摇，只得搁置。

于今天来说，生界已是仁怀县治变迁、城市的记忆，就像据传当年由怀德长官司长官种下的银杏树一样，是赤水河流域历史和文化的一个见证。

历史上，像雍缔一样提出将县治迁往今天仁怀城区却又未果的，还有清康熙年间的仁怀知县王炳。他是改朝换代后仁怀县的第三任知县。王炳申请迁移仁怀县治到生界的理由是：生界虽系陆路，然小山环绕，势若星罗，人民之所聚，钱粮之所出，去府城三日，宜设县治于此。

这一年是康熙十二年（1673 年）。

有资料说，这位祖籍山西的知县，仅在仁怀知县位置上待了一年，就调任遵义县知县。不过，他在遵义县的板凳还没坐热，因为吴三桂在云南起兵反清，兵锋指向遵义，他在大军围城、后援无继的情况下，吊着绳索从城墙上逃出来，跑回了老家，从此隐姓埋名，终老一生。

尽管几次动议迁县治未果，仁怀县署仍在留元坝，但从顺治十五年（1658 年）开始，在生界设立了仁怀县行署，借用宝峰寺（今水口寺）办公若干年之久。

在生界设立仁怀县行署，代替县治，是迫于无奈的选择。毕竟，当时仁怀县的地域过于宽广，县署在最北端，实不利于管理。同时，从政治角度考量，也存在诸多不利。

仁怀县治真正迁移到生界，则是在王炳之后半个世纪的事了。

雍正八年（1730 年），朝廷批准了云贵、广西总督鄂尔泰奏请：移贵州遵义府粮捕通判驻仁怀旧城，其仁怀县署改驻生界地方。

当然，作为雍正心腹的鄂尔泰写给皇帝的这份奏章，不仅是要解决仁怀县治迁移问题，它的核心是要解决西南土司的问题——“西南土司，虽依例输粮，其实占据私享者不止十数倍……自元追明，代为边害”。

为解决这一棘手问题，鄂尔泰提出了系列治理方案，其中很重要的一项，是从四川省管辖的地域中，划出“四川遵义、桐梓、绥阳、仁怀四县，正安一州及遵义协官兵”，“俱隶贵州管辖”。《遵义府志》记载，“我朝雍正五年，割入黔疆北藩，始壮幅员，广袤二千里，田赋关税半全黔。”

这是当时全国比较重要的一次区划调整，奠定了今天云贵川渝行政区域的基本框架，同时开启了仁怀县的发展新篇。

仁怀县署迁至生界一年后，知县陈齐襄又提出要将县署迁往今天的仁怀市中枢街道亭子坝。但真正开启新县城建设的，是清代仁怀县第十五任知县杜诠。

杜诠，云南马龙人，雍正十一年（1733 年）任仁怀知县。据载，“十一年知县杜诠领帑项一万五千零八十两建城，至十三年新城就”。

仁怀新县城建有周长 463 丈、高 1 丈、厚 5 尺的城墙，设有朝阳、丰乐、文明、永安四门。城墙四门之上均有木质斗拱式建筑。城墙为石墩砌成，内充碎石。筑墙时，采用糯米浆和石灰勾缝。至 20 世纪 50 年

清末至民国初期的仁怀县城图（图片来源：百年城垣图志）

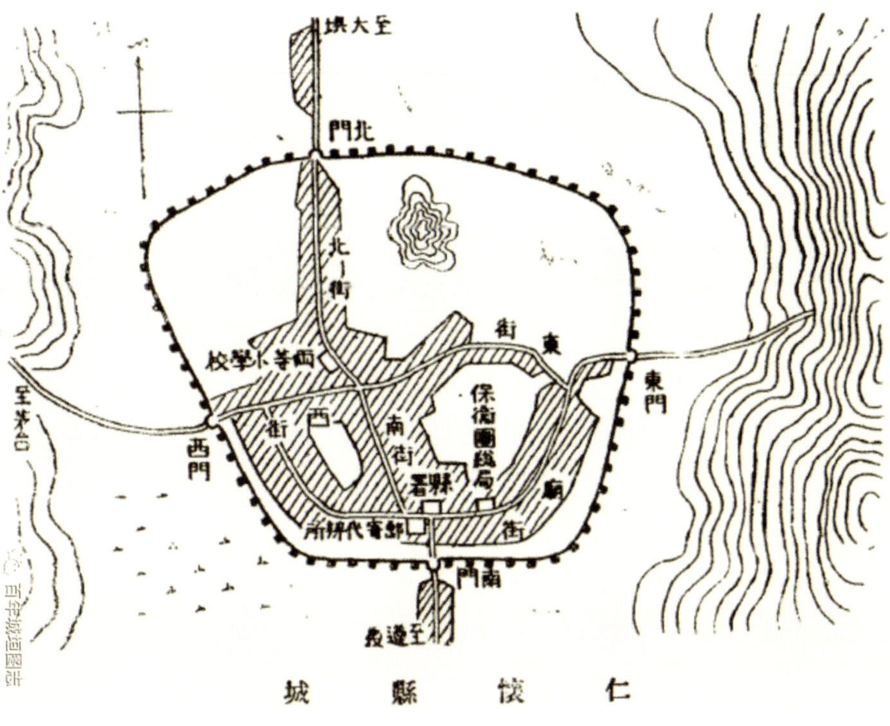

代，虽外墙石料多被拆走建房、修路，但城垣大部分仍存，成为很多城里孩子游玩之地。而当年修建城墙的采石场，疑为今日“石厂”处。

县城最早的街道主要有东街、西街、南街、正街、庙街、营盘街。以“太初堂”为核心的建筑群，是当时的县署，后毁于同治三年（1864年）的战乱，改建后先后名曰“新德堂”“双柏堂”。

据传，“太初堂”初建时，地下有一股泉水冒出，后用铁锅盖住，迫使其改道，方得以开工建设。建造时，又从生界宝峰寺运来少量泥土填入地基，寓意前后县署承接相融。院内还有一座“金星祠”。

亭子坝从“太初堂”开始，作为仁怀县的最高行政机构驻地，除去县治迁移茅台镇的时间，它见证了200余年风雨沧桑。

咸丰四年（1854年），杨隆喜在桐梓县九坝起义，建立江汉政权，派李时荣、傅桥寿、邹神保等率千人攻仁怀。作为内应的狱卒杨金，不仅怂恿知县容保泰等人率兵出城，致其陷入重围被杀，还亲自控制城楼，迎接起义军入城。之后，仁怀县改名新开县，杨金被委任为知县、大元帅，盘踞县城125天。嗣后，川军会同仁怀团首雷昭然夺回仁怀县城，杨金突围血战，于麻柳场战死。

咸丰十年（1860年）至同治三年（1864年），太平军多次转战仁怀，并在县城周边与地方团练交战。

同治三年（1864年），茅台人唐兴和率领起义军，攻打仁怀县城。而此时仁怀正处于两任县令交接时，新任县令刘汝佑刚刚抵达，尚未接任，且与马钧意见不合，城门被破后，刘汝佑开门逃跑，而马钧战死。同年，从四川一路与号军交战至仁怀的新接任知县洪用勤，抵达仁怀后不久，又被号军赶出城近一月。第二年，他强拆民房，导致民意沸腾后被革职查办。

光绪二年（1876年），仁怀县城遭受火灾，自正街至南门、西门及北街、三官楼均被烧毁……

今天，这些200多年前的建筑大多已消逝。在仁怀市区仍能见到的鹿鸣塔，正是这一时期仅存的建筑。鹿鸣塔，作为建城之初的标志性建筑，原名文塔，为杜诠所建，后来，曾在道光年间补修。光绪五年(1879年)，知县吴光銮为了让文塔与黉宫对应，乃筹资鸠工，将该塔拆迁至城南社稷坛废址，复原重建。动工之日，适闻鹿鸣，吴光銮谓“鹿鸣昭瑞”，因以为塔名。

仁怀县迁治后，在赤水河中下游地区，出现了两个以“仁怀”命名的行政机构：一个是由遵义府粮捕通判改设的仁怀直隶厅，治所在仁怀老县城；另一个是迁治后的仁怀县，延续了近200年。至民国三年(1914年)，仁怀直隶厅改为“赤水县”。民国四年（1915年）改新设温水分县为习水县，将原属仁怀管辖的丁山、小溪、赤水、吼滩四里划归习水县管辖，同时又将遵义县管辖的大溪里划仁怀县管理，由此形成了仁怀、习水、赤水三县的基本行政格局。

盐酒交织　催生新仁怀

乾隆四十一年（1776年），遵义知府于芳柱的请求得到朝廷批准，即改遵义府粮捕通判为仁怀直隶厅，又名“仁怀直隶军民府”，直属于贵州省粮储道。

这个仁怀直隶厅类似今天的经济特区。于芳柱的理由是“仁怀通判，远驻极边之赤水河，与川省之泸州、合江、叙永联界，原系五方杂处，率皆闽、广、楚、蜀之人，烧窑种靛，贸易期间……”。

今天，我们再看于芳柱的这份奏章可以发现，其本意是强化治安、提高行政能力，但字里行间无不显露仁怀旧城的繁华与活力。

再往回看，设立仁怀直隶厅这个“经济特区”早在乾隆三年（1738年）贵州总督张广泗就开始布局。他奏请朝廷，将仁怀县所属的仁怀、河西、土城三里，划归遵义府驻仁怀旧城粮捕通判管辖，为后期的赤水河中下游地区全面繁盛埋下伏笔。

张广泗，鄂尔泰的得力助手，但最终毁誉于大小金川之乱的大清干臣，在今天的赤水河流域，仍为很多人所知，并时有提起——疏浚赤水河，形成了川盐入黔的仁岸。

赤水河两岸的交通，一直都是令人头痛的事情。明代正德年间状元杨慎，因为往返故里，多次经过赤水河流域，称两岸为“虎豹之林猿猱路”“此水奔流似飞箭”。

从明代初期开始，朝廷为解决屯军粮草问题在赤水河地区采取“纳米中盐”制度时，曾经对赤水河航道做过一次疏浚。但是这些活动都集中在下游地区，并未惠及仁怀旧城以上地区。

交通不便也直接导致不产盐的贵州“斗米斤盐”。清人“当其（盐）匮也，代之以狗椒，椒之性辛，辛以代咸，只逛夫舌耳”的文字，是对赤水河乃至整个贵州盐匮乏的描述。

清代初期，赤水河仁怀境内通航条件不佳，不仅导致吃盐贵，更涉及国家之安危。彼时，国家制造武器的铅、铸造钱币的铜，产地分别是贵州、云南。这些矿产通过人力运输的成本巨大，而通过赤水河则会便利很多。《清朝续文献通考》卷五十二记载：“滇铜黔铅每岁由陆路运输进京，节节皆崇山峻岭，鸟道羊肠，驮运艰难，脚费浩大。”

这让张广泗产生了疏浚赤水河航道的念头。乾隆八年（1743 年），张广泗召集手下人开会商议开通赤水河航道，改善这些大宗货物的运输条件，节省费用，利济民生，最后决定上疏朝廷借款 30 000 多两白银用作治河经费。

张广泗的奏疏说：“若开修赤水河，盐船亦可通行，盐价立见半减。偶遇丰歉不济，川米可以运济，实为黔省无穷之利。”

第二年，清朝廷批准了张广泗的请奏意见，还拨付白银 38 640 两用于疏浚河道。张广泗在凯里、威宁州、遵义县、镇远标选拔官员查勘地形、绘制地图，并命令遵义知府陈玉壂、大定知府王允浩、遵义府通判胡国英、凯里都司刘奇伟总负责，遴选办事人员 20 名，分段包干。疏浚河段为上游从天鼓岩到新龙滩，下游从盐井到鸡心摊。从乾隆十年（1745 年）十一月初一开工，到第二年的闰三月初一通航，历时 5 个月。

这期间，仁怀有一个名叫吴登举的人，住在今天仁怀、习岁交界处的桐梓河边，他听闻朝廷要疏浚赤水河航道，主动到县衙请缨，还写下

张广泗疏浚赤水河绘图（图片来源：葛镇亚）

血书，以一家老少 18 口性命担保，誓言："如获恩准，倘有背旨违令，依全家具结治罪。"

疏浚赤水河期间，吴登举沿河来往奔走，指挥凿石开滩，和大家露宿风餐，十分艰辛。乾隆十一年（1746 年）三月，其工告成。

张广泗视察"文公岩"险滩，见吴登举治河大功告成，亲至其家，欲"拟以官封"，吴登举婉言推辞，不食俸禄。张广泗乃题"忠耿过人"四字相赠。之后，人们为了纪念吴登举，将"文公岩"改名"吴公岩"。

赤水河航道疏浚完成，部分船只可抵达今天的茅台镇及以上河段。今天，一些文史研究者认为，乾隆十一年（1746 年）可视为茅台——"仁岸"的开埠之年。其时，茅台只是一个村落。

关于"茅台"地名的最早文字记载，是元末明初，据称出自安氏族谱。而在之前，这里还叫过"半边街""云鼓"等名字，到清代中期，还改称"益镇"。但是，人们最终还是习惯称之茅台。

赤水河航道打通，张广泗奏请朝廷，增拨仁岸盐引，使得茅台成为川盐入黔最重要的码头，承担了川盐入黔引额总额 30% 的转运量。

怀阳洞，位于仁怀城外的盐津河峡谷上，是川盐入黔的重要见证。航道疏浚后，在茅台起岸的川盐，其中一路经过此地，运往遵义等地。怀阳洞，也因此成为商旅、文人歇脚和游玩之处。乾隆五十一年（1786 年），仁怀县令程正坤题写"怀阳洞"，铭刻于岩壁之上，由此形成了较大规模的摩崖石刻群。

不过，由于山势险峻，河水湍急，且两岸山石常崩塌阻塞航道，从四川运往茅台的盐船，在赤水河上至少要经过 3 次水陆驳接后方能抵达。因此，第一次疏浚后的赤水河航运能力，远不能满足商贾之需。

为了提升通航能力，光绪四年（1878 年），四川总督丁宝桢奏请朝廷，对赤水河航道进行第二次疏浚。据载，民工通过实验后，采取"先凿石穴，实以火药，灌水银，泥封留窍，置药线引火裂之"的办法，炸开礁石，耗时 3 年整治茅台至马桑坪 35 个险滩。

怀阳洞内的摩崖石刻

工程完工，赤水河交通运输条件大为改善，货运量一下子增加了不少，每年由赤水河运到茅台的盐有650多万公斤。茅台镇因盐而兴旺，集聚了四川、贵州的大批盐商，逐渐形成一批盐号、商号，其中著名的四大盐号分别是永隆裕、永发祥、协兴隆、义盛隆。盐号、盐仓聚集的羊叉街，仓舍林立，又被人们称为“盐巷街”。

随着盐运兴起，伴随物资聚集和交流，茅台镇贩夫走卒聚集，来往者络绎不绝，一扫往日渔村的清冷，呈现出“蜀盐走贵州，秦商聚茅台”的热闹景象，逐渐成为商业重镇。

盐商们聚集之后，对酒的需求更加旺盛，刺激了酒业规模化发展，资本雄厚的盐商也开始涉足酒业。其中，较为有名的是盐商华联辉，他为了让母亲喝上年轻时熟悉的酒，在茅台镇买下酿酒作坊，请来老酒师

茅台酿酒作坊遗址局部

酿酒，最后做成了新的大产业。此外，“天和号”等盐号的老板，也建了酒房，烤酒用于宴请客商。而华联辉“因孝而酿”的故事也成为仁怀酱酒文化故事的精华和仁怀独特人文的重要章节。

因酒质好，客人饮后赞不绝口，茅台镇白酒名气由此传开。及至道光初期，它已有酒镇之气派，如诗人张国华的描述——“于今好酒在茅台，滇黔川湖客到来”，稍晚更是“茅台烧房不下二十家，所费山粮不下两万担”。

“村店人声沸，茅台一宿过。家唯储酒卖，船只载盐多。矗矗青杠树，潺潺赤水河。明朝具舟楫，孤梦已烟波。”这是一首描述清代茅台镇的诗，很多人耳熟能详，作者是道光年间的陈熙晋。

陈熙晋，浙江义乌人，曾任仁怀直隶厅同知，清代藏书家、经史学家，研究骆宾王的著名学者，人称“西桥太守”“鸿儒太守”。

这首诗描绘了茅台镇上酒业兴盛、盐事繁忙的场面，还交代了两岸生态、交通背景。而今，这首诗被人们以不同方式引用、演绎到不同场合，成为向世人展示茅台人文历史的重要篇目。

茅台镇的地位，由此奠定！茅台美酒之名，由此成就！

酒都仁怀　世界酱酒核心

以鸦片战争为标志，中国历史进入近代。但一系列不平等条约的签订，使得国家岌岌可危。

太平天国运动点燃了反封建、反侵略的熊熊烈火。但由于自身狭隘，太平天国运动以失败而告终。其间，主要领导人之一的石达开，因被猜忌被迫离开天京，游击南方各省。广大的赤水河流域山林古道旁，仍依稀可见石达开部转战所留痕迹，沿河古村尚流传太平军故事。

但于茅台镇来说，以太平天国运动为始点，进入长达近百年之久的动荡期。这段时期，茅台镇乃至整个仁怀，屡受兵灾、匪患之袭，客商逃离、居民避离，酿酒作坊及商号一度损失殆尽，商业萧索。

民国时期，茅台镇因盐和酒，成为各路军阀争夺的要地。贵州军阀周西成，甚至设立了专门机构，控制盐、酒交易，对外美其名曰“护商”。但必须承认，以周西成为代表的军阀、政商群体，对茅台酒的培育和传播起到了重要作用。

然而由于川盐入黔的大通道作用，以及茅台镇酒业韧性十足，每次兵灾匪祸后不久，茅台镇都能快速恢复。

新中国成立后，人民政府抚民心、革旧制、除匪患、促生产，力挽危局于狂澜，使得仁怀全境快速恢复稳定，逐步进入正常轨道。尤其是改革开放以后，进一步解放生产力，大胆改革和创新，发挥人民才智，

今日的茅台镇

各项事业取得快速发展。

1995 年 11 月，国务院批准仁怀撤县设市。至 2022 年，仁怀市全市生产总值达 1706.70 亿元，持续入列中国“西部百强县”名单，位次逐年提升。2023 年，仁怀市获授“世界酱香白酒核心产区（贵州·仁怀）”称号。

千年仁怀，正焕发出新的活力，凸显独特资源和特色产业，以更加坚定的步伐，向着更加灿烂的明天前行。

一杯酱香酒　一脉家国情

◎黄黔华

中华文明，源远流长。赤水河连通长江，是各种文化传播、交流的重要枢纽。酒，作为愉悦精神的产物，是中华文明的重要组成部分。

中国酒文化与华夏文化同步萌生，相互影响。从敬畏天地的祭祀文化，到两汉开疆拓土、唐宋的诗酒风雅，再到飞入寻常百姓家，中华传统文化和民族精神中随处飘散着美酒的芬芳。

酒是一种文化符号，无处不在，浸染在每时每刻的历史进程中。

中国酿酒的历史久远，可追溯的实物证据距今 9000 多年。中国酿酒技法多样、酒类品种丰富，酱香型白酒是根据白酒的不同香气特征划分的白酒香型之一。

贵州省仁怀市是酱香型白酒的发源地、核心区。产自这里的茅台酒，既是酱香型白酒的杰出代表，也是世界著名的烈酒。

酱香型白酒酿造工艺复杂、生产周期长，受地域特征影响十分明显。“离开茅台镇，产不出茅台酒”“离开仁怀，酿不出仁怀酱香酒”，这些都是人们对酱香型白酒酿造的科学总结。

神奇的环境、精湛的工艺、独特的人文，赋予了仁怀酱香型白酒高贵品质，使其得以从丰富的酒类品种中脱颖而出、异军突起。

仁怀酱香白酒的生产区域，又被称作仁怀酱香酒产区。所有产自该地区、采用特定工艺生产的酱香酒，统称仁怀酱香酒，获得国家地理标志保护。

仁怀酱香型白酒在发展过程中积淀了深厚的文化。道法自然的酿造工艺是产区人民尊崇自然、顺应自然、不断创造的智慧结晶，也是重要的非物质文化遗产，凝聚了人民的勤劳和智慧。

习近平总书记强调，中华优秀传统文化是中华文明的智慧结晶和精华所在，是中华民族的根和魂，是我们在世界文化激荡中站稳脚跟的根基。

赤水河自秦汉以来，一直是国家疆土拓展、政令传输、文化传播的重要通道。处于赤水河精华段的仁怀，历史隶属关系、行政区域几经变化，积淀深厚，并因通道作用带来大交流、大融合，进而形成具有明显地域特征的文化、产业，具有不可复制性。

绚丽多彩的仁怀酱酒文化是仁怀乃至赤水河流文化中最为丰富、耀眼和最具感染力的部分。讲好仁怀酱香型白酒故事，对于升华流域文化、传播产区文化、赋能仁怀酱香型白酒产业发展具有现实意义。

本文以可见的实物、可及的视野，多角度、多维度地融合流域历史文化、生态文化，梳理了仁怀酒业发展概况，探寻酱香型白酒发展之路。

一

中国酒文化是典型传统农耕文明的产物，无论是采摘野生果实，还是耕种收获谷物，都是酒出现和存在的最基本条件。

河南省贾湖遗址中的稻壳，以及部分器物中的残留物等，把中国酿酒历史推至 7500 ~ 9000 年前。这是迄今中国发现最早的酿酒实物证据，也表明早在这一时期，中国已有酿酒的作坊。

贾湖遗址 1000 公里外，地处云贵高原的赤水河流域，水汽充足、气候温热，适合很多动植物生长，生物多样性丰富程度高，特有珍稀动植物保存多。这种条件为生活在这里的人们，提供了足够的食物来源。

20万～24万年前的赤水河流域，人类正在从“站起来”，向更高的智人阶段过渡。10 000多年前，崇山峻岭之间，早期的居民相对固定地生活在河边台地上。人们把从河滩上捡到的石头，反复磨制成简易工具，用以砍、削、切割物品。同时，另一群人以泥塑形投以火，烧制所需要的一切物品，挂在渔网下的陶网坠就

赤水河边新石器时代晚期的陶窑遗址

是其中之一。

有山、有水，还有采摘不完的野果和驯化种植的稗、豆、粟，甚至有少量的旱稻，以及取之不竭的鱼、禽，人们有了吃不完的食物，生活富足。酒作为一种能刺激神经系统，使人心情愉悦、思绪纷飞的饮品，开始出现在赤水河流域早期居民的生活中，人们把它献祭给神灵和祖先，再献给身边最尊贵的人。

与此同时，由黄河流域出发，顺着河流迁徙的一群人，抵达了赤水河流域。他们在赤水河两岸的台地上就地取材，用家乡的技法，烧制生产、生活用具，使用为数不多的锄制工具开荒种地。

陶窑，此时在赤水河岸边的台地上已经出现，烧陶技术也达到了一定水平，能够制作和烧制图形较为复杂、火候不错的陶器。同时，在个别地方，人们掌握了用草木灰，或者用植物和矿物颜料为陶器上釉的技术。

位于赤水河中游地区，距离赤水河岸 20 多公里的盐津河峡谷上，一处山洞被人们短期利用。他们将带来的夹砂陶大口尊、圜底瓶、绳纹杯

癞子洞出土的商周酒器（图片来源：贵州省博物馆）

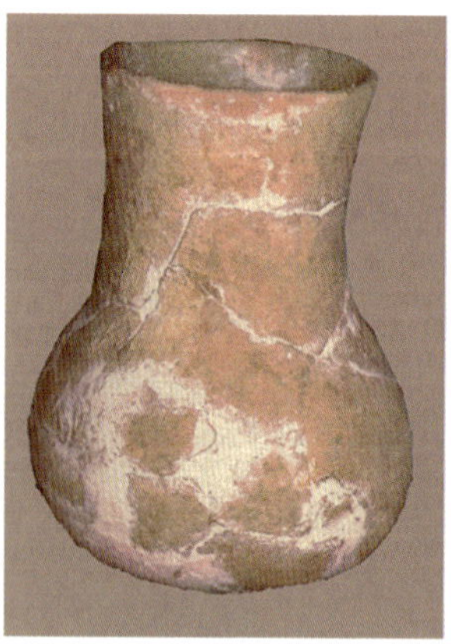
鼓腹圈底陶壶

绳纹陶杯

绳纹陶缸

等带进了山洞。这批器物被确认用于酿酒、盛酒，带有典型的仰韶文化特征。

盐津河峡谷上的山洞，叫作癞子洞（又名云仙洞），出土的陶尊、陶瓶、陶杯等是赤水河流域迄今发现年代最久远的酒器、酒具，是国家二级文物，现收藏于仁怀市博物馆。

考古人员按照出土文物断代规则，按下限确定其为商周时期器物。

酒早期用于祭祀，或供权贵少量饮用。商周时期，酒的酿造已受到国家层面的重视，不仅有专门管理酿酒的部门，而且有负责监督饮酒的职官，以及专门酿酒的人员。在商代，贵族的酒具是精美的青铜制品。到了周朝，形成了一套相对完整的管理制度。例如，《周礼·天官》记载："酒正，中士四人、下士八人、府二人、史八人、胥八人、徒八十人。""酒正掌酒之政令，以式法授酒材……辨五齐之名，一曰泛齐，二曰醴齐，三曰盎齐，四曰缇齐，五曰沈齐。辨三酒之物，一曰事酒，二曰昔酒，三曰清酒。"另外，专事酿酒的"酒人"中，"奄十人、女酒三十人、奚三百人"。

这里面的"事酒""昔酒""清酒"，是指3种不同等级的酒。"事酒"是专为祭祀而准备的酒，有事时临时酿造，故酿造期较短，酒酿成后立即使用，无须经过贮藏。"昔酒"则是经过贮藏的酒。"清酒"要经过过滤、澄清等步骤，或为当时最高端的酒了。

同时期，上游及泛赤水河流域地区，遗址祭祀坑内出现的酒器、酒具，式样丰富、花纹复杂、做工精致。这些现象说明早期生活在赤水河流域的先民，有了与黄河流域大致相同的祭祀形式。

古老的大型祭祀仪式，主要有两种，一种是宗庙祭祀，另一种是天地祭祀。与前者不同，后者是在高台上搭建起露天祭坛举行，每年春、秋两祭，祭品除生命力最旺盛的五谷、牛、羊等，还有酒水。此外有特定的祭器、礼仪和舞蹈。

茅台地名的来源与祭祀有关——在长满茅草的台地上搭建祭祀台。

此外，在今天仁怀的南部，茅坝镇有“九井八庙十茅台”的说法，也与赤水河流域先民生活、祭祀活动相关。

我们似乎看到3000多年前生活于此的人们，聚集在赤水河边的高台之上，围着长着茅草的祭坛，在部族头人带领下举行神秘的祭祀仪式，表达对自然的敬畏和对天地万物的赞美。祭祀前，掌管祭祀的人将专门酿制的酒倒在茅草上。酒液渗漏而下，视为神在饮用，人们为之欢呼、舞蹈，庄严、热烈的祭祀活动随之开始。

某天，突如其来的一场洪水，袭击了人们位于河岸台地上的住所。一位掌管祭祀或地位较高的人带着重要的器物——大口尊、圜底瓶、绳纹杯，在众人保护下逃往高处，找到了癞子洞躲避灾难，它们由此留存下来。直到3000年后，一群妇女来到癞子洞，意外发现了黄土之下的器物。

二

祭祀，作为中国文化的重要组成部分，从未间断。时光飞逝、岁月更替，生活在仁怀的人们，都从未中断过对天地的敬畏、对祖先的敬仰，而古人更是将新技术结晶，首先用于献祭。

汉代铜鼓，即其一。

1985年4月初，茅台镇村民在银滩村葫芦田挖酒窖过程中，发掘出一面铜鼓，经鉴定，为东汉器物，将其命名“茅台铜鼓”。

茅台铜鼓为束腰形，重18.15公斤，通高33厘米，面径为57厘米，足径为57厘米，表面饰弦纹、芒纹、蝉翼纹、锯齿纹、游旗纹、翔鹭纹等，造型凝重、纹饰清晰，叩之声音浑厚。

铜鼓，在古代是重型礼器，既用于战阵助威、召集群众，也用于大规模的祭祀、婚丧、喜庆节日活动中，是一种号召乐器，使仪式更显庄

茅台铜鼓

严隆重。相关研究认为，在西南山区，铜鼓是权力和财富的象征，为民族首领和贵族所独占，被视为一种珍贵的重器或礼器，也成为被祭祀的对象。

汉代在中国历史上是十分强盛的朝代，汉武帝一心开疆拓土。赤水河流域乃至整个西南，都是他扩大版图的一部分。

事实上，汉武帝开发“西南夷”之前，另一位帝王也惦记着西南地区，他就是秦始皇。秦统一六国后，在蜀郡太守李冰修建的“僰道”基础上，将道路向西南修建到云南境内。此路宽五尺，长千余公里，被称

国酒文化城内的
汉武帝塑像

为“五尺道”或“古秦道”，为秦王朝的势力扩张，提供保障，使秦帝国的统治伸达到了今滇东北地区。司马迁在《史记·西南夷列传》中说：“秦时常頞略通五尺道，诸此国颇置吏焉。”

秦建成的“五尺道”是中国历史上第一条由中央政府修筑的通往西南边地的官道，应视为国家对西南地区的第一次大规模开发。其时，仁怀分属蜀、巴两郡。而同一地区的洪渡河，可以提炼水银的丹砂，疑被一位名叫清的寡妇控制，并成为其家族与秦始皇联系的纽带。

秦灭。胸怀壮志的汉武帝一心开疆拓土。

彼时，唐蒙在江西当番阳令。王恢出击东越时，他奉命出使南越。在这里，他品尝到了美味的枸酱，在市场上看到了邛竹杖等。回到长安，唐蒙专门向商贾打听枸酱来由，方知是由蜀商私贩而来。

由此，唐蒙确认，夜郎与南越有道可通。复命时，他就向汉武帝报告了这个发现，建议向夜郎借精兵十万，“浮船牂柯，出不意，此制粤一奇也。诚以汉之强，巴、蜀之饶，通夜郎道，为置吏，甚易”。

“上许之。乃拜蒙以郎中将”。于是，唐蒙率领上千军士、上万后勤保障队伍，开山修路，经今天四川省合江县的巴符关，渡过赤水河，出使夜郎，最终将西南广袤之地纳入汉之版图。

今天，关于枸酱，尽管西晋《华阳国志》载“帝既感邛竹，又甘蒟酱（枸酱）”，但宋伯仁在《酒小史》中列举的 106 种酒中，确认唐蒙品尝到的枸酱是一种酒，清代《续遵义府志》中也说“枸酱，酒之始也”，清人诗词记载“尤物移人付酒杯，荔枝滩上瘴烟开。汉家枸酱知何物，赚得唐蒙鳛部来”，但关于“枸酱”的写法存在争论，有人认为，“枸酱”应为“蒟酱”。

不过，唐蒙饮枸酱而取夜郎的这段历史，铁板钉钉，无人再驳。至于枸酱为何物，尚有争论，有人认为是某种草本植物，但多数人认为是一种叫作“拐枣”的果子。后者，学名枳椇，在赤水河两岸十分常见，这种乔木上悬挂的果实，状如鸡爪，富含糖分，每年霜降后熟透掉在地上，捡起放到鼻子前能够嗅到淡淡的香甜，入口有酒味，今仍有人以其制酒。

西南夷的开发，使得赤水河流域的政治、经济都有了长足进步。出土于罗村梅子坳的铁锯表明，铁制农具已在汉代的赤水河流域普遍使用，生产力水平进一步提高，人们能收获更多农作物。

仰仗于铁制工具的广泛运用，一些有实力的人在高处的山崖上开凿墓室，希望能早日登临仙境。这种被称为崖墓的墓葬形式，造价高昂，往往一孔普通墓穴所需的金钱，按今天物价折算，可以购买 2100 ～ 2500 斤大米。但汉至两晋，崖墓形式在赤水河流域成为一种风尚，今天仁怀境内的五岔、学孔等地有遗存墓穴。

除了开凿艰难的崖墓，还有很多土坑墓和砖石墓。在这些砖石墓中沿着神道进去后，部分还是“一室一厅”“两室一厅”，陪葬丰富。

赤水河边的合马，至少有 2000 多年开发史，并可能存在大型聚落遗址、街市。1991 年发掘的一座汉代墓葬中，出土了陶瓶、陶釜、铜釜、陶盆、陶盒、陶罐、刻刀、砍刀、铁锯、铁斧，以及大量的五铢钱、大泉五十及大布黄千等货币。

墓内还出土了体积较大的酒瓮、铺（或为“辅”，下同）首衔环酒壶、酒坛、酒壶等。其中，酒瓮体积较大，能装下 80 ～ 100 斤美酒，酒坛容量为 16 斤，酒壶可装 4 斤；而高 35 厘米、腹径达 32 厘米的铺首衔环壶上的铺首图形是饕餮兽首像，代表着等级。

从附近另一座汉墓中出土了抚琴俑、听琴俑、舞俑、说书俑、持锸俑、陶屋、陶鸡、陶猪、陶狗等。其中，持锸俑身佩环首刀、右手持锸、左手提撮箕；抚琴俑神态专注；说书俑手舞足蹈，笑脸略显夸张；舞俑裙摆袅袅；陶猪体态肥硕；陶屋为斗拱承托屋顶。整组出土器物，反映出当时的劳动、生活、娱乐场景，以及墓主富足的生活状态。

仁怀出土的汉代陶俑

身佩环首刀、持锸提撮箕的陶俑，其原型身份可能是“家兵”，表明赤水河两岸的地主阶层，采取了亦兵亦耕的方式——平时进行农业生产，战时要服从征调参战。

从陪葬的钱币看，这应当是西汉末期的墓葬——王莽篡权后，设“六筦”之令，对把盐、铁、酒、币制、山林川泽收归国有，发行了大泉五十、大布黄千。

这一时期，王莽罢“榷酤”，“令官作酒”，每郡设酒士一人，专门管理酿酒，且规定“以二千五百石为一均，率开一卢以卖，雠五十酿为准。一酿用粗米二斛，曲一斛，得成酒六斛六斗。各以其市月朔米曲三斛，并计其贾而参分之，以其一为酒一斛之平。除米曲本贾，计其利而什分之，以其七入官，其三及醴截灰炭，给工器薪樵之费”。从出土的酒瓮、酒坛、铺首衔环壶等文物推测，仁怀境内西汉末期已有酿酒作坊。但由于赤水河地处偏僻，以当时条件，应存在政策滞后性因素，因此合马的酿酒作坊不一定是官酿，但肯定是产销一体的商业作坊。

稍晚的汉末，酿酒业进一步发展。据《华阳国志·南中志》记载，诸葛亮经略南中期间，“为夷作图谱时”，画了夷人“牵牛负酒”、带着金银珠宝觐见汉族官员的形象。据载，南中是一个很广泛的区域，包括今天贵州大部分地区。

更下游地区的汉代墓葬中，出土了提着两个酒坛的陶俑。从这个陶俑迈开大步的形态推测，其极可能是某个酒家的跑堂小二。这个陶俑进一步证明，汉代赤水河两岸酒产业兴盛。

汉代人事死如事生，死后墓葬内的陪葬品，大多与其生前生活、生产场景，以及财富拥有状况有关。这些出土文物向后人传递的信息是：随着国家开发西南夷脚步的加快，地主阶层在赤水河两岸兴起，开启了流域的庄田时代。他们用获取的先进工具、技术，促进农业生产，获得了丰收，可以规模化酿酒，甚至形成了商业化酿酒作坊，并因此积累财富。有了富足的生活，地主阶层精神生活需求增加，住在高大、宽敞的屋子里饮酒、观舞、听书、抚琴，也希望死后能够成仙。

三

汉王朝的强盛过后，中国经历了较多次的朝代更迭，政局动荡、战争不断。部分阶段，国家对偏远地区的掌控能力下降，使得经济社会发展、文化传播受到局限。

在今天的贵州地区，两晋过后，保留有明显隋唐特征的历史遗存相对较少，出现了所谓的“文化断层”。但考古工作者认为，事实上，赤水河流域不存在“文化断层”，而极可能是现在的人们对该时期、该地区的遗存缺乏典型性标本认知。

隋唐时期，中国酒肆林立，酒文化盛行，曲水流觞、飞花令等都是盛极一时的享乐方式，由此产生了大量与酒有关的诗词。其中，仅是唐代流传下来的就高达 7000 多首。而在赤水河地区，彝族先民常用米酿酒，“酿酒米开花，酒如露疾下”，人们“婚姻之礼，以牛酒为聘”。

我们有理由相信，在这段时间，由于国家动荡、战事频仍，人口流动受到严重制约，国家也有更多精力经管少数民族地区，采取了羁縻之制。地处山区的仁怀及整个赤水河流域，以本土少数民族首领、部族为主的势力，由此兴起、主导一方，受外来文化影响较少，处于内部循环、发展状态，同时为该区域多数地区经济、社会保持相对稳定提供了条件，并保存了原有文化、习俗特征，成为今天中国传统文化多样性的重要部分。

直至唐末，南诏之乱，杨氏入播，微澜初起。

这段时期，发生了遵义版的“鸿门宴”——乾符三年（876 年），潘阳镇守穆星天率军入播，先于杨氏平定播州。杨氏抢功，在遵义城郊设下酒宴，趁机杀害穆氏，随后向朝廷报告自己平定了播州，获得“世袭罔替”的诏令。

这是一个广为传播的部分穆氏家谱故事，丰富了地域酒文化。

大观三年（1109 年），仁怀置县，加速了赤水河流域的经济、社会发展。其时，仁怀隶属今天的四川，其辖地范围大致包括今赤水、习水及仁怀一部，治所在赤水的复兴镇。这也是该地区历史上第一次进入国家行政区划。

宋代商贸发达、经济活跃。这段时间，唐朝人浓厚的饮酒习俗，被接续下来，而占城稻的推广，让人们有了更充足的粮食。同时，宋代酒税成为国家财政收入的重要来源，很长一段时间连军队中都设有不同级别的酒库。

北宋张能臣的《酒名记》记载了全国200多种美酒。南宋高宗时期，为筹集军费还推行过“隔槽法”的酒政，通过政府垄断酒曲、酿酒工具，让需要酿酒的人带着粮食到专门的地方去购曲酿酒，每石粮收酿酒费3000文，以及22文杂费，以提高酒税。

赤水河地区山高，多坡耕旱地，适合种植水稻的地方不多。这时，小麦、水稻或旱稻、豆类、油菜及稗、荞等，是该片区的主要农作物，耕作技术成熟，产量不低。高粱，也是这一地区的粮食作物，且原产地有很多个品种，叫作“蜀秫”或“巴禾”。

粮食充足了，还能带来较高的利润，酿酒自然成为一种新产业。南宋朱辅撰写的《溪蛮丛笑》一书，记载了类似今“咂酒”形式的“钓藤酒”，即仡佬族富人用白金制作鸟兽形象的酒藤饮酒的事情，还记录了祭祀、葬礼等场合酿酒杀牛的场景。

《续资治通鉴》记载，绍兴三年（1133年）四月二十三日阿永蛮部去泸州敬献供马之事时，还讲道：阿永蛮部每年定期去献马，其随从会将白茶、麻、酒、米、鹿豹皮等装在船上，顺河而下，前往泸州交易，高峰时可达到千人规模。

阿永蛮部是早期彝族扯勒阿永蛮部，辖地包括今天的叙永、古蔺，以及今仁怀茅坝等部分地区，而茅坝一带少数民族善饮、善酿。由此可见，在宋代该地区的酿酒业兴盛且销往外乡，是重要的产业。

自唐末入播，播州杨氏土司逐渐强盛，实力更雄厚，其统治了包括今天遵义市大部及周边地区，已近巅峰。宋代播州杨氏土司墓葬中出土的成套酒器、酒具，以金、银、玉制作，十分精美；宋代墓室内的石刻《备宴图》，世界文化遗产地海龙屯出土的“公道杯”、宋代酒具残片等表明酒在杨氏土司的产业发展与生活、交往中，占据十分重要的地位，并形成丰富的酒文化体系。

国家的茶马交易政策，惠及赤水河流域地区。掌控地方大权，又享受国家对少数民族地区轻税赋的优惠政策，播州土司的产业发达。今荣昌坝地区，当时名叫石粉栅，既是土司的边境重镇，也是重要的汉夷间交流口岸，设有派出机构。可以想见，赤水河上、崇山峻岭之间，产自播州的茶叶、酒、蜂蜡等土特产在此汇聚，乘船而下，来自蜀中及中原地的瓷器、精美织锦等在此登岸后被送往山区……石粉栅是何等热闹。

土司本人也在经商。文献资料记载，播州土司持有的铅、锌矿产，以及木材等，顺赤水河而下，卖到了泸州，更卖到了江南、京城，规模庞大，甚至由于存在堵塞长江航道的危险，被沿岸官员扣押。

20 世纪 80 年代，荣昌坝宋墓群被发现。墓内精美的石刻，不但是赤水河流域工匠精湛工艺的见证，还足以证明宋代石粉栅地区的繁荣、富庶。

荣昌坝宋墓中，出土了一组飞天石刻图案。

飞天，最初作为佛教的画像，是人们对虚拟梦幻仙界追求的表达。甘肃敦煌是中国最著名的飞天图案集聚地，图案始于“十六国时代”，终于元代末期。研究认为，飞天图案最早从印度传入，然后向全国传播。荣昌坝宋墓中的飞天图案表明，荣昌坝的对外文化交流达到相当高的程度。

当然，荣昌坝宋墓中出土的飞天石刻的图案，与后来的茅台酒飞天商标没有关系。但两者表达的都是精神向往。难道 700 年前荣昌坝宋墓的主人，请工匠雕刻飞天是为后世留下的注脚？

繁荣的宋代亡于外患。虽地处抗蒙前线，但蒙军碍于播州土司的强大和骁勇，进攻大宋腹地的路线，绕开了播州，使得播州免于战火，仁怀经济、社会前行步伐不歇。

四

元代让播州享受到了前所未有的荣誉。播州土司的儿子杨汉英，由元世祖赐名“赛因不花”。后来，他接替父亲杨邦宪成为播州第十七代土司，积极拥护元世祖推行的行省郡县制、平叛镇乱、推行改革减轻农民赋税，使得播州经济有了较大发展。

此时，播州宣慰使司改为播州沿边安抚司，设有仁怀、滋州等长官司，而石粉栅等地的功能，可能进一步加强，并设立了高于宋末的军政派出机构。这个时期酒的酿造仍然是国家税收的重要来源，且饮酒风气极盛。《元史 · 世祖本纪》记载“（至元二十九年）一岁天下所入，凡二百九十七万八千三百五锭”，酒税占到全国税收的 15.7%，可见元代饮酒风气之盛。有人根据相关记载，撰文推算称，在元大都人均每天所消耗的酒多达半斤以上。

元代采取了与宋代类似的酒政制度，强调以官酿官售，禁止私自酿造，且对私酿有极为严厉的处罚，也在粮食歉收时一度禁止酿酒。但同时元朝廷根据实际情况，对全国采取了不同的酒政，如属四川管辖的仁怀，则以茶盐商酒竹冲抵军饷。至元十四年（1277 年），由于天灾，粮食歉收，国家一度禁止酿酒，这也导致无税可收，第二年又以川蜀多岚瘴，松弛酒禁，“民之衰疾饮药者，官为酤醸量给之”，只是实行了专卖制度。

这个时期的仁怀被推测已掌握蒸馏酒技术，并在明代得到发扬。

明代赤水河流域，战争频仍，但作为运输大通道和产业基地的优势开始凸显。其中，皇木采伐是一项艰辛、浩大的工程，持续了数百年之久。产自仁怀等地的金丝楠木等，被运往京城，修建宫殿。

正德状元杨慎被贬云南路过赤水河，写下“层冰深雪不可通，千寻建木撑寒空。明堂大厦采梁栋，工师估容穿蒙笼。此水奔流似飞箭，缚筏乘桴下蜀甸”的诗句，描述采伐、运输皇木的场景。

在被誉为明万历“三大征”之一的平播战役中，万历皇帝动用了高达 20 余万人的军队，分八路向播州腹地挺进。战后，平播大军及部分后勤保障人员，留在了播州，据称数量多达 20 万人之巨。一些民间资料称，战后留守的军事人员，亦兵亦农，广垦荒袤、自给自足。其中，部分以酿酒为业者，为解决酿酒粮食不足问题，发明了反复蒸煮酒醅的方法取酒，然后按照不同的酒质售卖。

关于平播战争留守人员酿酒创造的反复蒸煮取酒法，受目力所限，未能在正式文献和书籍中看到，仅停留在部分传说之中，特记于此，待日后详查。

事实上，明代初期，为巩固边疆，强化边远地区管理，朱元璋推行屯、卫制度，大量军人、官员和开垦者驻扎，赤水河就已是粮草、食盐等保障的运输大通道。当时，经过仁怀的盐路商旅不少，河面舟楫颇多，陆路肩挑马驮者络绎不绝。而且明永乐年间改革“纳米给盐”，增加商贩利益，以及明万历推行“纲法”，实行“许可”制度，盐商纷沓而来，使得赤水河愈加热闹。

与此同时，明代茶马交易进一步扩大，在黔北地区设立国家茶仓，原本盛产茶叶、马匹的赤水河流域，航运更加繁忙，商贾也逐渐增多，文化和技术交流频繁，对白酒的生产和需求产生积极影响。

这一时期，仁怀酿酒的法式变得多样，酒品丰富。除了米酒、高粱酒、苦荞酒，还有甘蔗酒、芭蕉酒、青冈籽酒、柿花酒等。

明代正德年间，状元杨慎的诗词记录了一些酿酒工法和原料、饮酒习俗：“酝入烟霞品，功随曲蘖高。秋筐收橡栗，春瓮发蒲桃。旅集三更兴，宾酬百拜劳。苦无多酌我，一吸已陶陶。”它描述了人们用青冈籽、粟米及野果酿酒，聚集饮用“咂酒”的场面。

但对仁怀酒业，尤其是品质的最重要影响应是粮食作物种类的变化——玉米、红薯等传入中国，在四川、贵州等地推广种植。明代绥阳县知县毋杨祖在“利民条约”中写道“县中平地居民只知种稻，山民只知种秋禾、玉米、梁稗……”可见，玉米自嘉靖年间传入中国，便很快推广开来，成为主要杂粮之一。

这些对土地要求不苛刻、产量甚高的农作物，尤其适合平坝少、山地多的赤水河流域，丰盈了山区居民的粮仓。有资料称，红薯当时的亩产量有“三四十石”之多，居民切碎拌入稻米蒸煮为粮。

粮仓丰盈，人口急剧膨胀，资料显示，明末，四川人口达900余万人，贵州人口约70万人，中间虽经历了战争和惨绝人寰的大屠杀，至清末时，四川人口高达7900多万人，贵州人口为870余万人。

粮仓丰盈会推动酿酒业技术进步、品质提升。考古工作者在茅台镇酿酒遗址中找到的采用窖坑发酵酿酒线索，表明由于粮食产量的增加，工艺更复杂、耗时更长、品质更好的纯粮酒，已在茅台镇规模化生产。

但明末的赤水河流域并不太平，先有播州土司杨应龙反叛，朝廷被迫征调20余万大军平播，后有奢崇明之乱，祸及川黔。而两次战乱，仁怀都处于战场中心，尤其是在长达10余年的奢安之乱中，叛军占重庆、克泸州、拔遵义、建“大梁”、围成都。其间，朱燮元督导的遵义府监卢安世率兵，驻扎南部鄢家渡一带，与奢氏交战，一度因粮草不济，官兵断炊，只能靠红稗、高粱救命。

接连两次规模大、持续时间长的战争，几乎耗尽明王朝的气数，对流域经济社会造成巨大伤害，迟滞了酿酒业发展。同时能看出明末时期粮食品类丰富了，口感不好、不易消化的高粱，已不再是人们的主粮，只有在迫不得已的情况下，才会用来充饥，由此也为仁怀以高粱为主要原料的酱香白酒提供了发展空间。

五

明代，国家多种货币混用，金融管理混乱。清代汲取前朝教训，改为银锭和铜币，由此导致银、铜消耗巨大，但又担心工人聚集形成反清复明的力量，国家不敢轻易开采铜矿，只能从日本进口，每年多达数百万公斤。

康熙五十年（1711 年），幕府时代的日本开始限制中国船只进入，并对铜矿等进行保护。进口受限，以至于国家连铸造钱币的铜都无法满足。因此，国家决定在云南会泽、四川属下的遵义府绥阳等地开采铜矿，运往北方等处造币。同时在贵州赫章一带开采铅矿，扩充军备。

这对于赤水河是新的历史机遇。山高水远，南铜北运、南铅北运走陆路成本巨大，效率低下。同时，贵州不产盐，主要靠外运进入，导致“斗米斤盐”，很多人“当其（盐）匮也，代之以狗椒。椒之性辛，辛以代咸”。

“狗椒”，即辣椒。这种大约在 400 年前传入中国、最初作为观赏植物种植的东西，明末开始成为人们重要的调味品。在缺盐的年代，人们以其辛辣之味代替了辣椒。

乾隆十年（1745 年），时任云贵总督的张广泗，基于这些状况，从国家大局、民生之计考虑，向朝廷奏请疏浚赤水河。他在奏章中写道：“滇黔铜铅每岁由陆路运输，节节皆山，驮载艰辛，脚费浩大；且黔省不产盐，所需食盐须从川地肩挑，运到猿猴（今赤水市元厚）发贩”“若开修赤水河，盐船可通行，盐价立见平减。偶遇丰歉不济，川米可以运济，实为黔省无穷之利”。

于是，赤水河又成为国家重要战略物资运输的大通道，经历几番整治。

赤水河航道疏浚，通航能力提升，从长江口到上游今毕节市境内都能行船。河面上顺水而下的船只，运载的是国家急需的铜、铅，以及两岸土特产；逆水上行的则是贵州急需、来自江淮和四川的食盐，还有善于经营的晋陕商帮。

后来，赤水河退出了南铜北运大通道，但物资运输依然繁忙，形成著名的仁岸。通过盐政改革和“兼并重组”等，设有盐号“协兴隆”“永隆裕”“永发祥”“兴盛隆”。盐运兴盛，丰富了仁怀的商业形态。商帮的消费力，刺激了白酒酿造及工艺的发展。

乾隆十四年（1749 年）成书的《黔南识略》中记述：“茅台村地滨河，善酿酒，土人名其酒为‘茅台春’。”

乾隆五十一年（1786 年）的三百梯路段修路碑记记载了“偈盛酒号”，表明较大规模的酿酒作坊，已在茅台镇出现。

嘉庆年间的《仁怀县草志》中写道：“城西茅台村酒，全黔第一。”至道光年间，茅台镇“家惟储酒卖，船只载盐多”。

《遵义府志》引用《田居蚕食录》说：“仁怀城西茅台村制酒，黔省称第一。其料纯用高粱者上，用杂粮者次之。制法：煮料和曲即纳窖中，弥月出窖烤之，其曲用小麦，谓之白水曲，黔人称大曲酒，一曰茅台烧。”这表明至少在清代道光之前，以茅台镇为中心，仁怀酿酒已形成特殊工艺。

《续遵义府志》援引《近泉居杂录》描述这种工艺的文字：“纯用高粱作沙，蒸熟和小麦面三分，纳酿地窖中，经月而出蒸熇之，既熇而复酿，数回然后成；初曰生沙，三四轮曰燧沙，六七轮曰大回沙，以此概曰小回沙，终乃得酒可饮，品之醇、气之香、乃百经自具，非假曲与香料而成，造法不易，他处难以仿制，故独以茅台称也。”

后人普遍认为，《近泉居杂录》中的这段文字记录的是基本定型的仁怀酱香型白酒工艺。而仁怀作为全球酱香型白酒的中心，就此拉开序幕。

茅台酿酒作坊遗址

值得注意的是，《近泉居杂录》中关于酱香型白酒工艺的描述，讲到“非假曲与香料而成”，说明早在清代中期，仁怀酿酒技师们通过经验总结，已熟练掌握了与自然的互动，在仁怀酱香型白酒酿造中不需要添加其他任何物质辅助发酵、提升香气，而是完全以纯自然状态酿造。

因玉米等的推广种植，粮食产量增加，但贵州山多地少，可以种粮的土地面积有限，酿酒业的快速发展，导致吃饭与酿酒用粮之间的矛盾出现。《遵义府志》中这样描述人们吃饭与酿酒用粮的矛盾：“仁怀地瘠民贫，茅台烧房不下二十家，所费山粮不下二万石。青黄不接之时，米价昂贵，是困于食，职此故也。”毕竟保障人吃饭始终是头等大事。当时，人们还是将水稻等主粮放在首位，口感较差，作为杂粮的高粱种植面积有限，导致酿造酱香型白酒的高粱，产量并不是太多。以道光二十年（1840年）为例，全县高粱种植面积达8000亩，单产仅为26.5公斤。因此，工序复杂、耗时长、用料考究的酱香型白酒，产量有限，价格更高，属于高端产品，非一般百姓所能消费。

而此时，以盐商为主茅台镇的商业形态基本形成，除了四大盐商口号，酒坊不下20家，棉布、百货、土产、山货、造纸、窑陶、土纺土织、饮食、旅栈等行业应运而生。其中，较大的商号有成金、成茂、成玉、成泰、泰来、泰和、清泰、吉昌、富昌、丰昌、世昌、合兴、大顺、永丰、裕发、德太、聚盛等20多家。

因为人流聚集，酿酒业发达，自明代嘉靖年间开始，至清代中后期，以三合粗砂陶、二合陶坛、两河细瓷为代表，窑陶业在仁怀形成集群化发展格局。这些产品，除了满足本土消费需求，还有很多销往毗邻的县份和四川。

商人们走南闯北，也把产自茅台镇的白酒销往外地。可以说，以盐商为主的商务群体，是仁怀酱香型白酒早期主流消费群体。同时酿酒业兴盛为国家和地方财政提供了重要财源。咸丰十年（1860年），贵州开厘金，开始将酒税混入普通百货中征收。厘金局设立后，初有酒厘规程，明确酒厘由厘金局卡经征收，酒税由各县署经征，地方官绅又收酒捐。

由于国家要偿还债务和战争赔款，酒厘逐渐提高比例。咸丰时酒的厘金比例是：茅台酒每百斤抽银 1 两，烧酒抽银 1 钱，其他土酒抽银 6 厘。到了光绪三十一年（1905 年），酒厘又在原有基础上，每百斤加征 8 厘。此外，在道光二十九年（1849 年），国家派给贵州的当年烟酒厘金征收任务，高达白银 6 万两之巨。

咸丰时期贵州酒厘、酒税征收比例表明，当时的茅台酒泛指产自茅台镇，以特定工艺酿制的高端酱香白酒。烧酒，则是指采用其他工艺或原料酿造的白酒。耗粮、工艺复杂的茅台酒，利润远高于普通白酒，对于国家的财税贡献也更大。

六

清后期，国家政局动荡，川、黔起义不断，仁怀屡遭兵灾，晋、陕盐商为避战乱，携带财产举家迁回祖籍地。然而，随后发生在北方大地的回族大起义，持续了 12 年之久，这些有钱人成为劫掠对象，家财散尽，再无重返茅台之力。

战后，四川总督丁宝桢改革川盐运销体制，以遵义人唐炯总办贵州官运官销。赤水河盐运的主体，逐步替换为黔商，较为有名的是原来的永隆裕盐号，它由总局文案华联辉持有。华联辉是遵义团溪人，在茅台镇有两家盐号，即永隆裕，以及位于贵阳的永发祥。其母彭氏原来喝过产自茅台镇的酒，并念念不忘。为了母亲之愿，光绪二年（1876 年），亦官亦商的华联辉指示属下，购下一处茅台烧房废墟，开办成裕烧房[后为沿袭乾隆时期“成义号”历史，改名成义烧房；《仁怀县志》《茅台酒厂志》等记载，成裕烧房是在同治元年（1862 年）茅台烧房旧址上重建]，采用回沙工艺，为家人和亲友小规模酿酒，逐渐扩大规模。

成裕烧房的开办，重启茅台镇酒业。此后，又有荣泰和（后改名荣和烧房）、衡昌（后改名恒兴烧房）建成投产。华联辉“孝而酿”的故事，丰富了仁怀酱酒文化的酒，是后人言酱酒而常谈的佳话。

以成义烧坊为始，茅台镇酿酒业进入资本主义酿酒工坊阶段，也开启了贵州白酒产业的近代化工业历程。

早先设立的成义烧坊的酒，最初并不对外销售，仅用于家庭饮用和馈赠亲友。后来，由于酒质优良，口碑极佳，前来讨要的人日益增多，华联辉才决定扩大规模生产，并定名为成裕烧房。

创立于光绪五年（1879 年）的荣和烧坊，是由仁怀县地主石荣宵、孙全太和“王天和”盐号老板王立夫合办，3 家按股提取利润。

荣和烧坊，也是仁怀酒业上的第一个股份制酿酒作坊。

宣统二年（1910 年），第一次全国性的博览会——南洋劝业会，在南京召开，产自茅台镇的酒在博览会展品评比中获得了银奖。

但这一时期，时局动荡、交通不畅，酒业发展缓慢，不论是成义烧坊，还是荣和烧坊，规模都不大。以成义烧坊为例，直到宣统三年（1911 年），也仅有两个窖坑，年产量为 1750 公斤，名叫“回沙茅酒”，产品由永隆裕、永发祥销售。而荣和烧坊也同样是两个窖坑，产量在 1500 公斤左右，产品主销茅台。

此时，人们当时已有浓厚的字号意识，但并无产品商标名称观念。因此，对产自同一地区的同类产品，皆以地名加产品名来定义。茅台酒也如此，表示是“茅台镇出产的酒”，但与他处的区别是，“茅台”代表地名，“酒”是产品名，合并起来称“茅台酒”，还表示这是一种与普通烧酒不同的白酒产品，而并非特指某一烧房生产的产品。

产量少、品质优的茅台酒，价格不低，每公斤售价 2 钱 4 分银子，比普通的高粱酒要高出 5 ~ 6 倍。因此，购买者多为商贾、政务人员。

此外，由于大都装在 30 ~ 50 公斤的坛内销售，少有小瓶包装，一般实力的人群难以购买。

民国四年（1915 年），巴拿马万国博览会举行。因为宣统二年（1910 年）在南京“南洋劝业会”上的影响，贵州省在筹集参赛产品时，推荐了成义烧坊、荣和烧坊的产品，并统一以“茅台酒”的名称、“茅台造酒公司”名义送展。

1915 年，巴拿马万国博览会上，装在陶瓶中的茅台酒“一摔成名”。仁怀酱香型白酒在国际上崭露头角。但随后，由于送展时并未区分产品生产厂家，以至于在国际上获奖后，成义烧坊、荣和烧坊两家打起了奖牌争夺官司，直到民国七年（1918 年）才算了结。

茅台酒获奖后，名气越来越大，销量日益增多，贵州军阀、官僚和富商，都把茅台酒作为宴会和重要的交际礼品。周西成在先后担任贵州军务会办和贵州省长时，不仅每年要购买数千瓶茅台酒送给南京政府要员，以及川、桂、粤军政人员，还安排驻防仁怀的下属，负责采购茅台酒，并让贵州驻外办事处推动茅台酒的销售。以至于一段时期内在贵州有了“有官皆桐梓，无酒不茅台”的民间谚语。

虽然周西成处心积虑推广茅台酒，其本质是为自己打通关节、坐收渔利，但毫无疑问，他是茅台酒的重要推广者，对茅台酒早期消费群体的培育，以及品牌积累起到了重要作用。

周西成战死后，继任者王家烈也是桐梓人，也是茅台酒的“粉丝”，尤其是他的妻子万淑芬，对茅台酒更是情有独钟，有资料说其曾向桂系、粤系军阀送茅台酒数百瓶。在他们的带动下，贵州军政要员去南京办事也要采购大量茅台酒。

市场销售旺盛，成义、荣和两家抓紧时机扩大生产规模，成义烧房窖坑增加到 12 个，荣和增加到 4 个。不仅如此，原先经营鸦片的贵阳人周秉衡，认为风险太大后，也转行做起了茅台酒。民国十八年（1929 年），周秉衡与四川叙永商人贾文饮合作，在茅台镇投资创办了衡昌烧房

(后更名为恒兴烧房)。

最早打出“茅台酒”名称的成义、荣和,因总量不大,市场也各有侧重,虽有巴拿马奖牌之争,但未交恶,在经营上竞争也不明显。茅台酒的炙热,加上周秉衡建厂,让他们明显感受到了压力。因此,在衡昌烧房创办过程中,成义、恒兴开始联手,试图阻止衡昌建厂。衡昌建厂初期,因撬了河边一个废弃官渡的两船石头,荣和的老板以“破坏公益”为由,敲了衡昌 30 块大洋;衡昌占用厂房前后废弃的小道,成义、荣和的老板又鼓动区长罚了 200 块大洋,还请了几桌酒席赔礼道歉;衡昌投产后,因请成义的酒师指导生产,成义的老板去区公所告状,扣押酒师,逼迫写下与衡昌断绝往来的保证书;对衡昌的酒,成义、荣和又以其粗制滥造为由,阻止在茅台镇销售,衡昌被迫去外地销售。

当衡昌建成并逐渐站稳脚跟后,对成义、恒兴进行了反击,引发倾轧。3 家烧房原先协定,在原料采购上要统一价格和品质。可是,衡昌仗着资金充足,擅自抬高了收购价格,囤积原料,迫使成义减产去外地收购,导致成本增加。荣和生产规模小,且本身是地主,可以强迫佃农将收获的高粱、小麦全部抵押地租,原料供应矛盾并不明显。可是,后来当成义在四川收购小麦时,恒兴也去抢购,使得成义遇到资金不足的麻烦,被迫向二郎滩盐号贷款购粮。

竞争不仅来自茅台镇内部,还有外部竞争。这段时间里,仁怀酱香型白酒酿造技术,出现了第一次大规模外溢。

茅台酒的名气大,酿酒利润可观,成义、恒兴的利润分别达到 160% 和 171%,而荣和 1939 年产酒 10 000 公斤,净利润高达 12 386 块银圆。高利润之下,也无知识产权保护一说,以至于仿造者众多。

《贵州省志·酒业》记载:遵义、贵阳、都匀和金沙、古蔺等地,出现了规模化仿茅台酒酿造技艺生产的作坊,并对外亦称茅台酒,但品质和价格都远不及产自茅台镇的茅台酒。其中,较为有名的仿制品有遵义集义酒厂,贵阳的泰和庄、荣昌酒厂及金姓的贵州茅台酒厂、丁姓的富源酒厂、古蔺的二郎滩茅酒、安顺的群芳窖酒等。

3家规模较大的烧房都充分意识到内外竞争的危机，他们在相互竞争的同时，也有意识通过印刷商标的方式，宣示茅台酒的正宗，维护自身利益。可以说，有3000多年发展史的仁怀酿酒业，经过长期的积淀后，从这时开始逐步走向市场化，有了品牌化、渠道化的雏形，开启了新纪元。

最初，由成义、荣和起头，以小瓶包装的同时，采用红底木刻板印刷黑字的商标，注明由某厂生产的回沙茅酒，并将“货真价实，童叟无欺”八字印在烧房字号左右。接着，又改用道林纸石板印刷，白底蓝字，一套为3张，分别贴在酒瓶正面、背面和瓶口。正面商标图案上，除了“回沙茅酒”四字，还印有麦穗，背面则是关于用水和工艺的介绍。荣和的商标上还特别注明了巴拿马获奖经过，成义则加上了郑珍诗句“酒冠黔人国”。

衡昌易主赖永初，更名恒兴后，先是在省城报刊上登广告，宣传节假日“买一送一”促销活动，后来又改称“赖茅”，在上海印刷了约30万套精致的商标，并针对成义“百年老窖”的商标备注，特别在商标上注明“用最新科学方法酿制”。成义则在省外报纸上刊登广告，宣传“华茅”的传统特色，并将价格始终定于赖茅之上，显示其品质更高。随着赖茅提价，华茅又把价格提得更高，由此市场上一度出现茅酒竞相提价的现象。

恒兴自称“赖茅”，成义自称“华茅”，人们便习惯上将荣和的产品称作“王茅”，茅台镇的“三茅”格局由此形成。

3家烧房中，早期规模最大的是成义，年产量在15 000公斤左右，荣和、恒兴的体量相当，2家年总产量约10 000公斤。赖永初接手恒兴后，先是利用恒兴招牌搞地下钱庄，转而做茶叶、桐油、黄金和棉纱生意，并利用在各地设立的商号卖酒，酿酒规模一度扩大至年产32 500公斤，最高峰时工人多达60余人，磨粮牲畜有12头。

在销售方面，3 家烧房也各有侧重，成义因为品质好，除了茅台、贵阳、重庆市场，后来还开辟了上海和香港市场，荣和侧重于茅台本土销售，而恒兴（衡昌时期）早期产品质量相对差一些，在茅台镇销路不佳，主要运往贵阳，走“圈层消费”模式，后期逐渐扩大到上海等地。

《茅台酒厂志》称，在价格方面，成义、荣和每公斤售价 2 块银圆，衡昌每公斤售价 1 ~ 1.2 块银圆。

以 3 家烧房为代表，仁怀白酒行业出现类似今天的职业经理人、酒师，他们代老板掌管厂务，或是专门负责酿酒工艺和品质把控。其中，成义曾经先后聘请赵致缄、罗某、薛相臣作为经理，聘请郑永福及其父亲担任酒师；荣和的经理分别是龙德安、钱克纯、陈厚德，酒师是王华

20 世纪 40 年代茅台镇账房先生的留影（图片来源：周山荣）

清；恒兴聘请过的经理是葛志诚、杨端午、韦岭，酒师是郑义兴。

3家具有引领性作用的烧房，基于共同利益，形成了一些共同遵守的“章法”。例如，雇用工人有“六不要”“两要”，即参加过帮会的不要，名誉不好的不要，不老实的不要，不聪明伶俐的不要，结过婚的不要，家住附近的不要；要有保人介绍，要经过试用。此外，3家烧房在确定工人的工资时，有统一的标准，约定不准任何一家擅自加工资；规定工人进厂后，要割草喂马、晒粮食3年，然后磨粮2年，最后才能去酿酒。

七

清末至民国这段时期，仁怀境内的酿造业发展相对较快，群众也有自酿酒的习惯。人们单家独户进行酿造的酒，俗称“小作酒”，在满足自用后会将剩余部分出售。

限于成本等原因，“小作酒”是以高粱、苞谷为原料，蒸煮后堆积发酵，然后蒸馏取酒，也没有勾调等工序，但原料醇正、做工讲究、品质不俗、价格低廉。比“小作酒”规模稍大的酿酒场所，称为“糟坊”。

旧时，赤水河航道通航能力有限，从四川进入贵州的盐，需要水陆共进方能抵达茅台。其中，由二郎滩至马桑坪河段，新中国成立前无法正常通航，盐巴需要在二郎滩下船，由盐工背往马桑坪，再登船运往茅台。

赤水河岸边马桑坪，因此成为川盐入黔的重要中转站，每天仅是“背过山盐”的盐工，规模就达千人以上。从事繁重体力劳动的盐工，以及赤水河里盐船上船工、纤夫，对于白酒有着旺盛的需求，由此催生了马桑坪一带的酿酒业。

但盐工、船工、纤夫们的收入，支撑不了生产工艺复杂且价格昂贵的酱香白酒。于是，品质不俗的烈性“小作酒”，以及用红薯、甘蔗皮等酿造、口感辛辣粗暴的白酒，恰好满足他们的需求。

马桑坪生产的一种“五过二”高粱酒很受大家欢迎。这种高粱酒，采用高粱酿制，酒精度较高，即便每5杯高粱酒中兑入2杯白水后，酒味依然甚好。此外，在马桑坪之上的沙滩，采用回沙工艺酿造的高粱酒，物美价廉，也非常有名，新中国成立后的很多年里，仁怀城里的人，逢年过节，也会托人买几斤回来。

即便在酱香型酒的生产中心茅台镇，这些价廉物美的中低端白酒也很有市场。不仅如此，低度的香花酒在这里也大行其市。

香花酒是一种低度的配制酒。它采用桂花、玫瑰、佛手等花果和红糖为原料，再掺入马桑坪生产的“五过二”高粱酒蒸馏而成，酒色金黄、花香馥郁、醇甜可口，而且包装精美，很受欢迎，是很多群众逢年过节、娶亲礼物的选择。茅台镇上，伍云安家开的“同乐春”酒店就专卖这种自产的香花酒，生意兴隆。稍晚，窦涣成一家也生产过这种香花酒。

这种基于消费需求，融合当地环境、原料的酿酒方式，丰富了仁怀酿酒工艺的多样性，也由此产出满足不同消费群体的酒类产品。例如，处于早期盐道之上的茅坝镇，有一个叫作安良的地方。生活在这里的仡佬族人善饮，习惯用苞谷酿酒，俗称“安酒”，十分有名，卖到了县外。

八

1935年，中央红军长征三渡赤水过茅台。其时，茅台镇有不少酿酒作坊，规模较大的主要是成义、荣和、恒兴3家。

反动派的负面宣传，以及早年太平天国运动、咸同农民起义期间的纵火、掳掠、滥杀，给人们留下了阴影，在红军到来前，仁怀县的军政人员、部分商人已闻风而逃，仅留下普通群众和开明士绅。周梦生回忆说，红军进城时，留下的开明士绅、小商贩和群众，还抬着猪和两大坛茅台酒，出城迎接红军将士。

茅台镇上有部分规模小的烧房和糟坊老板没有离开。

不少老红军的回忆录中，都提到了他们在茅台镇的经历：一路征战、长途跋涉的中央红军，喝到茅台镇美酒的同时采购了部分白酒，作为消毒伤口之用。

1936 年 8 月，中央红军长征到达陕北后，军委号召参加长征的红军指战员撰写征途中精彩片段。其中有一篇题为《茅台酒》的文章，被红一方面军政治部编入《二万五千里长征》一书，此后被中共在巴黎主办的《救亡时报》转载。

文章的作者是长征时期红一军团教导营军事教员熊伯涛。他绘声绘色地描写了在茅台镇第一次品尝茅台酒的经历：

“……追到十多里后，已消灭该敌之大部，俘获人枪各数十和枪榴弹弹筒一具，并缴到茅台酒数十瓶，我们毫无伤亡，战士欣然给了我一瓶，我立即开始喝茅台酒了……我们的学员和战士在圆满的胜利之后，在该地群众的慰问中，个个都是兴高采烈，见面就说：‘喂！同志，吃茅台酒啊！’

成义老烧房的主人听说红军来了，早已逃之夭夭。恰巧我们住在这酒坊里，所有的财产一律被没收，当然酒也被没收了！

成义老烧房是一座阔绰的西式房子，里面摆着每只可装 20 担水的大口缸，大约在 100 缸以上，已经装好瓶子的，有几千瓶，空瓶在后面院子里堆得像山一样。”

长征时期任工兵连长的王耀南，在 1983 年写的《坎坷的路》中回忆道：“当时，工兵连就住在靠河的一个酒厂旁边，于是我领着毛泽东和朱德的警卫员一起来到酒厂买酒。酒没有容器装，我们就找了两段碗口粗、半人来长的竹子，用烧红的铁条把中间的竹节捅开，只留最下一个竹节，然后在竹筒里灌满酒，上面再用玉米瓤子紧紧塞住。当我按时价把 4 块白花花的银圆递给酒厂老板时，他激动得不知如何是好……”

杨成武时任红一军团四团政委，曾率部攻打遵义西鲁班场守敌，移驻茅台镇。他在晚年回忆说：“茅台镇凡大户人家，均藏有茅台酒，坛坛罐罐，酒香扑鼻。”

红军指战员向当地老乡买酒，会喝酒的都过足了酒瘾，不会喝酒的也装上一壶，洗脚活血，舒舒筋骨。

红军战士秋毫无犯的风格、高风亮节的情操，赢得了茅台镇人民的热爱和拥护，也播撒下红色的种子，红色基因就此在赤水河的山岭间生根发芽。此后，产自茅台镇的美酒，在很多重要历史时刻中发挥作用。

九

1949 年，中华人民共和国成立。

资料显示，此时 3 家烧房共有窖坑 41 口，磨粮牲畜 36 头，年产量已由 1947 年的最高峰 60 吨下降为 20 吨左右，生产难以为继。而仁怀县其他酿酒作坊，由于粮食严重不足，此前政府先后 4 次限制或禁止酿酒，仅剩不多的酿造资源，几乎被 3 家实力雄厚的烧房垄断，再加上匪患横行等因素，它们基本处于关张状态。

1950 年，仁怀解放之初，在十分困难的情况下，政府实施了扶持政策，贷款 2400 万元，供应小麦 3000 公斤，帮助恢复生产。但是，由于各种条件限制，其生产仍然无明显好转。

1951 年，经仁怀县人民政府批示、遵义地区专卖部门同意，由当时的县税局兼专卖事业局负责人王善斋出面，本县知名人士周梦生作为中证人，与成义烧房老板协商，以旧币 1.3 亿元购买了成义烧坊。随后，成立贵州省专卖事业公司仁怀茅台酒厂。

截至 1952 年底，先后以没收、购买方式，将荣和烧坊、恒兴烧房收归国有，组建了茅台酒厂。

其时，年轻的共和国举步维艰，缺钱、缺钢、缺肥，很多重要物资都需要从国外进口。为了新中国的建设，国家组织茅台酒等物资出口，换取外汇，购买急需物资。资料显示，中华人民共和国成立初期，外销一吨茅台酒，可换回 40 吨钢材、32 吨汽油或 700 辆自行车、24 吨肥田粉。

在这个背景下，国家更加重视茅台酒的生产、出口工作。1958 年，茅台酒的产量达到了几百吨，但依旧不能满足当时的需求。于是，毛泽东主席提出了“把茅台酒搞到 1 万吨”。

1964—1966 年，国家在茅台酒厂开展两期试点，第一次以科学的方法，探索茅台酒的奥秘。这期间，根据多年摸索总结的经验，并搜集 200 多种不同酒龄、轮次、味觉的酒样，经数千次品尝和分析后，得出了 3 种典型体酒，即酱香体、窖底香、纯甜体。采用 3 种典型体酒勾调而成的酒，李兴发将其命名为酱香型酒。

1965 年，酱香型酒正式命名。当年底，季克良代表茅台酒厂，宣读科研组的成果——《我们是如何勾酒的》论文，引起强烈反响。此后，各白酒厂运用茅台酒厂的理论和技术，根据自身产品特点，明确分出了酱香、浓香、米香、清香、兼香五大香型，并参照茅台勾调工艺，掀起了勾调热潮，从而推动了全国酒类质量的提高。

新中国建立之初，为保障供给、发展经济，在国家政策指引下，仁怀县除了茅台酒厂，还建设了怀酒厂等白酒企业。

不过，受物质匮乏、粮食产量低、运动等因素影响，酿酒业发展水平不高，且除茅台酒厂外，多采用红薯、芭蕉、甘蔗皮、青冈籽等代用原料酿酒，品质不高。即便是茅台酒厂，也曾面临缺粮危机，一度处于半停产状态。1952 年，为了保障茅台酒的酿造，仁怀县县长王卿臣签文，通知“各区仓库将所存小麦全部运交茅台仓库，统一借给茅台酒

茅台酒厂的工人在润粱

厂”，总计达211 400斤。同期，为保障茅台酒的包装用材，税务干部利用下乡征收屠宰税的机会，同时将猪尿泡皮带回来交给茅台酒厂，作为密封酒坛、酒瓶口的材料。

这种窘境仍持续了较长一段时间。其间，为了在节约粮食、保障品质的前提下满足大众需求，酿酒工人想了很多办法。1966年，仁怀县糖业烟酒公司下属工厂，利用茅台酒厂丢弃的酒糟实验，生产出“翻沙酒”，这是一种中级酒，相较于代用料酿制的白酒，品质更高，价格实惠，很受欢迎。随后，包括茅台酒厂的附属厂在内，有不少酒厂都在生产。

在国家层面，领导人十分重视茅台酒的生产和质量，多次做出指示，并亲自关心茅台酒原料基地的建设，由国家相关部门下文划定高粱生产基地，保障茅台酒酿造之需。周恩来总理不仅在 1972 年指示：在茅台酒厂上游 100 公里内，不能因工矿建设而影响酿酒用水，更不能建化工厂，1975 年，他还在第四届全国人大一次会议上，提案生产万吨茅台酒并交由当时的国家科委主任方毅推行。经专家们多次实地调研，确认以当时条件无法实现原址扩能后，决定在遵义城郊开展“易地茅台”试验。

这次试验长达 10 年，进行了 3000 多次分析，直到 20 世纪 80 年代才结束。但最终证明，离开了茅台镇，产不出茅台酒。

十

改革开放前，在“工厂薄利，商业厚利”的原则下，酒厂的利润很低，包括茅台酒厂在内，众多酒企处于微利或亏损状态。以茅台酒为例，当时每调出一吨酒，工厂仅获利 60 元，而商业环节的利润则高达 5000 ~ 6000 元。

这种局面，导致多数生产企业活力不足，并持续到 1978 年底。

党的十一届三中全会以后，以农村土地联产承包为标志，国家拉开了改革大幕，刺激了农业、农村发展，城乡经济逐步活跃，企业自主经营权扩大，尤其是民营企业如雨后春笋般涌现，兴办了一大批集体、个体酒厂，共 81 家，仁怀酿酒业迎来发展高峰。市场上，茅琼、茅河、怀台、怀乡村、台良、台源、怀乡、台乡、怀庄、怀源、醇泉、台河等小有名气。至 20 世纪 80 年代前期，全县不同性质的酒企多达 180 余家，注册商标 90 余种，基本形成“仁怀酒”的特色。20 世纪 80 年代中期，以提升总体白酒品质为目标，采用纯粮、大曲酱香工艺酿造的酱香型白酒被重点提出，并单独统计生产数据。

长期以来，在多山少地的仁怀，群众种粮首先是保证自用粮油充

蒸熟后的仁怀糯高粱形状

茅台镇

足。因此，种植面积排在前面的始终是水稻、小麦、玉米和油菜，杂粮次之，之后是棉、麻。

高粱是赤水河流域原生农作物，品种丰富，是迄今公开报道的全世界植株最高的野生高粱。在仁怀境内，其植株高度超过 5.7 米，具有优异的抗倒伏基因。

但是，适合在贫瘠山地种植的高粱，却因适口性差、产量低、价格低等影响，不是农民种植的主要对象。20 世纪 80 年代，高粱价格还不如高粱秸秆，仁怀高粱的种植区主要集中在沿赤水河乡镇。鲁班、五马等南部土地平整的地区，都很少种高粱。

大批酿酒企业的涌现，对酿酒原料需求旺盛。同时，土地承包后，农民对土地的投入增加，加上良种良法的推广，以水稻、玉米为主的粮食产量不断提高，农民手头余粮增加，导致粮价下跌，从而挫伤了农民的种粮积极性。

在这个背景下，政府决定以市场化引导农业种植结构调整等方式，统筹解决前述矛盾。一方面，引导企业逐渐提高以高粱为原料的优质酒产量，适当提高高粱收购价，提升农民种高粱的积极性；另一方面，组织农业部门开展技术攻关，推广新技术、培育新品种，提高单产量。

到 2022 年，仁怀市有机高粱认证地块超 50 万亩，种植面积常年稳定在 30 万亩左右，带动贵州半数市、州种植高粱 250 多万亩。以本土小红缨子、牛尾砣、青壳洋等为父本、母本，培育出红缨子、台糯、红珍珠等一批优秀仁怀糯高粱品种，平均亩产超过 300 公斤。仁怀有机糯高粱每公斤收购价超过 11 元，是全球价格最贵的高粱。

与此同时，围绕仁怀酱香白酒产业发展，高位推动、科学谋划、合理布局，完善科研、检测、人才培养体系，包材、物流、收储及水、电、气等基础和要素保障逐步健全，为产业高质量发展奠定了基础。

这期间，因管理、市场、政策调整及国际形势影响等，仁怀酱香白酒产业发展几经起伏，经历了从高峰到低谷阶段。但是作为一个凝聚了千年中华农耕文明精华、交融着仁怀历史文化基因的产业，其有着强大的生命力和发展韧劲，稍有春风雨露，便快速成长。

以茅台酒为龙头，仁怀酱酒业发展进入品质化、品牌化时代，持续引领中国白酒行业高速增长。

2000 年 7 月，贵州茅台在上海证券交易所上市。

2001 年，茅台酒的生产工艺被列为国家级非物质文化遗产，茅台酒被列入国家地理标志保护产品名单。

2003 年，茅台酒年产量突破万吨大关。

2004 年，仁怀市获授“中国酒都”称号。

2010 年，贵州仁怀经济开发区被工业和信息化部授予“国家新型工业化产业示范基地”。

2013 年，“仁怀酱香酒”作为产区品牌，被列入国家地理标志保护产品名牌，获得地理保护标志证明商标，品牌价值近千亿元，成为传播产区文化、传承产区工艺、打造世界酱香型白酒产业基地核心区的标杆性品牌。随之提出的“仁怀酱香酒产区”概念，使得外界“只知茅台、不知仁怀”的传统观念，逐渐被改变。

同时，以仁怀酱香酒品牌为桥梁，逐步搭建起了酱酒与金融、酱酒与科技、酱酒与文化传播产业链等平台，为仁怀酱香新白酒产业发展注入了新鲜血液。

国台、钓鱼台、夜郎古、怀庄、酣客君丰、黔酒、五星等一批民营酒企，快速成长，品牌影响力不断扩大，成为行业新星。

2015 年，仁怀成功创建全国酱香型白酒酿造产业知名品牌创建示范区。

2019 年，酿造仁怀酱香型白酒的原料——仁怀糯高粱，获得农产品地理标志。

2021 年，继获得“中国酒都”等荣誉称号后，仁怀市又获得“中国酱香白酒核心产区（仁怀）”金字招牌，为打造世界酱香型白酒产业基地核心区奠定了基础。

国台酒·国标、夜郎古酒、钓鱼台国宾酒、怀庄酒、无忧·泰然酒、衡昌烧坊·经典、仁怀酱香酒·仁之道、寰九、文中壹品酒·典藏、酣客·经典，这些仁怀产区“十大名酒”产品成为产区高品质传承的代表。

2022 年，仁怀发布“中国酱香白酒核心产区”图识。

2023 年，仁怀获授“世界酱香白酒核心产区（贵州·仁怀）”称号。

“促就业、做公益、增加国家财政收入”，正在成为企业家们的共识。截至 2023 年 6 月，仁怀规模以上白酒企业有 129 家，不含贵州茅台集团，全市酱香型白酒实现工业总产值 897 亿元，较上年增长 50%。同时，通过白酒产业的“带一连三”和“接二连三”，群众收入不断增加、幸福指数不断提升。

皇木出山

◎黄黔华

这一次，《寻仁迹》栏目的采访脚步走得更远，以寻找更多仁怀历史记忆。“皇木出山”是我们的第一个目标。

皇木，顾名思义，是皇家修建宫殿、陵寝、祭坛等所需要的木材，以高大的楠杉为主，多采于长江中上游的贵州、四川、湖南、湖北、云南等地。一些资料记载，北京故宫太和殿中部分巨大的木柱，采自赤水河两岸深山，从赤水河漂浮进长江后，再通过京杭大运河运往京城。本文所指皇木，除前述外，还包括清代商办“钦工例木”，即运河船只所用桅杆、断木等。

位于赤水河边的仁怀，林木资源丰富，是重要的木材输出地。最晚在南宋时期，这里的木材经营已成规模，而管辖这片区域的土司成为该时期最大的木商。《宋史·许奕传》中记载播州土司杨粲经营木材之事，“夷酋杨粲浮木万计入贾，奕虑其荡水陆之险，驱之”。

关于杨粲这次“打翻在路上”的生意，南宋理学家魏了翁写得更详细。他在为许奕撰写的神道碑文中提及此事，称：“夷酋杨粲，世服王官，守白锦堡，乞升堡为锦州。事未行，粲已浮杉板万计入贾。公虑其荡水陆之险，命吏驱没入之。”

杨粲时期是播州土司的“高光时刻”，其辖地包括遵义的绝大部分地区，以及毗邻的瓮安、福泉。今天赤水河边的仁怀、习水、赤水，当时为一体，先是统称仁怀县，后降为仁怀堡，一度隶属泸州郡，至明末重设仁怀县于留元坝，辖今仁怀、赤水、习水三地，清雍正年间由四川划为贵州。彼时赤水河是播州土司对接川渝、通长江的重要通道，播州土司的木材经营也主要依托赤水河。

从不同时期的文献记载可知，木材经营是播州土司的主要产业之一，并传续了数百年之久，经营范围一度扩展至江南，此外，还有个别京官委托他们代为采购木材。

到了明代，皇木采办成为国家的一项重要工作。尤其是从永乐年间开始，明王朝在北京修建宫殿需要大量木料，而西南地区盛产的楠木、杉树等，是上好的建筑材料。朝廷因此派出官员，前往四川（含遵义）、贵州、云南等地，组织采伐大木，以供修建宫殿之用，如史料记载“永乐四年，朝廷下诏建北京行宫，敕工部尚书河南宋礼督木，先后凡五人入蜀。监察都御史颜佐亦以采木至蜀。少监谢安在蔺州（今古蔺）石夹口采办，亲冒寒暑，播种而食，二十五年始还”。

播州土司统治下的仁怀广大区域，以及毗邻的水西土司、永宁土司辖地，是皇木主要采区。今习水县同民镇原属仁怀地界，其境内现存万历十三年（1585 年）的“皇木 华阳县”摩崖、铜罐口皇木摩崖，土城镇同心村石笋沟现存的嘉靖三十八年（1559 年）皇木摩崖等，都是皇木采办的见证。有研究认为，这几处皇木摩崖与播州土司杨应龙献木获授飞鱼服时间接近，疑所采伐皇木用于同一建筑群修建。

石笋沟中的溪流古称铜鼓溪，现名水斯河，是赤水河较大的支流。沟内的摩崖在《仁怀厅志》中亦有记载，但十分简短，且与我们现场拓片辨读的黄德昌职务有出入。《仁怀厅志》载：“明嘉靖年间，四川新津知县黄德昌到铜鼓溪采木，刻谕于松石岩上。”但我们经过拓片辨读发现，黄德昌并非新津知县，而是文令郎。在明代，文令郎是散官，相当于七品头衔。

黄德昌留下的摩崖有 1000 多字，分为上下两幅。贵州省博物馆馆长李飞、贵州省文物考古研究所韩文华等人看过拓片后确认，上幅共 270 余字。铭文为以下内容。谕蔺、播诸夷：普天之下莫非王土，则一草一

“皇木 华阳县”摩崖（图片来源：张霖）

石笋沟皇木摩崖（图片来源：李飞）

木皆生于土，何者非王所有也？小牛胜山，属儒溪长官司里，播、蔺二宣抚所辖，东西南北相距俱川□贵州。邑本腹□地方，匪海外之夷，在昔唐宋所弃，我祖高皇帝宽仁大度，□仍其旧。嘉靖己未春，重建朝殿，知新津县事文林郎黄德昌，奉圣谕总理木务，偶憩于此有感，书诸座右：呜呼，使夷狄而安于夷狄，则夷狄之可矣。予历视各厂，遍访民情，虽三尺儿童且知有中国之尊，则其性亦非天子类也？用夏变夷，复覩王化之盛正有望于今日。得其地与民，乌尚足为荣哉？时成都府通判温以栗以总督驻儒溪公署，余持稿质之，公曰："作文不关气运，虽精无益，若子之文可以风夷狄，二月望日遂命工刻于石，以竢后之君子。"公讳以栗，字德甫，别号双桂，直隶句（容）人也。

下幅共800余字，为黄德昌所作风谕夷狄、宣扬王化的长文。由于下幅文字模糊难辨，且疑似与伐木本身关联不大，仅拓片存档，未深入辨读和抄录。

嘉靖年间，正是朝廷在赤水河地区采办皇木高峰时期，相关文献记载，在该地区督办皇木的官员有近10人，且采伐数量巨大。如嘉靖三十六年（1557年），朝廷在播州、蔺州、叙永等地采办楠木、杉木15 700余根（块）。《明史》载："嘉靖二十年、二十七年、三十六年。朝廷下诏四川、贵州大木营建奉天、谨生、华盖三殿。采木运木夫达数万。新殿其工浩大，令采丈围以上楠杉二千余，丈四五以上亦一百一十七。漕下之木，多取以为用，川黔吏民，苦作数载，无以生息。采木数量之多，劳民伤财。"

同时，朝廷允许西南土司通过贡献大木获取奖励，或以赎罪，或以罔替。《明史》和《明实录》中，记载了播州土司敬献大木之事。据统计，自洪武五年（1372年）播州土司杨铿归顺明王朝起，至明万历平播之役前，播州土司累计向朝廷敬献大木137次之多，其中优质楠木为贡品，疑多产于赤水河岸边的仁怀。如《明实录》载："万历十二年、十三年，四川播州宣慰司杨应龙进献大木七十，助修皇宫，得赐大江飞鱼品服，敕封骠骑将军，晋升都指挥使。”又如，万历二十三年（1595 年），杨应龙因罪当斩，但在缴纳 4 万两银子赎金助采大木后，得到豁免。

这种被称为“国之巨役”的皇木采办，后虽有改革，部分由木商代理，但又增加了采办运河船只桅杆、断木、架木，并延续到整个清代。其中，采办桅杆史称“钦工例木”。据《皇木案稿》载，运河漕船需桅木（杉树）、断木（樟楠树）。桅木长 6 丈，头径 4.5 尺，尾径 1.8 尺；断木长 3.2 丈，头径 3.5 尺，尾径 1.7 尺；架木长 4.5 丈，围圆 1.6 尺至 1.7 尺；槁木根围 8 寸至 1 尺[①]。

清代推行的商办“钦工例木”带来新弊端。陈鑫明在他的《揭开五百年皇木之谜》中称，商皆以皇商为名，索取人夫，种种扰民。又因下河客商，人心不古，将银倾铸冲铅兑账，欺哄上河山贩，山贩获此银，入山难买。从清乾隆至光绪的近 200 年间，“钦工例木”案没完没了。据不完全统计，明清两代的数百年间，不包括漕船所需桅杆、断木，朝廷仅在四川（包括遵义）一地便采办皇木多达 23 次，运走楠杉约 53 000 根（块），耗银 1000 万两以上。

明清时期的皇木采办，消耗大量国库银两的同时，也令百姓和督办皇木的官员苦不堪言。同时，长达数百年的采伐，导致仁怀及周边符合皇木条件的大树越来越少，即使有上好木材，往往位于高山穷谷与深山密林之间，“非独人迹不到，即鸟道亦稀”，督采官员和工匠、苦役们，需要翻山越岭寻找。砍下的皇木，因道路不通，只能拖拽到溪沟中，等待夏秋涨水时，再借助暴涨的山洪，漂流出山。《四川通志·木政》称，因“木在溪涧，利于泛涨；木在山陆，又以泛涨为累。故陆运必于春冬，水运必于夏秋”。

《遵义府志》中则描写了官员勘察皇木及苦役砍伐、运木出山的艰辛：“栋梁巨材，各箐之中……但其箐之大者，周围有五六百里，其小者

① 该时期 1 丈为 320 厘米，1 尺为 32 厘米，1 寸为 3.2 厘米。

当年采伐皇木的深沟（图片来源：李飞）

亦有一二百里，非一朝一夕可尽悉，必须按日细查，方可采取”“所产楠木，皆在深箐人迹不到之处。至于砍伐，非比平地木植，可以随用斧斤。高箐之中，必须找厢搭架，多用人夫缆绳”“架长看路找厢，即垫低就高，用木搭架，将木置其上，以为拽运之说也。”又据《道光仁怀直隶厅志》刊张德地康熙六年《报请遵义地方楠木疏》描述：“又据仁怀县申称，县属虽有，所产楠木，皆深岭人迹不到之处……若夫产木处所，尽属危岩峭壁，即空行尚需攀藤附葛，楠木一株，动需人夫百千，方能拽动，而山路险窄亦难立足，山势曲折，不能并走，势必开山填砌，找厢搭架，所用人夫非比贩常拽运工程，难以日计，此搬运之难二也。至于上筏之处，必由溪河水道而出，而山谷一线涸水，皆系乱石填阻，若非天雨旬日，则水不盈尺，势必从下游筑堤截雍，蓄水丈余，方可拽运，然需逐路筑堤蓄水，始能前进，若遇大石阻挡，又毕多用石匠錾去。”

在相关记载中，伐木者往往是“进山一千，出山五百”，很多工匠、苦役，甚至督办的官员，或坠于崖，或丧生虎豹虫口，或病死深山，十分艰辛。如“嘉靖二十年，宫中建九庙、三殿。下诏贵州布政使王重光督办皇木事……王采木中染瘴病死赤水卫摩尼所”。在四川、贵州、云南等地，许多百姓听闻有官员前来勘察皇木，为逃避伐木之役，早早就带着一家老小躲了出去。明代官员黄辉在《采木记》中写道：“采木，国之巨役也，费至重，力至劳，是天下之所无奈何而不可以已者也。”正德年间，状元杨慎被贬时，几次经过赤水河地区，亲见伐木之艰辛，愤然之下，接连写诗抨击皇木采办。其中，较为有名的是《赤虺河行》：

君不见，赤水河源出芒部，虎豹之林猿猱路。
层冰深雪不可通，千寻建木撑寒空。
明堂大厦采梁栋，工师估客穿蒙笼。
此水奔流似飞箭，缚筏乘桴下蜀甸。
黯淡滟滪险倍过，海洋流沙争一线。
谁驱乌鹊役鼋鼍，秋涛夏潦息盘涡。
柏亭云屏济川手，奠民枕席休干戈。
安得倏为夷唐道，镌刻灵陶垂不磨。

繁重的皇木采办，直到清王朝被推翻时结束。包括仁怀在内的赤水河流域，因持续长达数百年的皇木采伐，森林尤其是古木资源，遭受严重破坏，到了“采伐凋残，山穷水远”的境地。

康熙初年，四川巡抚张德地在《题报勘采遵义地方楠木疏略》中说，“遵郡原系播彝旧地……山瘠土薄，从未产有长大楠木，即间有产者，并不堪大工之用”。

赤水河流域的采伐变得更为艰难后，木商们逐渐将重心转向清水江流域。同时，有远见之士认识到森林资源过度消耗将危及生存，自康熙年间起，陆续设立“禁伐区”。如今仁怀境内尚存的禁伐碑，与此有关。此外，官方还张贴告示。例如，宣统二年（1910 年）三月，仁怀县在所辖安乐里、李博里、二郎里、吼滩里、小溪里、丁山里、赤水里的 71 个场、镇及学校张贴告示，要求封山育林。

后记

皇木采办随着中国最后一个封建王朝被推翻而寿终正寝。但森林资源丰富的仁怀及赤水河地区，仍吸引木商聚集。有统计表明，民国时期，贵州木材经营业十分发达，仁怀等赤水河地区每年外销的木材占全省 20% 以上。

这一时期的木商，通过“青山生意”将整座山林中的可用之材买下，雇请工人砍伐后，顺赤水河漂运而下，再经过长江，送到合江、重庆等地出售。

据统计显示，仅是民国四年（1915 年），仁怀输出的木材总值就高达 6.4 万多银圆。《仁怀县志》记载，至抗战时期，国民政府退守重庆，因军工和建筑急需，茅台镇的木商由之前的雷、蒋、杨、姜 4 家，发展到 24 家，如“同心”“同达”“宏生”“有成”“民生”等，资本在 1000 块大洋以上的有 7 家，其中合伙经营的有 3 家。境内桐梓河流域，木商更是多达 70 家，常住二郎坝的有“合生”“立生”“至刚号”“怀合”“利昌”“同泰”等。

新中国成立后，在较长一段时间里，由于开山垦地和“大炼钢铁”等，仁怀森林资源进一步受到破坏，森林覆盖率最低时为8.8%，个别乡镇甚至仅有5.3%。失去森林的庇护，水土流失加剧，部分地区地下水资源枯竭。人们痛定思痛，20世纪80年代中期后，仁怀人民把恢复生态提到重要位置，先后通过义务植树、消灭宜林荒山、封山育林、退耕还林、建设水土保持区、石漠化综合治理、划定自然保护区、实施国家储备林建设等，全面推行林长制，引导生产方式转变，持续修复生态系统和保护生物多样性，使得生态环境持续向好，重现青山绿水。2018年，境内赤水河被授予“中国好水”的称号；2022年，境内赤水河被评为“最美家乡河”；2022年，仁怀市森林覆盖率达到59%以上，全年空气优良天数为360天。

今天的仁怀处处是青山

老厂房上的质量追溯体系

◎黄黔华　沈冰洁

一夜喜雨，滋润了茅台镇。集镇上老屋边，寂寞了一个冬天的红叶李，绽放出第一批花朵。枝头稀疏的花朵，在老屋灰色的墙壁映衬下，格外醒目。

这两间有故事的老厂房位于京华酒业集团内，是登记在册的不可移动文物。两间老厂房里现存35个条石小窖坑。这种砂岩条石小窖坑中条石之间粘连、勾缝的材料是传统的建筑材料三合泥，目前在茅台镇已经很少见了。

初春时节，茅台镇进入传统大曲酱香酒黄金轮次取酒季。萌发的小草、绽放的花朵、释放的香气，随微风飘进酿酒车间。由小青瓦盖的老厂房，留着足够大的气窗，空气可以自由流通、交换。在三合泥的车间地面上，摊晾着刚从砂石酒甑中取出的酒糟。工人们挥动木掀，将拌了曲药的酒糟收堆，继续网罗微生物，吸收空气中的青草香、花香，滋养酒醅。

空中罕见地建有廊桥的两间老厂房，据称历史可以追溯到1927年，现在常有外来旅游者顺着酒厂随时打开的大门进去参观，并坐在厂

老厂房内的小窖坑

房外的露台上，从另一个角度观赏茅台镇小青瓦、穿斗枋的传统建筑。厂房空中的木质廊桥，被演绎成为“当年资本家监控工人生产的地方”。

这块紧挨着茅台贞节牌坊的地方曾是一个盐仓，它延续了很长时间，且规模不断扩大。

从明代末期开始，茅台镇就在盐运中开始发挥作用。至清代，赤水河疏浚、国家盐政改革，使得茅台镇成为川盐入黔的重要码头，呈现出“家惟储酒卖，船只载盐多”的场景。

一个盐与酒交织的故事在赤水河畔的茅台镇演绎着。

老厂房现在的业主是严跃群。“我晓得这地方曾是盐仓，后来改的酒厂。”严跃群说。

茅台镇的盐运功能一直延续到20世纪60年代中期。只是进出方式发生了变化——早期，四川的盐顺着赤水河运到茅台上岸后，转为陆路运往全省各地；后来，通过公路运来的盐，在这里入仓再分配后，登船、登车运往交通不便的乡镇。

1966年，一场大火后，仁怀县政府从茅台镇迁离，盐业公司随之搬迁，老盐仓不再使用，原址改建为酿酒厂，即台酒厂。很多老茅台人还习惯性地将这里称为“糖司酒厂”。但事实上，老厂房作为“糖司酒厂”的时间不太长，后来业主发生变化，它与糖酒公司的关联就是糖酒公司利用自身流通网络，把酒厂生产的台酒销往各地——计划经济时代的糖烟酒公司，拥有庞大的流通网络，就连茅台酒也主要依托它的渠道销售。

后来，改造老盐仓为酿酒厂的台酒厂改制为明珠酒厂。2004年，老厂房再度易主，被严跃群一家买下。

今天，我们走进老厂房，青砖上的数字编号清晰可见。这是一种传统的质量追溯代码，每一个编号都代表着一个班组，或者一位泥瓦匠，它们与砖厂登记的姓名相对应。

这种传统的工程质量追溯方式始于春秋战国时期的“物勒工名”，

在秦朝被强化，并以法定形式固定下来。后来，历代官方工程中都将这种形式作为一项重要的质量监督管理制度，被刊刻姓名的不只有工匠本人，还有设计者、督造官员姓名。

每一位工匠都把这个代表自己身份的记号，视为终身荣誉乃至生命，丝毫不敢懈怠。而这种形式，在后来的商品社会中也被运用到商品流通中，如在陶器上刻上自己的姓名、住址等，以表明自己的产品质量过硬、技术精湛。再后来就有了字号、品牌的出现，如“张小泉”剪刀等手工制品。

老厂砖石上的编号

有意思的是，砖木结构老厂房的砂石基础上方、第一块砖的下方，都垫着一小片青瓦，类似“软基”建筑处理方式。有研究者认为，老厂房采用这种方式建设，可能有两个方面的考虑：一方面通过在砂石基础和砖之间置放瓦片，起到找平作用；另一方面可能是为了消除地震或山体扰动带来的影响。因为历史上茅台镇有过地震记载，所以对建筑适当作设防也是必要的。

由于档案缺失，我们无法找到当初的设计者和师傅，不能准确解释墙根垫瓦片的用意。但是，无论是透过墙砖上编号的数字，还是墙根上的瓦片，都似乎看到了茅台镇匠人的精益求精、敬业专一、诚实守信。他们在砖上烙印代表自己身份的数字，这种承诺质量的方式，就像今天酿酒工匠们的严谨、执着。

这种代代相传的匠心和诚实守信的美德，成就了中国酱香白酒核心产区（仁怀）的今天，也必将惠及未来。

寻迹仁怀

XUN JI REN HUAI

航运·盐道

赤水河通航考述

◎龙先绪

河道概述

赤水河是长江上游南岸较大的支流，发源于今云南省东北角镇雄县大湾鱼洞乡大洞口，在云南境内流经镇雄县坡头镇、威信水田乡。至云贵川三省交界处岔河后，一路向东流，至贵州仁怀市茅台镇，是川黔两省的界河。从岔河起南岸有贵州毕节县的团结彝族苗族乡、生机镇、清水铺镇、大屯彝族乡、田坎彝族乡，金沙县清池镇，仁怀市龙井乡、茅坝镇、鲁班镇、茅台镇，北岸有四川叙永县的水潦彝族乡、石坝彝族乡、赤水镇，古蔺县的马蹄乡、马嘶苗族乡、椒园乡、石宝镇、水口镇。又从茅台镇起赤水河转向北流，经仁怀市二合镇、合马镇后，又为川黔界河，东岸有仁怀沙滩乡、习水县习酒镇；西岸有四川古蔺县二郎镇、太平镇。太平镇下游有习水县隆兴镇、民化乡、土城镇；西岸有习水县醒民镇、同民镇；以下流经赤水市元厚、葫市、旺隆、丙安、复兴、大同等乡镇及文华、市中、金华 3 个街道办事处，入四川，所经场镇有元厚、金沙、葫市、丙安与赤水市区。由大同河连接大同场。赤水河在赤水境内从元厚至大同切角土丫南北岸皆为黔地，切角土丫往下约两公里与四川合江县九支镇交界，至此，南岸为黔地，北岸为川境。赤水市区往下至鲢鱼溪为赤水、合江界，合江县，东岸有车辋镇、实录乡，西岸有九支镇、二里乡、先市镇、合江镇，入长江，全河总长889 里。

赤水河流域（图片来源：贵州航运博物馆展板）

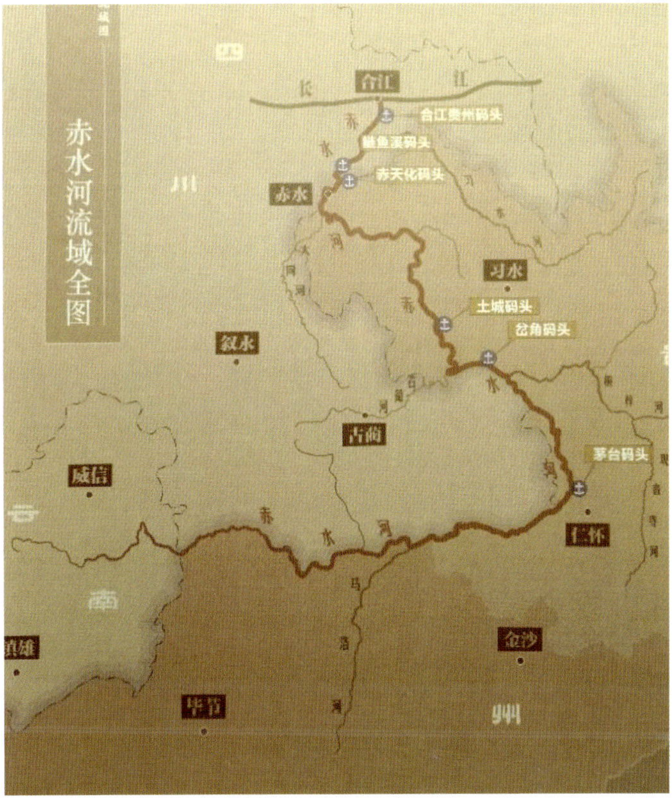

赤水河，清代顾祖禹的《读史方舆纪要·贵州四》云：“赤水城卫河南，源自四川镇雄府，经城西四十五里之红土川东流经此。每遇雨涨，水色深赤……河当川贵驿道，初以舟济，寻为浮桥。其南北近岸处水浅流阔，船不能及岸，人尤病涉。正统中增造小舟相维，始与岸接。”这说明了赤水河河名的由来及在上游赤水卫河水流量之大，“人尤病涉”。赤水河在古代称谓很多，秦以前不可考。前汉称大涉水，班固《汉书·地理志》犍为郡南广县（今宜宾兴文县等地）云："汾关山（今威信县治西），符黑水（今兴文南广河）所出，北至僰道（今宜宾）入江。又有大涉水，北至符（谓巴符关，今合江县）入江，过郡三（犍为、牂牁、巴郡），行八百七十里。"其长度与今天相吻合。"涉"字，《尔雅·释水》曰："繇膝以上为涉。"许慎《说文解字》云："徒行厉水也。""厉"字，在中国文献中最早见于《诗·邶风·匏有苦叶》："深则厉，浅则揭。"方玉润《诗经原始》云："以衣而涉曰厉，褰衣而涉曰揭。"陈子展《诗经直解》、程俊英《诗经译注》均解"厉"字为连衣过河。由此可知古人过河，膝以下之水牵衣而过，膝以上之水，和衣而过。大涉水即和衣也难过的水，说明赤水河当时水流量大，是很深的。在东汉称鳛部水，东汉末年的《水经》云："江水又东过符县（今合江县）北邪东南，鳛部水从符关东北注之。"鳛部水，盖东周时期赤水河中游有鳛国而得名，清余家驹《通雍余氏宗谱·世系》云："吾余氏之先曰通雍氏……传至哦海德赫，少子曰德赫辉，其父爱之，命传以国，让于兄德赫隆去，居鳛部，为鳛部王，鳛部即藺州。"而北魏郦道元注《水经注》则云："符县，故巴夷之地也，县治安乐水会。水源南通宁州平夷鄨县，北迳安乐县之东，又迳符县北入江。其鳛部之水，所未闻矣，或是水之殊目，非所究也。"郦氏未亲临考证，故不知也。东晋时称安乐水，因晋穆帝（司马聃）永和三年（347 年）割符节县（治所今合江县）置安乐县（治所今合江县九支镇安居坝）而得名。隋唐时称赤虺河，武则天批阅的《征云南檄文》、骆宾王写的《姚州露布》皆提到此名。"虺"字，《博雅》云："虺虺，声也。"《诗·邶风》："虺虺其雷。"传："暴若震雷之声。"故虺通豗，《类篇》云"相击也"，韩愈《元和圣德诗》云："众乐惊作，轰豗融冶"。李白《蜀道难》诗云："飞湍瀑流争喧豗。"《正韵》云："喧豗，鬨声。"赤水河水石相击，惊涛拍岸，中原人至此为之胆栗，以为是妖魔鬼怪所为，故骆宾王曰："川多风雨之妖。"随着对赤水河的开发利用，至宋元时期人们对赤水河才有所认识，不再是那样的惊险，大略在元末明初已改称赤水河了。大德七年（1303 年）蔺州阿永蛮雄挫叛，《新元史·云南溪洞诸蛮传》云："雄挫东接罗鬼，西邻芒部，南近乌撒，姻亲相结，滋蔓力强，合以十月初，云南省军入暮晖，湖广军自播州打鼓寨、会灵关入蛮地蔺州，四川军自长宁、鱼槽进讨，会于赤水河雄挫巢穴。"《明实录》洪武十四年十月戊寅（1381 年 1 月 22 日）载："元右丞实卜闻都督胡海洋等兵进自永宁，乃聚兵赤水河以拒之。"《贵州图经新志》卷十七载："明洪武二十二年置赤水卫指挥使。"从此赤水河名流传到现在。赤水卫治所在今叙永县南的赤水镇，清代至民国十三年（1924 年）均置叙永县赤水河分县。今天贵州的赤水市，原名仁怀直隶厅，光绪三十四年（1908 年）省裁粮储道，原由粮储道管辖的仁怀直隶厅隶遵义府。但遵义府属已有仁怀县，为避免厅县同名，乃以赤水而代仁怀二字，遂改名赤水厅。赤水河还有斋郎水、之溪等名称。斋郎水乃吴培《赤水考》，认为赤水河源出仁怀界蒿枝里楚米坡（今桐梓县境），古有苗斋郎居此，故名。之溪是因为赤水河下游至合江段，河道弯曲呈"之"字形而得名。陈熙晋有《之溪棹歌》60 首。

通航钩沉

赤水河的通航有狭义与广义之分，狭义指的是渡口的横渡，广义指的是从上游到下游的全程通航。赤水河的通航与赤水河流域的居民生活、军事行动（兵马未到、粮草先行）、行政建置密切相关。

据仁怀市云仙寺的考古发掘证明，赤水河流域的上古居民在商周时期就已存在，属古濮人，其名见于《尚书·牧誓》，是当时周代西南方的 8 个诸侯国之一，其余 7 个是庸（今湖北房山）、蜀、羌、髳、微、卢、彭。楚与庸国相攻时，濮助庸，足知其为楚、巴之间大巴山附近地区之民族，尚停留在原始社会，甚为分散，故曰"百濮离居"，其停留故地的必当被楚、巴、秦所征服，唯远徙以上强国势力未达到者乃能生存。其中有一部分西入云贵高原与川南地区势为必然。濮、僰古同音，巴蜀接界之僰道地区有僰侯国。即是濮族西迁，得巴蜀所不争之隙地，而建设成为初具国家组织形式之部落，赤水河中游的鳛部即是，后来发展为鳛国还有鳖国（今贵州遵义）。其南入贵州高原者，无异族势力侵扰，能在安静中顺利发展，逐渐形成夜郎大国。陈世松、贾大泉《四川通史》第一册第 170 页说巴国的居民中有很大一部分属于百濮民族系统的各个支系，四川盆地东部地区多棺船葬，棺具做成独木舟形，两端由底部向上斜削，船头船尾呈上翘状，与水居的濮系民族有关。说明古老的濮人已用船这种水运工具。

常璩《华阳国志·南中志》云："周之季世，楚顷襄王遣将军庄蹻溯沅水，出且兰，以伐夜郎，植牂柯系船於是。夜郎又降，而秦夺楚黔中地，无路得反，遂留王滇池。"任乃强《枸酱考》认为夜郎国故址，在今云南曲靖大平原北端，沾益县北之黑桥。清代贵州著名学者莫与俦所著《庄蹻考》认为庄蹻是经枳县（今重庆涪陵）溯乌江，至武隆之白马坝，再转溯芙蓉江进入今贵州正安、绥阳后陆行进入桐梓，至鳖县（时为楚国旧邑）后向西攻下鳛国，大军沿赤水河西上进入夜郎，随他而来的"荆蛮"留居黔西北，就是今天的苗族，他们与今天的黔东南地区的苗族在语言、服饰、风俗等方面均有所不同。

先秦时，在赤水河上下游都有官方开辟的交通路线。古巴国通夜郎商道，从赤水河入长江口处沿河而上，经平夷（今贵州毕节北）至朱提（今云南昭通）转夜郎与滇。旁循赤水河支流桐梓河水道通于鳖国。故巴王于赤水河入长江口处设关，以稽查商贾税货物，验符而后放行，故称巴符关。公元前 211 年，秦始皇统一中国后，开始了对西南夷各部的经营，《史记·西南夷列传》云："秦时常頞略通五尺道，诸此国颇置吏焉。"《索隐》云："谓栈道广五尺。"秦开五尺道是以巴蜀为基地，当起于当时蜀郡南部边境僰道（今四川宜宾），其中有一条经南广（今四川宜宾高县、琪县)、平夷入贵州境，过赫章、威宁，再入云南境走宣威到达曲靖。

建元六年（前 135 年）番阳令唐蒙在出使南越时，南越王食以枸酱。蒙问所从来，曰：道西北牂牁。唐蒙回至长安，问四川商人。曰：独蜀产，多持窃出市夜郎。夜郎，通牂牁江，江广百步，足以行船。南越以财物役属夜郎。夜郎又有精兵十万。武帝认为南越、夜郎的割据势力，不利于全国统一，便封唐蒙为中郎将，带领千人，用 10 000 多人运送口粮，从巴符关赤水河进入夜郎，见到夜郎侯多同，“喻以威德，约为置吏，使其子为令”，夜郎大国就此瓦解。为巩固其胜利成果，唐蒙计划一面设郡，一面开辟交通。划出夜郎所控制的延江（今贵州乌江）北岸地，割广汉郡（今川南部分地区）的一部分，合置为犍为郡，郡址在鳖县（今贵州遵义)，因境内有犍山，一名不狼山。犍，野牛，其山盖今遵义市之娄山，古以产野牛，称犍山。为，治也，置郡于此。为开南夷道，故因其山名曰犍为。汉武帝任唐蒙为都尉。领十二县，有七县在四川，有两县在云南。在今贵州的是存鄢（今贵州威宁)、汉阳（今贵州赫章)、符县（主要在合江，辖有今赤水、习水地)。

《史记·汉兴以来将相名臣年表》记：元光六年（前 129 年）“南夷始置邮亭”。《华阳国志·南中志》南秦县下有“自僰道、南广有八亭，道通平夷”。平夷县，西汉置，治所在今贵州毕节北境。今四川叙永、古蔺，贵州仁怀、毕节地皆故平夷县境地。平夷县之桃津，即今赤水河上游赤水镇渡口。赤水河上游，大多绝峡崖岸，唯此沙岸平阔，津头开展，能用船渡，故见独称。南秦县，原名南昌，后改南秦，意为秦世为南徼之义，当在僰道与平夷县之间，即今四川高县与云南威信县接壤地界，故城在威信县附近，秦汉时，有商道循符黑水（今南广河)，越汾关山（今威信县治西）入大涉水（今赤水河上源）河谷，至平夷县（明赤水卫故址)，东通鳖县（今贵州遵义)。汉魏晋时，自蜀入滇共有三道：东道自江阳（今四川泸州)，经平夷、汉阳、朱提、味县至滇池；中道自僰道经南广、朱提、味县；西道自旄牛、越嶲渡泸。诸葛亮南征时，大军由越嶲渡泸。李恢取中路向滇池。亮还则从汉阳、江阳取东道。东道险在七星关、赤水河两处。七星关，汉阳县治，与毕节相距 90 里，其北至江阳 700 里，中间有平夷县，道通滇池，亦通鳖县。汉阳县，即今贵州西北之赫章县，是没有河道可供行船的内陆山区。但 1975 年在赫章出土的汉墓铜鼓，鼓面除有几何图形和马纹、车纹外，尚有船纹和立于船中人物，足以说明其邻近的平夷县赤水河的水运当时受到广泛重视。

蜀汉时期，先是建安六年（201 年），益州牧刘璋分犍为郡东部置江阳郡，治江阳县（今泸州），又领汉安、符节二县，符节县有今赤水市一带。刘备入蜀尚未称帝时，扩张犍为属国置朱提郡，领朱提、南广、南昌、汉阳、堂琅五县，朱提太守加庲降（为招徕降服者之义）都督称号，兼统南中各郡，驻南昌县。章武元年（221 年），庲降都督移住牂牁郡平夷县。朱提郡五县中，汉阳县为今贵州赫章地。《华阳国志 · 蜀志》载“符县南有水道通平夷、鳖县”，水已为道，即通航道。《贵州航运史》又载：“赤水河……上中游原生型石滩甚少，大量次生型石滩是近代形成的，古代河道条件也不太坏。这就为早期的通航提供了条件。”永嘉五年（311 年）置平夷郡，治所在平夷县。赤水河在今茅台上游属平夷郡，下游属江阳郡。建兴二年（314 年），李雄据蜀期间，曾派江阳太守侯馥在这一带“抚恤蛮僚，修缮舟楫”。打通至长江水道，说明赤水一带的航运及造船事业已具备相当规模。江阳郡在晋代隶益州，东晋穆帝时，割符节县地置安乐县（今贵州赤水），标志着中央统治向赤水河系深入，也是赤水河沿岸有县治的开始。

江阳郡在晋安帝时失土，寄治武阳县界，刘宋时又于旧江阳地置东江阳郡，隶益州，治原汉安县，改原江阳名汉水县，新置绵水县，绵水县辖有今习水、赤水之地。南齐时东江阳郡省汉水县，复置晋代的安乐县，为今赤水带有仁怀地，梁时东江阳郡地域不变，只把安乐县改为安乐戍。

隋代以江阳郡旧地置泸川郡，以赤水河仁怀市南境内之九仓河入赤水河处为界，下游两岸属泸川郡，上游属土著区。唐代泸川郡改置泸州，以今古蔺地为中心设置羁縻蔺州，赤水河仅复兴镇以下属泸州，以上属土著区。赤水河连接之相邻州府或地区，如《贞元州封南诏记略》云："贞元三年，南诏异弁寻遣使三道并发，一道出石山从戎州入。"南诏，辖今云南全部，贵州西部和四川南部地区。戎州，即今叙永县地。宋代仍置泸州，但疆域比原大，赤水河从今上游水潦乡起直到入江口，两岸均属泸州地域，在中游土城地设置磁州、武都城，下游有九支城。

元代以今毕节龙场营卧牛河入赤水河处为界，下游两岸属播州宣慰司，上游属叙州路。播州宣慰司设有仁怀古滋等处长官司行政机构。川盐经赤水河运输供应亦溪不薛（蒙语，即水西）。明代赤水河上游属永宁宣抚司，下游属播州宣慰司。

赤水河流域濮人之后是夷人占据，夷人原住贵州威宁草海边，建和元年至光和元年（147—178 年）时遭到南方部族攻击，带领部族 9000 人北上，到达今贵州毕节邻赤水河一带征服了当地濮人和羿人小部落后居住下来，在今毕节县赤水河南岸龙场营（夷语称乍者俄姆）修建宗庙，建立部族统治中心，经过四世代（德赫辉至墨者扯勒）的开拓，逐渐沿赤水河南岸东向至仁怀南境茅坝一带，并渡河北向古蔺南境，西向赤水河上游北岸叙永水潦，南岸毕节临口一带发展，奠定了部族统治基础，称扯勒部。夷语称赤水河中上游至今古蔺地区为柏雅妥洪。夷语称部族大宗支为"令"，扯勒部即为扯勒令，令与蔺同音，唐元和初置羁縻蔺州［乾德二年（964 年）废］当系用为州名。扯勒部占据赤水河后，赤水河的航运，正如《西南夷志》载：交租纳粮如蚂蚁行路，水道运输忙，木船飞驰过。

明代皇木运输是赤水河的一大任务。《遵义府志》卷十八《木政》云："四川马湖、永（宁）、播（州）而下，产楠木。……斧斤不得而入焉……都邑，册封蜀王……""明永乐四年诏建北京行宫，敕工部尚书

赤水河放排场景绘画（图片来源：贵州航运博物馆展板）

永乐四年（公元
一四〇六年），朝廷
派少监谢安到赤水
河一带采伐楠木，
运去修太和殿。明
代几度采木之役，
少者经历十几年，
多者三五十年，其
间木材成为所在河
流出口的重要物种。

河南宋礼督木，前后凡五入蜀。监察御史顾佐亦以采木至，而少监谢安在蔺州石夹口采办，亲冒寒暑，播种为食，二十年乃还。”“嘉靖二十六年奉天殿灾，左副都御史李宪卿乃分派参政缪文龙入播踏勘播州楠木。有儒溪、天全、镇雄、乌蒙、龙州、蔺州之木，并属四川巡抚督率采运。”《仁怀直隶厅志》卷二十云：“明贵州参议王重光嘉靖岁甲寅采木至赤水，羿蛮方争，重光率指挥十户至落洪，立诛一、二人、余皆贳之。明嘉靖中佥事吴仲礼入永宁迤西、落洪、斑鸠井、镇雄采木。”从以上提到的地名看，采楠木遍及赤水河上下游。在赤水河中漂放十分热闹。明正德状元杨慎谪戍云南永昌路过赤水河，见此情景作《赤虺河行》，其中写道：“层冰深雪不可通，千寻建木撑寒空。明堂大厦采梁栋，工师估客穿蒙笼。此水奔流似飞箭，缚筏乘桴下蜀甸。”隆庆年间贵州提学使吴国伦《赤虺河》一诗中也写道：“筏趁飞流下，樯穿怒石过。”万历二十五年（1597 年）至万历三十七年（1609 年），北京兴建“三殿”，贵州巡抚郭子章于万历三十六年的奏章中称：贵州采办楠杉大木、柏枋计 12 298 根。播州宣慰使杨应龙，三次献大楠木 170 根，均由赤水河运输。明代几度采木之役，少者经历十几年，多者三五十年，木材成为赤水河水运的重要物种。

明代贵州开始建省，因明初战事未平，大量军队驻扎于此（设有三十二卫、二十四所），食盐大量增加，赤水河的盐运量也在加大。川盐进入贵州的路线主要有四条：第一条是沿乌江上溯至沿河、思南，运销黔东地区；第二条是由綦江上运至松坎驿，转陆运至播州各地；第三条是经赤水河陆运至黔北、黔西北；第四条是由泸州经永宁河至永宁（今四川叙永），陆运至毕节、乌撒（今贵州威宁）、乌蒙（今云南昭通）等贵州西部和云南东北部。此四条盐路中，赤水河的水运最长，舟楫增多，起岸后，道路上肩负背扛和驮马络绎不绝。

《贵州航运史》载宋朝以来的茶马市到明代进一步扩大。洪武十七年（1384 年），规定每年从乌撒市马 6500 匹，每匹给布三疋，茶一斤（或盐一斤)。五倍子、生漆、桐油、茶籽、黑木耳、白蜡等特产及麝香、牛黄、天麻、杜仲、艾粉等名贵中药材成为重要产品，外省行商前来采购，输出量增加。松、杉、柏、青杠等木材远销省外，黔北、黔西北木材经赤水河入川江。

万历二十八年（1600 年）播州杨应龙叛，吴广率大军沿赤水河而上，进驻赤水河支流桐梓河下游二郎坝，曹希彬由永宁过赤水河鄢家渡，进入仁怀南部绩麻山。天启年间奢（永宁奢崇明）、安（水西安邦彦）之乱，战场遍及赤水河流域。赤水河航运主要为军队运输粮草。

航道整治

朱元璋建立明朝，以扯勒部本脱鲁宗（明史称禄肇）为永宁宣抚使，为了加强该地区的统治，洪武十三年（1380 年）命景川侯曹震往四川治道路，凿石削崖以通漕运。10 ~ 20 吨的盐船可达沙湾塘（今赤水市文华乡沙湾村)。明代末年永宁贡生周焕文在《赤水赋》中写道："于是路接孔道，人歌要津。车驱原隰，舟泛江滨。倒映岑峦而泻翠，平铺锦浪以浮鹊。舶舻毕达，商贾遄征。鹢首鸭头，飞花喷雪。石鲸静而无事舟停，窾木浮而何忧楫折"，以致"开凿之功，至今利赖"。

清代康熙时贵州巡抚佟凤彩疏称："天下之苦累莫过于驿站，驿站之险远最苦者莫过于黔省。黔省在崇山峻岭中，上则登天，下则履壁，夫抬一站，势必足破肩穿，马走一站，亦必蹄痂脊烂，甚至力不能胜，中途倒毙者有之。"（《黔南识略》）陆行条件十分艰苦，沿河一代更加重视水运，促进了沿河集镇的繁荣。赤水河兴起的有猿猴、二郎、兴隆、茅村等码头，赤水河上中游出现了造船作坊，能制造适合航道特点的盐船。贵州西北部盛产铅，清初已大量开采并外运，为作户部与各省造钱币与弹丸的重要原料，朝廷额定每年运解京都及各省的数量为 470 余万斤。主要由威宁、水城、大定、赫章各铅矿产地向毕节集运，过赤水河入永宁，由永宁河口入长江，转运河，北上达京局。该线路又是滇铜入京的大道，每年运铜亦有几百万斤。这一线路尽属山区，全靠人背马驮，雇马困难，致使人马劳瘁，大量铅铜积压待运，迫使贵州官员积极寻求利用水运的途径，就近开辟航道。

乾隆九年（1744 年）贵州总督张广泗，拣选凯里营都阃府刘奇伟、威宁州吏目王步云、遵义县县尉诸曜、镇远标外司张贵 4 人查勘赤水河，并绘图，精心筹划开凿。《清实录·高宗实录》卷二三九云："贵州总督张广泗称，黔省威宁、大定等府、州、县，崇山峻岭，不通舟楫，所产铅铜，陆运维艰，合之滇省运京铜，每年千万斤，皆取道于威宁、毕节，驮马短少，攒运不前。查有大定府毕节县属之赤水河，下接遵义府仁怀县属之猿猴地方，若将此河开凿通航，直可沿流直达四川重庆水次，委员勘估，水程五百里，计应开修大小六十八滩，约需银四千七百余两。此河开通，每年可省脚价银一万三四千两。以三年余之节省，即可抵补开河之费。再黔省食盐例销川引，若开修赤水河，盐船亦可通行，盐价立见平减。大定、威宁等处，即遇丰歉不济，川米可以运济，实为黔省无穷之利。应如奏办理。"于是委遵义知府陈玉璧、大定知府王允浩、都阃府刘奇伟、遵义分府（今赤水市）胡国英总理河务。借款 38 642 两，上游自天鼓崖（今叙永县赤水镇）至新龙滩（今仁怀市马桑坪）二十七滩，王允浩分办。下游自盐井滩（今习水县习酒镇）至鸡心滩（今赤水市元厚镇）四十一滩，遵义知府陈玉璧分办。参与的文武官员有：荔波县县丞严文烈。威宁州吏目王步云，台拱营千总郑洪义，镇远镇把总张贵，候补守备刘朝栋、萧振统、曹思文、孔文秀、王太临、郭英，大定府司狱卫勖，黔西协千总施国元，安龙镇外委刘廷方，遵义县典史诸曜，长寨营千总刘太岳，绥阳县教谕周挺，抚标千总姚宗璧，仁怀县教谕薛凤仁，仁怀营千总周国柱，毕节营把总甘彦邦，桐梓县典史颜光刚，抚标把总张起敖，清江协外委郭元章，遵义协千总房育昆，邓士林，凯里营外委周朝贵，共 26 人。熟悉赤水河道的老百姓，如仁怀县两河口吴登举也积极参与、献策出力，支金募众，张广泗自省垣踏勘，见之拟赏官，登举不愿接受，广泗书“忠耿过人”四字相赠。乾隆十年（1745 年）十月初一兴工，至乾隆十一年（1746 年）闰三月初一竣工。

自乾隆十一年（1746 年）至乾隆十四年（1749 年）三月底，经运铜铅 347 万斤，每百斤节省银二钱一厘四毫，计节省银 6988 两。盐运水程也延伸至上游天鼓崖，每年节省脚银数以万计，张广泗奏请增拨引额由赤水河输入，经调整以后的盐运岁额：乌江、綦江两路输入共计 2207 引、1655 万斤，而赤水河输入 1811 引、1358 万斤。张广泗离任后是孙绍武继任，再后是爱必达继任，乾隆十四年（1749 年）爱必达与大定知府四十七（满族人）、毕节知县凌均往勘赤水河，见“有滩之处，旁有山沟，山水陡发冲激泥石，填积滩路，是必定为岁修之法，每年水涸之时，饬该地方查有淤塞之处，即细勘估详，于节省项下动支，雇夫修检，工完报销，立定章程，庶前功不致废弃”。这时金沙江上游疏河出现问题，朝廷著落原办督臣等分赔款项，爱必达十分敏感，立即停止赤水河的维修，并处理当时修河官员。《清实录》卷三五七云：“贵州巡抚爱必达新奏，该省赤水河工程，动过银 17 000 余两，查自乾隆十一年（1746 年）试运至今，统计节省运脚价 14 000 余两，但原议二年抵补，迄今仅有此数，应著令原办之人赔补。张广泗应赔缴六分，无可著追，请著落历任巡抚司道，并协理各员代赔，将孙绍武等名下应赔之数，勒限开单进呈。”皇上谕曰：“爱必达所奏，必因金沙江上游无益工程，曾著落原办督臣等分赔，是以如此办理。不思金沙江工费浩繁，上游各滩虚靡无益，自属应行著赔……赤水河非金沙江可比，现在节省运脚银，既不能全抵，将来转运数年，亦即可抵完，何得概令著赔？况已节省运脚一万余两，未完者不过七千，再展数年，即可全抵，乃将动项全令著赔，于情理殊失其平，并批评爱必达，如此存心，将不克胜封疆之任。”

自此以后，再没有地方官员整治赤水河，洪水强烈冲蚀，维修养护跟不上，上游船舶运行不正常，以致数年后铜铅停运。道光年间盐船运输只能到达天鼓崖下六十里之马蹄滩了。但其物资运输仍是繁忙的。仁怀的小溪、二郎、土城、吼滩等处的茶叶色味俱佳，《遵义府志·物产》云："采叶压实为饼，一饼厚五六寸，重者百斤"，经赤水河运出，"多贩至四川各县"。"茅台烧房不下二十家，所费山粮不下二万石"，生产的茅台春，黔第一，都由赤水河输运。

盐税为川省岁收大宗，后受川盐私销和粤盐、滇盐的影响，岁收锐减，四川巡抚丁宝桢于光绪三年（1877 年）倡导开通赤水河运输，实行官运商销，重振贵州四大入口盐岸。光绪四年（1878 年）夏，赤水河总办运盐的唐炯，提出治理赤水河，得到川督丁宝桢的支持，报请朝廷允准，由有关员司及盐号做出部署，于光绪五年（1879 年）初正式开工。补用知府罗亨奎、县令鲁塑、巡检罗应琦、训导张书林等参与组织领导，招雇附近工匠和农民，实行以工代赈办法修河，历时 3 年，采取"就地分修""水路并作"的办法，耗用白银两万余两，对上游茅台至下游合江段的 33 处重点险滩、一般险滩 40 余处及零星沙渍多处进行了重点整治。竣工后，仁岸分局委员刘枢会同施工负责人、商号代表及熟悉航运的船户，在吴公岩举行通船典礼，用尽人力将仅载盐数包的 3 只木船拖过吴公岩滩。此滩因部分乱石炸后，滩坎更陡，水流湍急，航行愈险，以后尚不能直接通航。茅台以上至天鼓崖虽未整治，但仍有小型的盐船航运。

民国时期，赤水河仍是川盐入黔的主要运道，进口盐、杂货、夏布、土布、砂糖、烟草等，销售于赤水河上下游沿岸及附近村落。输出竹、木、五倍子、牛皮、生漆、酒等物，以牛皮、生漆等大宗为盐船的回程货。由四川每年运入的糖价 3 万元以上，土布大部分来自合川、江津，年额约两万疋。仁怀的茶饼和珠兰香茶年产 10 万余斤，行销重庆、泸州等地。赤水一带盛产楠竹、斑竹，沿河居民长于制作竹器，产品也是出口的重要货种。仁怀、习水、古蔺、叙永、毕节的木材东浮四川，每年价值上百万元。此外，纸、生漆的输出量也不少。

赤水河运盐量大，但河滩变化频繁，影响航运，盐务部门、盐商及盐船船民对河道维修比较重视，河工局管理人员由赤水县委派，岁修由仁岸盐商经办，范围包括上下游全境，1912—1915 年，由仁岸永裕隆等四盐号直接负责。后由盐帮公所负责。1931 年，赤水县政府向省报称："自前清设立河工局疏浚河流，一切悉归该局负责办理，民国以来仍旧……河流无不通舟楫之患。"1936 年，赤水县上报盐船共 208 艘。

1939 年，日本帝国主义侵华战争不断扩大，当时还是"大后方"的贵州省，已有不少外地机构和人民迁移进来，由于人员陡增，食盐的需求量大大增加，贵州盐务处提请拨款整治赤水河航道，以求改善川盐的运输条件。具体整治工程由迁来西南的"导淮委员会"副委员长沈百先负责。他们于 1941 年底组成"赤水河水道工程局"，着手施工。工程进行了 3 年半的时间，直到 1945 年秋季抗日战争胜利，导淮委员会离开西南地区，工程才告一段落。3 年半的时间，在茅台以下 100 多公里的河段上，对十几个浅滩、险滩做了不同程度的治理。抗战胜利后，川黔公路成为川盐入黔的主要运道，从仁岸输入的食盐逐年减少，200 多年来的繁忙盐运，逐渐萧条。

中华人民共和国成立后，1952 年冬，贵州省交通厅派人员查勘茅台至合江段航道。1952 年，赤水河有木船 450 艘。1953 年 8 月，省交通厅在茅台设立第五工程组。1954 年 7 月，开凿马桑坪至二郎滩新航道，从仁怀、赤水、古蔺选调民工 200 余名参与修河，至 1955 年 3 月，开凿工程全部结束，打通了历代治河者无法修通的吴公崖 18 里天险长滩。1955 年 7 月，在赤水县设立赤水河道工程队，对全河航道进行常年整治和养护。

1956 年，赤水河木帆船运输合作社成立，赤水有前进社、黔锋社、黔崇社、光明社；土城有胜利社；茅台有运输一社、二社、三社、四社、五社。1956 年 3 月，贵州省交通厅首次对赤水河进行航道普查，从云南镇雄县鱼洞乡发源地至四川合江县，全长 392 公里，通航河段 345 公里，仅 47 公里不通航。主要航道枯水期，最浅航深 0.4 米，最窄航宽 10 米。赤水河承担毕节、金沙、遵义、仁怀、习水等县的公粮、生猪及日用商品运输，距通航河段较近的县，由人工或车辆集运到附近码头装载。1958 年，赤水河第二航道工程队因下游整治任务已告一段落，转移到上游里千岩至马蹄滩段测量施工，改善大螺滩、女儿溪等 10 处险滩，新辟木帆船道 21 公里，于 1958 年 11 月竣工，通航 2.5 吨木船。至此，上游马蹄滩至下游合江段航道共 357 公里。1956 年 5 月，遵义、四川泸州两专区订立运输协议，川境叙永、古蔺粮食经赤水河运输，由贵州船舶承运，合江航管站调木帆船 40 艘运力 1200 吨支援。为减轻木帆船拉纤人的劳动强度，1960 年，在赤水河干流上下游共设木质绞关 129 座、水力绞关船 3 只，安装船头绞关的船共 52 艘。1962 年，赤水河上下游木船运输社共有木船 337 艘。1964 年，省交通厅规定赤水河木船运输价格，即每吨公里运价，马蹄滩至茅台，上水 0.22 元，下水 0.18 元；茅台至马桑，上水 0.18 元，下水 0.14 元；马桑坪至二郎滩，上水 0.52 元，下水 0.33 元；二郎滩至赤水，上水 0.18 元，下水 0.11 元；赤水至合江，上水 0.12 元，下水 0.06 元。1979 年，贵州省交通局开展第二次全省航道普查和首次港口普查，赤水河航运起于仁怀县龙井乡白杨坪，止于赤水、合江交界的鲢鱼溪，通航船舶 8 ~ 80 吨，枯水期航道水深 0.3 ~ 0.7 米，宽度为 4 ~ 15 米。港口从下游到上游有：赤水、切角、复兴、风溪、丙安、土城、岔角、茅台、中华。中华最大靠泊能力 15 吨。由此可见，白杨坪到上游马蹄滩已没有通航。茅习公路、茅中公路修通后，中华至茅台、茅台至二郎滩便停止通航，仅有一些渡口的过渡船。

航运工具

在黄帝、尧舜时就有共鼓、货狄二人制造船，《说文》云，他俩“刳

（挖）木为舟，剡（削）木为楫”。那时还未用木板做船，是用大木挖空做船。后来人们用绳索编竹渡水谓之筏，用绳索编木渡水谓之簰，从中得到启示，才用木板拼凑做成船。赤水河最早的航运工具应是竹筏或木簰（木排），这种简单的航运工具一直沿用到现代。后来才产生了船，但产生的年代无法考证。汉唐蒙从巴符关进入赤水河时运载许多财宝，赏赐夜郎王，应该用船了。在赤水河支流习水河上游三岔河的岩壁上，保存蜀汉时期镌刻的舟船图形和文字，构图虽较稚拙，多伪笔衍体，但清晰可见，船体以两个隔板分为三舱，既可加强船体结构，又可分类存放物品或便于堵漏，船首尾两端高，有利于防浪，构造比现在一些偏僻地方（如泸沽湖）的猪槽船更合理。画面为一渔舟，舟内伸出长竿，驱鸬鹚下水捕鱼，一鱼仓皇逃窜。刻记的时间是章武三年

贵州航运博物馆展出的鳅船模型

（223年），这种船可能是用来捕鱼的。但从石刻船只图像，可以看到早期赤水河航运工具船舶的一个概貌。明代周文焕《赤水赋》也记有鹢首、鸭头两种船。

清初，据《仁怀直隶厅志》介绍，“蜀船由合江载盐至城东之沙湾上岸”，主要行驶20吨左右的川江鳅船。大水季节还有“中元棒”“舵龙子”船进入。陈熙晋《脉（鳅）船曲》序云：“□船每船载盐可九十包，乌篷画舻，坚固不如牯牛船。船虽水手六人，论单行船，每单或二十余船，或三十余船，上险滩必并众船水手牵挽始行，稍遇暴涨，舟子难之。”曲云：“猿猴以上饶险滩，鳅船结队行依单。蜀盐装不满二引，港窄载重愁峥潺。土城里接二郎里，石如积铁船如纸。可怜未上黄泥滩，咫尺邮签难屈指。一缆赪尽千夫肩，雇直得钱能有几？水浅尚可过，水大将奈

何。停桡坐食一月多，取盐准米事则那。”鳅船干舷较低，高水时需扎水停航。《牯牛船谣》序云：“牯牛船每船水手十六人，载盐可一百八十包，蜀盐以五十包为一引，计三引余。其船朴而坚，自仁怀直隶厅城下至猿猴镇，载盐者皆此船也。”牯牛船，亦名梭耳船、艄船，此种船结构坚实，干舷较高，能经受急浪冲击。赤水至猿猴用大牯牛。再上二郎滩用小牯牛。故郑珍《牯牛船歌》云：“猿猴滩西凶滩多，船非牯牛不敢过。”乾隆十一年（1746年），赤水河中上游航道开通后，“路遥滩险，蜀中舟子不能至”，下游船舶对上中游航道亦不适应。仁怀县生界张淳沿河察看水势，设计制造了适应航行条件的盐船，名曰“鳅舡”。另有舵船者，分前中后尾四舱，舵用直木，船中构小台，高约五尺，司舵者居其上，底皆夹板，有大小之别，大者拖纤不用桅杆，其余相

贵州航运博物馆展出的茅台河段的茅村船模型

同，再小者曰老鹳飞，惟去船上之台，其余与小牯牛同。至乾隆十四年（1749 年）春，全河段已有船百余只，载量七八百吨，解决了中上游的运力问题。

1936 年赤水河上下游共有船 300 余艘，其中中元棒 62 艘、黄瓜皮 17 艘、麻叶鳅 17 艘、五板船和南河船各 1 艘、牯牛船 110 艘、茅村船 100 余艘。茅村船行驶在上游马蹄滩至马桑坪之间，牯牛船行驶在中游二郎滩至赤水段，其他船舶多行驶在赤水以下。当时赤水造船业相当发达，仅赤水县城东一地就有 50 多户以造船为业。另外，1924 年周西城驻赤水期间，曾引进柴油机小汽船 1 艘，名曰“之江号”，行驶赤水至重庆之间，运载军用物资，这是贵州水运第一艘机动船。

新中国成立初期，赤水河上游至二郎滩行驶茅村船，该船形若木梭，前艄似“关刀”，又称关刀船，利用前艄后橹操纵，十分灵活。吴公岩未打通前，这种船可结队通过，载重 12 ~ 42 吨。二郎滩至赤水行驶改进后的牯牛船，改后橹为舵，旁设边艄助力。赤水以下主要行驶舵船，按船头形式及结构，分为中元棒、五板船、小河船、黄瓜皮、麻叶鳅等，分设尖子舱、走舱、桅舱、货舱等 7 个舱，载重 20 ~ 80 吨不等，船用酸枣木、樟木、楠木制造。上水使用风帆，下水桅杆即作前艄。舵船可出使川江，有的能达宜昌以下。

险滩浅滩

贵州的河流多属邻省河流的上游或源流，具有典型的山区河流性质，不仅河槽深切、落差大、坡降陡，而且以石滩多为其主要特征。按其成因可分三类。第一类是原生型石滩，由原生基石，如石梁、石盘等形成，对河道或成礁石或成窄口，阻碍航行。它十分稳固，不易发生变化。第二类是次生型石滩，即由山岩崩坠、山体滑坡、荒溪水涨冲出乱

今犁檰滩全貌

石，侵占河道形成。第三类是冲积型石滩，即卵石和砾石，随水位的涨落变化，时断时续向下游运动，淤浅河道。赤水河上下游基本没有原生型石滩，故便于疏通。由《仁怀直隶厅志》卷二："自镇雄州至合江县，行一千一百四十里，舟行六百五十里。"即可知。

赤水河在清代，上游属大定府，下游属遵义府，故《仁怀直隶厅志》《续遵义府志》对茅台以下至入江口的浅滩、险滩一一做了记录，但两书互有差异，今综合整理如下。

自茅台至新龙滩各滩：大银滩、烧火滩、小银滩、新开滩、青冈滩、罗村滩、崖滩儿、偷狗滩、铁匠滩、罐子口滩、三岔滩、令牌石滩、大坝寺滩、小新滩、老头庄、小浩儿滩、泥湾滩、母猪滩、皂荚树滩、陶公滩，极险，长十里。湾湾滩、鲤鱼滩、黄葛滩、三角滩、蚂蟥滩、黑蛮滩、大铜鼓滩、风丝渡、九子滩、马岩新滩、石楼夹峙，舟出入其中，最难行驶。小铜鼓滩、狗滩、笔架滩、大火镰滩、湾湾滩、小火濂、长滩、马尾滩，岸上为马尾岩，行路最险仄。灯盏滩、豹子滩、新龙滩、一名兴隆滩，相接为吴公崖，巨石横亘江心，不受斧凿，乾隆初，吴公思开此崖，未就，崖石崩颓，蔽塞川路，吴公忿恚死，因以名，今有吴公祠。上长滩、中长滩、下长滩，自新龙滩至此仅三里余，惊涛骇浪，霆击雷震。其间并无停桡之所，碍难行舟。殷胡子沱，大白渍、小白渍、文公上滩、文公下滩，黔岸石山壁立，蜀岸立有文公庙，巨石怒排、巷口窄狭，水大浪高难行，水小则岸上无纤路。二郎滩，距新龙滩三十里，盐船于此滩起岸，靠人力运行至新龙滩上船。白鱼口滩、大对甲、小对甲、盐房滩，一曰盐井滩。响水洞、岔角滩，入仁怀厅界，滩上出煤炭，盐舟至此，空回俱载炭煤至猿市。干沟滩、顺江铺滩、草著滩、锅圈子、花滚滩、鱼锦滩、鸡扒坎、棕荐滩，滩不甚大，春夏间，无风自吼，声震十余里，天必旱，否则，必坏船，最险。寒石梁极险。游魂三滩，一曰游洪滩，一曰牛困滩。甘滩子、刺梨滩、大熬钵、小熬钵、淋滩儿、立石滩，在河之右岸，山上有悬岩欲坠，视之若飞鸟着地欲飞状。新开滩、烧火滩、十八滩、宝塞滩、鱼溪滩、瓦窑滩、皮匠滩、牵塘滩、落妹垴滩，一曰仙姑滩，昔有官家眷至此舟覆，溺二女于此，因以名滩，极险。簸箕滩、大箕滩、大瓮滩、小瓮滩、九溪口滩、膏粱滩、太平渡滩，蜀货由陆运至此而就船。棕背滩、牛困滩、蛇皮滩、洗脚滩、黄皮滩、瓢儿滩、岩滩、铁匠滩、土地滩、雁滩，极险。虎垴滩、黄泥滩，乱石堆积，迅流如箭，每船须百余人方能牵挽以上，舟子必俟齐二三十船始发，以便于人力，土城下第一滩也。落妹垴滩次之，雁滩又次之。

又猿猴镇至仁怀厅城各滩：猿猴滩，旧时舟不能上下，乾隆十年（1745 年）巡抚张广泗开修，盐艘乃可达茅台，厅城牯牛船至猿猴滩止，易鳅船上二郎滩。小猿猴滩、石梅滩，滩陡、水急，凡商船至此，皆出载上滩。小石煤滩、孔雀滩、上雷钵滩、下雷钵滩、金鼓子滩、斑鸠滩、牛背滩、小金驿滩、山牯庄、碓窝滩、鸡心滩、火燕子、半边滩、大五里滩、小五里滩、大螃蟹滩、葫芦垴滩，怪石排流，盐船必出载上滩。土地滩、压领滩、上横梁、阿蔺滩，极险，盐船必出载上滩。大横梁、小别滩、大别滩，滩甚险，俗云："大水阿蔺小水别"。挂钩子滩、扶木滩、弥陀滩、欢喜滩、荔枝滩、新开滩、小丙滩、笔滩、大丙滩，悬流数丈，港路一线，盐船至此，必出载上滩。狗嘶子，相传滩有石如狗，两岸人或夜闻水中吠声，数日间必覆舟。红石子、云滩垴、仁怀碛、鲁班滩、白梭滩、鱼井花滩、姊妹滩、猪鼻滩、白鱼浩、观音滩、神箭子、石牛口、夹子口滩、柴滩、瓦窑滩、东门沱，蜀船至此，易牯牛船上猿猴滩。

又自仁怀厅城下合江入大江各滩：老鸦滩、铃铃滩、下入合江县界。二郎滩、和尚滩、湾滩、黑蛮滩、白甲滩、大王溪滩、丁滩、水碓滩、水林、香炉滩，极险。夺功滩、走马滩、白叶滩，自铃铃滩至此，130 里入大江。

在以上诸多险滩行船时，船工和商人都是十分谨慎的，有首放船歌云："石梅打鼓闹喧天，摇钵三滩在眼前。鸡心滩上打筋斗，葫芦垴滩看本钱。鸭岭三滩三疙瘸，大别小别得留神。撞过大丙和小丙，恭喜老板赚大本。敬请太公不要夸，还有白梭鱼景花。"

茅台村以上险滩、浅滩，因不属遵义府、仁怀厅辖地，故《续遵义府志》《仁怀直隶厅志》均未记录，新编《仁怀县志》，也仅记录仁怀县龙井乡境内的滩名。现将《仁怀县志》、清代大定知府四十七的《赤虺河开通记》及新采访整理如下。

茅台以上各滩：王家渡、猪旺沱、下渡、中渡、上渡、太和号、金竹杠、大田坎、何家沱、推磨石、红石梁、黄桷沟、玉皇观、鸭滩、鱼窝、盐井滩，仁怀县城盐津河来汇。草帘溪，古蔺县庙林有溪来汇。猪儿滩、油盆口、石钱渡口、犁辕滩、乌龟石、二龙抢宝，亦名马湖营雷家坟。沱湾、小滩、渡口坡、大螺滩、打鱼崖、小螺滩、乌龟石，河中有石。酸草湾、猪鼻孔、瓦窑嘴、沙湾、崖桑溪、马湖砌、犁辕滩、龙洞、老林岩、庄猪嘴嘴，河口，有仁怀五马河来汇。沙湾滩、麻柳沱、大渡口、三层洞、老鸦石、大沟口、酸木叶、门坎滩、杨泗滩、扯水渡、野猫洞、滴水石、扁岩、黄桷沱、女儿溪，古蔺水口镇老江沟来汇。河口滩、虎吼滩、古儿石、柑子坪、庙儿嘴、龙吟溪，古蔺石宝镇高家村土地坝有溪来汇。黄牛儿、枇杷岭、犁辕滩、仁怀黎民镇笆竹沟来汇。鄢家渡、岩头上、蚂蟥沟、打儿洞、牯牛滩、田坝、洋江河、母狗滩、断江河、象鼻子、菜板坝滩，有古蔺金星菜板河来汇。雷打石、黑鱼洞、长沙坝、背跟前、柏杨坪、窄脚扁、新渡、茅草坪、小罗滩、饭粑洞、纳坡渡、倒挂刺、牛背石、新滩、母猪滩（大滩）、老蛙石、水爬岩、酸草湾、挂鱼滩、老渡口、渔塘河、核桃树、耍霸滩、灯厂滩、里千岩、鱼背上、烧火滩、石灰窑、巴灰洞、碓窝滩、何家口子、下湾滩、上湾滩、猫猫石、上湾滩、庙儿滩，河中大石。牛困塘、钻山塘、指扁岩、板板石、铁匠滩、左相右、老虎滩、铁匠滩、鸡心滩、老蛙田、田坎寨、猪圈门、红石梁、滚滩、捡得累、枣子林、梭衣滩、黑竹林、白沙河、马蹄滩、黄家滩、巴蕉林、篦麻田、沙滩、徐家滩、对夹石、磨子塘、大水亮、头道河、二道河、下瓦窑、上瓦窑、老虎滩、长滩、新亮滩、张会滩、天鼓崖，《直隶叙永厅志·山川》云：“赤水东，山皆岩石，壁立千仞，河水迅流，水石相击，其声若鼓，俗又号轰雷。”

四十七《赤虺河开通记》云：“自天鼓崖至白沙河 60 余里，有张会、新亮、长滩、老虎滩等，水高石大，吊放艰难。毕节至老虎滩，无陆路可通。”“白沙至鱼塘河，河身稍窄，红石梁、猪圈门、庙儿滩等，乱石堆积，水势陡险，船户轮流吊放。”“自鱼塘河至新龙滩 300 余里，河宽水平，舟行无碍。”

船工号子

赤水河船工号子历史悠久，自从赤水河上出现最早的船舶从事原始的航运后，就伴随着产生了船工，船工号子也随之产生。船工分为两类：一类是船上掌舵和撑篙的船工；另一类是在岸上拉船的纤夫，人员较多。

赤水河船工号子，年代久远，复杂多样。在明、清时期，大量川盐经赤水河运入贵州，上行木船每逢险滩，所需拉船纤夫较多，而每船自带纤夫只有 10 人左右，船遇险滩常常邀约数船结伴同行。按原来排列先后次序航行，每遇险滩，相邻两只船上的纤夫合拉一只船过滩。若是特大险滩，所有船上的纤夫集中在一起，将二根或三根用竹篾经人工编制而成的纤绳系在同一只船上，一艘一艘地慢慢拉过滩。纤绳有座藤、飞子、二藤之分，规格各不相同，所选竹篾也不尽相同。由于纤绳多，纤夫多，用力不均，步调不一，就用领头人引吭领喊号子：

领呼：嗨呀啧来！　　合：嗨也啧！
嗨呀啧来！　　嗨啧！
大家出力！　　嗨也啧！
才有劲哟！　　嗨啧！
不出力的！　　嗨也啧！
遭人咒哟！　　嗨啧！
偷懒的人！　　嗨也啧！
不得好哟！　　嗨啧！
大家怨恨！　　嗨也啧！
滚出去哟！　　嗨啧！
领呼：嗨呀啧来！　　合：嗨也啧！

嗨呀啧来！　　嗨啧！
下力船工！　　嗨也啧！
更磨难哟！　　嗨啧！
老板船家！　　嗨也啧！
像头猪哟！　　嗨啧！
坐享其成！　　嗨也啧！
整死人哟！　　嗨啧！
天仓吃满！　　嗨也啧！
现报应哟！　　嗨啧！
领呼：嗨哟啧来！　　合：嗨也啧！
嗨呀啧来！　　嗨啧！
众位船工！　　嗨也啧
要齐心哟！　　嗨啧！
拉断纤索！　　嗨也啧
淹死老板！　　嗨啧！
受苦船工！　　嗨也啧
才有出路！　　嗨啧！
推倒船家！　　嗨也啧
才能出头！　　嗨啧！
领呼：嗨哟啧来！　　合：嗨也啧
嗨呀啧来！　　嗨啧！
声声号子！　　嗨也啧
震山岩哟！　　嗨啧！
回声响应！　　嗨也啧
有节拍哟！　　嗨啧！
船已翘头！　　嗨也啧
就要松哟！　　嗨啧！

齐心合力！　　　嗨也啧
拉上滩哟！　　　嗨啧！
众合：嗨啧！　　　嗨啧！

在阵阵铿锵有力的节奏中，所有纤夫同时脚步靠脚步，遇险滩时，身体佝偻，脸红脖子粗地使出吃奶的力气，将船拉上滩。若在纤道上遇到各种障碍，又会喊出各种不同的号子：

一、遇纤道在岩弯反背时，为防止纤藤勒人

领呼：王三槐　　　众应：反起来
王三板　　　勒腰杆
王爷庙会　　　大家都累
大白天遭勒　　　倒霉要出血

二、遇河流转弯处要“飞挽”，防止纤藤弹人下岩

领呼：前头懒湾湾　　　众应：谨防梭滩滩
前松后松　　　腰头盘紧
一步一个　　　两个一双
双双对对　　　对对双双

三、遇纤道在陡坡直岸

领呼：头台头　　　众应：往上升
西千街头赶场　　　往上爬
陡上又加陡　　　上去就好走

四、遇纤道下坡

领呼：新姑娘拜堂　　　众应：低头望新郎

前头栽栽起　　后头啄啄起

五、遇纤道上有绊脚石或刺脚物

领呼：前来一枝花　　众应：两眼盯倒它
脚下有毛　　谁踩谁遭
满天星　　盯倒蹬
天钉对地钉　　各自长眼睛

六、遇下雨纤道湿滑，纤夫脚下不统一

领呼：天上点点滴　　众应：地下溜滑滑
脚板要抓紧　　腰杆要挺起

七、遇纤夫道上的鹅卵石上有潮泥

领呼：鱼鳅背　　众应：滑得很
滑得很　　踩得稳

八、遇骄阳似火，河沙烫脚

领呼：太阳红似火　　众应：地下炒泡果
太阳热似针　　地下炒花生
太阳正当顶　　沙坝烫得很

九、遇纤道上的树丫、竹丫碍行

领呼：前面有树丫　　众应：后防挑牙巴
前头有竹丫　　后面防倒它
树丫挂围　　挂烂不赔
竹丫绊脚　　绊倒不说

十、遇纤道危崖

领呼：		众应：
天上盖张棚		谨防碰脑壳
照下不顾上		提防挨一下

十一、遇纤道穿行于对夹石

领呼：		众应：
两边高		走槽槽
两边矮		手甩甩

十二、遇纤道高石

领呼：		众应：
三月三的螃蟹		往上爬
六月间的丝瓜		要上架

十三、遇纤道上的大石

领呼：		众应：
当中有		两边分开走
大石头		撞倒血要流

十四、遇纤道上的宽水沟

领呼：		众应：
横沟一尺八		两步当作一步踏
横沟有点宽		不要身子朝前穿

十五、船抛西流时，纤夫跑步跟船，为防跌倒和挂断纤藤

领呼：		众应：
活摇活		各照各
手要捉得紧		脚要踏得勤
裁缝的灰包		两头都得扯
脚紧肩若松		防止倒栽冲

十六、遇河沟或需踩水过

领呼：	众应：
不知深浅	淹过腰杆
脚下稳住	力要用起

十七、遇纤道狭窄

领呼：	众应：
窄得很	裹得紧
路不宽	身挨山

十八、纤道经过河边堡坎

领呼：	众应：
黄梁子　枸杞子	爬不上去打勾子（屁股）
金牙合　银牙合	那个倒退砍脑壳

逆水行舟，全靠纤夫用人力拉着载重十吨或数十吨的木船前行，每天行程少则二三十里，每前进一步都凝聚了他们无数的心血和汗水。盛夏的炎炎烈日，纤夫们穿着短裤，裸着上身，背顶如火的骄阳，脚踏滚烫的沙石，肩负沉重的纤绳，一步一步慢慢爬行。飞雪天刺骨寒冬，纤夫们穿着疤上重疤的长衫，腰系绳子，裸着下身，时常顶风冒雪，脚踩冰冷刺骨的齐腰河水，匍匐前进，手脚常常被凹凸不平、荆棘重重的纤道划出千纵百横的道道裂口。

赤水河船工号子内容丰富、形式多样，有一二三号子、数板号子、倒板号子和嚎刀调、大小斑鸠调、开船调、下水调、平水调、推船调。总而言之，顺水逆水、船舶大小、滩险滩缓、滩大滩小、纤夫多少、载货轻重等，号子均不相同。有的号子诙谐幽默，歌声高亢嘹亮、雄浑激昂，反映出纤夫们粗犷豪放的个性，苦中作乐、对生活充满热爱的乐观向上的精神。有的号子悲壮低沉，歌声如泣如诉、哀痛欲绝，则反映了纤夫们长期离家在外，历经磨难、吃尽苦头、思念家乡、怀念亲人、想念家人的痛苦，郁闷和无奈的心情。有的号子振奋激昂、气势磅礴、催人奋进，歌声似排山倒海、似战鼓声声，节奏铿锵有力，反映了纤夫们齐心协力、团结合作，使出全身的力量一鼓作气勇往直前过险滩的动人拉纤场面。

重要津渡

渡口横渡也是赤水河通航的主要部分，早在《华阳国志》里就已经记录赤水上游的硃津，现在属于上游北岸叙永县赤水镇，这里是古代军事路线和商贸要道。

从上游到下游，古蔺县境内主要渡口有15个。磨子塘渡，位于纳盘乡墙院村境，亦名岔河口，至贵州省毕节之火马、马鞍山要渡，光绪三十三年（1907年）建。初用木筏，1956年后改渡木船。大河渡口，位于马蹄乡大河村境，至贵州省毕节之左泥、岩脚要渡，光绪四年（1878年）建，初址大寨，后迁大河口，木筏撑渡，民国八年（1919年）至民国二十一年（1932年），遇洪期，船频翻。牛困塘渡，位于观鱼乡牛困塘村境，至贵州省金沙青杠、保安必经之渡，系木筏撑渡，1952年改用木船。渔塘河渡，位于椒园乡纳坡村境，至贵州省金沙清池、石场要道，咸丰九年（1859年）募资建。同治九年（1870年）饬令川黔义渡，树碑志。后有沙福生捐产供渡口资用。历渡工十八代，易船29只。新渡，位于椒园乡高寨村境，至贵州省仁怀县岩寨、红山堡要渡。咸丰八年（1858年）闫姓建。光绪十七年（1891年）黔绅铁匠坪陈焕章及陈王氏、陈彭氏捐产立义渡。民国二十三年（1934年）洪险船翻，死25人。渡口易周姓，周复捐家产，立为公渡。柏杨坪渡，位于椒园乡水田村，至贵州省仁怀县龙井乡要道，乾隆二十八年（1763年）建，历船工十一代，易船28只。鄢家渡，一名仙家渡，位于高家乡余坪村境，明初期建，古代播州、黔西至僰道的商道渡口，康熙五十九年（1720年）因私渡勒索商民，四川巡抚年羹尧批准改为公渡，命桐梓县典史崔行健前往监工置造新船。道光二十七年（1847 年）因年久被渡夫占为己业，勒索行人，仁怀县黎民镇柯道辉遂往川属绅士中募化钱粮，新造船只，另招渡夫改为义渡。光绪年间乡绅陈焕章以钟姓绝产禀报县立案作渡夫口粮改为官渡。1935 年红军长征四渡赤水期间，萧锋率队曾于此五次渡河。该渡口为入黔仁怀县黎民镇、茅坝镇重要渡口。1988 年底日渡 300 人。大渡口，位于古蔺九岭乡望江村，清光绪初王再兴捐资建，九岭乡至茅台要路。后改立官渡，年配租谷八石，历船工九代，易船 23 只。草帘溪渡，位于古蔺庙林乡天富村境，明末建，清光绪末，富翁刘凤翔捐产八石，供渡口用，后改立官渡，归地方团政，历船工十三代，易船 25 只。小火连渡，位于古蔺土城乡五里村境，至贵州省仁怀县罐子口（今贵州合马镇）要渡。民国三十六年（1947 年）建，置有地产资用。历渡工五代，易船 6 只。新隆滩渡，亦名龙洞渡，位于古蔺新华乡龙滩村，至黔省马桑坪、沙滩。清光绪初杨姓筹建，历渡工三代，易船 20 只。吴公岩渡，位于古蔺二郎乡与新华乡交界处，仁岸盐运咽喉，乾隆十二年（1747 年）建。1956 年吴公岩河段通航后，渡口迁沙湾，称沙湾渡。历渡工二十五代，易船 37 只。二郎滩渡，位于古蔺县二郎镇场头，同治三年（1864 年）官建，置地产四十八石，供渡口资用，历船工十二代，易船 26 只。岔角滩渡，昔称瓦翁滩渡，位于北岸岔角村岔角煤矿侧。光绪五年（1879 年）渡工冯姓筹资建。鸡爬坎渡，位于古蔺县九龙乡沙庄村沙沟，清中叶渡工韩、王、蔡筹建。民国三年（1914 年）渡工吴先治迁渡鸡爬坎。历渡工十三代，易船 16 只。九溪口渡，昔称下渡，位于九龙乡溪口村，光绪四年（1878 年）设，历渡工七代，易船 17 只。

仁怀县境内二合镇有三岔河渡，元末明初怀德长官司安氏置，至民国改为公渡。二合树渡，清末二合监生张树本、庠生田荆等募置，民国时改为公渡。合马镇罗村渡，明末土旗主罗国选置，民国改为公渡。陶洪滩渡，明末土旗主罗国选置，民国改为公渡。

习水县境内有广厂、原滩子、太平渡、千江寺、瓢儿滩、塘房、范家嘴、断碑、麻柳滩、大白塘、两河口、五老滩、石嘴、浑溪口等渡口。

赤水市境内有堰滩、金蝉寺、沙沱、石梅滩、陛诏、碓窝滩、大金沙、关地上、燕溪子、小关子、鸭岭滩、欢喜滩、丙滩、狗狮子、风溪口、仁友溪、水合背、截角垭、观音阁、夹子口、县城北门、东门、庙沱、马村、鲢鱼溪渡口。

合江县境内渡口有白水溪、车辋、致公渡、黄桷湾、郑溪、先市、沙溪子、楚滩、实录、密溪子、醒觉溪，三江嘴等。

两岸邑聚

赤水河由于特殊的地理区位，是古代中原王朝统治者向南推进的必经之地，也是兵家必争之地，随着社会经济政治的发展，在上下游形成了一定数量的村落、场镇和县治。

上游叙永县赤水镇，是东汉平夷县的治所，明朝置卫所，清代属永宁分县治所。按《水西制度》载：东汉桓、灵帝时，夷族首领在赤水河南岸毕节龙场营北境定居下来以后，建立宗庙，设立大摆则溪。蜀汉时在赤水河北岸古蔺东南境，设立达佐则溪。西晋初在赤水河南岸仁怀南部，设立茅坝则溪。西晋中期在赤水河北岸古蔺南境马蹄至石宝一带，设立果部则溪。东晋中期在赤水河北岸古蔺东部，设立隆文则溪。中唐时期在赤水河北岸叙永东南境，设立赤水则溪。唐末在赤水北岸叙永南境水潦、海坝一带，设海坝则溪。五代初在赤水南岸毕节一带，设立阿糯洛则溪。则溪是夷族部族统治区域内分设的基层单位，分派亲族任慕濯、慕魁，分别掌管钱粮兵马，其下又有祃衣、奕续，分别统领属地，任职者分给领地作俸禄，如不称职者被撤职，领地亦撤销。明崇祯时永宁奢震授水潦长官司，镇守吼西及堡洞关各隘，给土知府印。

赤水河北岸的马蹄是一个古老的聚落，河滩巨石上有凹痕形似马蹄。1954 年在马蹄出土铜鼓一面，鼓身铸有精美的花纹图案，有对称的两耳，重 20 公斤，经专家鉴定为汉末之物，现存重庆博物馆。明代奢氏屯兵于此。赤水河运输物资在此集散。故陈熙晋有诗云："茅台西望岭千盘，估客牵舟上水难。到底寻常行艓子，一篙直上马蹄滩。"南岸清池镇，元代水西土司置清水塘哨，明代属永宁土司领地，清属黔西州平定里三甲。明代开场，清初改建，街面扩大，是川盐运至金沙、黔西，以及贵州茶叶下四川的交通要道。现在存有石墁盐道、贡茶碑、万寿宫、禹王宫、节孝坊等古迹。鄢家渡南岸仁怀市的黎民镇，永宁奢氏建于明成化年间，至今存明嘉靖铁钟。它是播州、永宁、水西三大土司的交汇处，是历代兵事驻营重地。明代后期遵义军民府的指挥佥事和贵州都司的永宁卫官等先后驻扎于此。南明时它是南方 36 个军事重镇之一，授予黎民镇总兵"蜀勋援剿北路左协总兵关防印"。茅台镇是古代濮人居住之地，由濮人筑台祭祀先人而来，1985 年出土东汉铜鼓一面。在清代是黔西北商业重镇，称益商镇，以出产茅台酒闻名世界，1954 年仁怀县政府迁驻茅台镇。赤水河东岸二合镇安村是仁怀古老村落之一，元属怀德长官司，明为土目安氏所据，地跨赤水河两岸，地势平稳开阔、田坝多。为川黔交通重要通道，土目安氏兵营地，有安銮为威远卫土总旗，设有千户衙署。合马镇罗村，跨赤水东西两岸，地势平坦、田野开阔，为古代交通枢纽，明时罗氏为播州头目，拥有士兵扼其险隘，明后期罗国显任威远卫土总旗。为赤水河舟楫云集靠岸停歇之处。沙滩乡马桑坪，清中叶是川盐运输的转送仓库，有集大成等盐号，依托盐业也酿酒。

赤水河西岸古蔺县的二郎滩，民房多集中于临河下街一段，民国年间有居民 300 多户，1500 多人，外地盐布商多于此设店，有惠川槽房、集义酒厂、裕华纺织厂和集大成盐号等。太平渡有顺河街、上街两条主街，另有中街和后街，中街"之"字形石梯 238 级连接上下街。有房屋 410 幢，建筑面积为 55 664 平方米，有船一年四季上行茅台，下驶长江，是个十分繁华的水陆码头。

赤水河东岸的土城镇大观三年（1109年）建滋州，管承流、仁怀二县。元代设古磁城千户所，明代设威远卫右所，《仁怀直隶厅志》记载："土城有商户五百余家。"赤水市的元厚，清代及民国时期名猿猿场，为赤水河食盐运转码头和竹木集散地，商业繁荣。复兴镇北宋年间曾为仁怀县治所。民国时期已成为重要农贸集镇之一，市场繁荣，竹器加工业发达。场期为农历逢二、逢五、逢八日。留元坝自万历二十九年（1601年）起，先后为仁怀县、厅和赤水厅、县的治所，民国二十一年（1932年）时曾分设西城镇、中城镇、修文镇、崇武镇。清代及民国时期为川盐入黔仁怀口岸首镇，盐业、竹木业为当时主要经济支柱，民国时期全

赤水河传统村落马桑坪

城大小商号有百余家，外地商贾常云集县城，商业兴旺，为毗邻地区物资集散中心。赤水河入长江口的合江县，元鼎二年（前115年）即置符县，嘉定年间（1208—1224年），县城有大东门、小东门、大南门、中南门、西门、北门，有居民596家。街道以坊命名，城区化为本县坊、忠孝坊、观政坊、孝感坊、昼锦坊。明清划为十坊，计有孝女坊、仁寿坊、敦义坊、锦江坊、孝感坊、承恩坊、通仙坊、昼锦坊、文昌坊、文明坊，清末改坊为街巷。

多余的话

我出生在赤水河上游，青少年时期是在赤水河边长大的。家史记述我的先祖乐于赤水河的水运交通，于清嘉庆初年卜居赤水河边柑子坪。我青少年时代犹见赤水河中各种大木船上下行驶，络绎不绝，还有修河队，淘滩、筑坝、修纤道，一年四季十分热闹，给我们当时的生活增添了无限的乐趣。曾几何时，赤水河上游不见帆影，一片沉寂，我向人们讲述我当年所见情景，他们则认为是天方夜谭，赤水河上游是不毛之地，一条小河沟怎能航运？因此，我查阅地方历史文献并做实地考察，冒着盛暑放开其他文章不写而赶写此文，旨在引起有共识者的某些思考。

犁梱滩摩崖与疏浚赤水河的前前后后

◎龙先绪

犁梱滩摩崖位于赤水河中游南岸贵州省仁怀市茅坝镇立岩村鄢家渡渡口左面500米处，高2.8米，宽1.5米，东经106°9′36″，北纬27°46′12″，海拔436米。对岸是四川省古蔺县石口村田坎脚组。赤水河支流笆竹沟从茅坝之黎民镇（今黎民村）流来，在此汇入赤水河。汇合处右面向东的山岩，一面是笆竹沟；另一面是赤水河，故此山岩形成锐角形的山梁，从山顶直下到交汇处。山梁将到河口处突然高耸而直下后再稍耸，形成马颈样，故俗称“马颈子”。由四川过来的行人，经马颈子古道便进入贵州腹地。马前膀迤逦直到河口。摩崖石刻处于马后膀而面对赤水河倾斜的峭壁上，因离地面约10米，不易看见。笆竹沟入赤水河向北而转东，呈现为巨型的冲积沙滩，其形酷似农具犁辕上的部件犁梱，人们呼之云“犁梱滩”。

因年代久远，摩崖上的石刻无法完整辨识。2022年12月12日，应茅坝镇文化站站长莫论章之邀，我有幸陪同观摩。经同仁辨识为：

顶部由右向左横书：

泽沛遥天

下部由右向左竖书：

犁梱滩

奉通商补富庶

宫保部院总督贵州大老爷张　恩垂万古碑记

总理河务

贵州大定府正堂王讳允浩

贵州遵义府正堂陈讳玉璧

贵州凯里营都阃府刘讳奇伟

协理河务

遵义军民府分府胡讳国英

巡河官　贵州镇远把总张贵

承修官　贵州绥阳县教谕周挺

皇清乾隆拾年岁次乙丑冬拾月上浣之吉镌立

左下方印：

管工吴永宗

石总左藩

解读以上文字：

宫保，即太子少保，清代各级官员的虚衔。部院，清代各省巡抚多兼兵部侍郎和都察院右都御史衔，故称巡抚为部院。巡抚，掌管一省军政、民政、吏治、刑狱、关税、漕政等事。总督，统辖一省或数省行政、经济及军事。大老爷张，即张广泗（？—1749 年）。《清代大学士部院大臣总督巡抚全录》云：“张广泗，汉军镶红旗。以监生入赀，授贵州思州知府，改云南楚雄知府。雍正五年授贵州按察使，六年超擢贵州巡抚，十年授西路军副将军。十三年授湖广总督兼贵州巡抚。乾隆元年授贵州总督仍兼管贵州巡抚，乾隆十年加太子少保。十二年三月调川陕总督师征大小金川，晋太子太保。转战二年师无功，十三年九月召京，十月革职逮，十二月十二日以‘办理金川军务，狡诈欺罔，有心误国’罪处斩。”

据《贵州通志·宦迹志》《大定府志·惠人志》等书记载：张广泗以平贵州苗疆起家，调楚雄知府未行，改署贵州黎平知府，平谬冲苗寨。

之后，以次平定八寨、清江、丹江、九股、古州、上下江诸苗民。设古州、台拱、八寨、清江、丹江、都江六厅。雍正十三年（1735 年），古州、台拱、清江广大苗民纠众复反，陷凯里、黄平州、清平、馀庆、清溪诸城。上诏广泗为经略，次年即平定。张广泗在贵州任上主持疏浚河道也颇有功绩。《仁怀直隶厅志·政绩志》载："乾隆十年，以滇黔铜铅，每岁由陆路输运，节节皆山，驼载艰辛，脚费浩大。且黔省不产食盐，需从川地肩挑运至猿猴发贩，议将赤水河道疏浚开通，使入京铜

犁𣗥滩

马颈子

铅，客商盐货，俱由水运，上以节省国币，下以利济民生。疏请借用闲款银，三万八千六百四十二两五钱有奇。上游自天鼓岩至新龙滩二十七滩，檄大定知府王允浩办理。下游自盐井等滩至鸡心滩等四十一滩，檄遵义知府陈玉鎏办理。自乾隆十年十一月初一兴工，至十一年闰三月初一日工竣。广泗亲行履勘题报。”

张广泗修赤水河上乾隆皇帝的奏章，载于《清实录》二三九卷。其文云：“贵州总督张广泗称：黔省威宁，大定等府、州、县，崇山峻岭，不通舟楫。所产铅铜，陆运维艰。合之滇省运京铜，每年千万斤，既取道威宁、毕节。驮马短缺，趱运不前。查大定府毕节县属之赤水河，下接遵义府仁怀县属之猿猴地方。若将此河开凿通航，直可沿流直达四川、重庆水次。委员勘估，水程五百里，计应开修大小六十八滩，约需银四万七千馀两。此河开通，每年可省脚价银一万三四千两。以三年馀之节省，即可抵补开河之费。再，黔省食盐例销川引，若开修赤水河，盐船亦可通行，盐价立见平减。大定、威宁等处，即遇丰歉不济，川米可以运济，实为黔省无穷之利。应如奏办理。”《贵州通志·宦迹志》又载：张广泗“又欲疏乌江，自思南至省城，遣官相度情形，以平越府之震天洞（在今江界河大桥下），飞瀑而下，不可施工遂止。”张广泗疏通贵州河道事，《清史稿·张广泗传》云：“三年请浚治清江、都江。”《清史列传》卷四十七云：“三年，疏言贵州镇远以上，自昔不通舟楫，商旅交困，兵糈民食，挽运维艰。查清水江河道，自都匀府城下，经施秉旧县，至湖南黔阳县，抵洪江大河，直达常德。又都江河道，由独山属之三角屯达来牛、古州，抵广西怀远县，直达广东，实天地自然之利。臣亲往察看，应修河道并凿纤路，饬募夫开浚，资挽运以济商民。”以上两书对为“兵糈民食”而疏浚清江、都江都有记载，而对为朝廷运“铜铅”、为民运“食盐”而疏浚的赤水河一事，不知何故，只字不提，实欠公允。

王允浩，江西鄱阳人，字正伯，内阁中书王伸（字引叔）子。历官

马颈子摩崖石刻拓片（图片来源：张霖）

大定知府，甘肃、宁夏知府。《大定府志·惠人志》载：“以举人起家，乾隆初，累官大定知府。十年，总督张广泗谓：云、贵二省官运铜铅，悉由陆路，岭阪峻而脚费多，且贵州民食川盐，皆负运而来，亦甚艰苦。川、贵之间有赤水河可通舟至仁怀之猿猴河鸡心滩。而自鸡心滩至赤水之天鼓岩五百馀里，有巨滩六十八，若凿之以通舟，则官民咸利。乃具疏入奏，允之。遂借支闲款银三万八千六百四十二两五钱有奇，招工开凿。下游自盐井至鸡心滩，凡四十一滩，在遵义者，令遵义知府陈玉壂监之；上游自天鼓岩至新龙滩，凡二十七滩，在大定境者，令允浩监之。允浩与玉壂受事，躬至水次，出纳无一所私。自其年十月朔经始，至来年闰三月朔而事竣。既竣事，广泗亲行履勘，试运铜铅，节省无算；而民间之运盐者，实赖其利矣。”据《仁怀直隶厅·疆域志》载，赤水河新龙滩相接为吴公崖，之后，滩有上长滩、中长滩、下长滩，碍难行舟。殷胡子沱、大白渍、小白渍、文公上滩、文公下滩，巨石怒排，水大浪高难行。之后是螺丝滩、台盘滩、虎跳岩、磁湾洞、黄连大洪、二郎滩，盐船由此起岸。以上 14 个滩，到新龙滩 15 公里，未能疏通。以下是白鱼口、大对甲、小对甲三滩，过后是盐井滩。按新龙滩，当时在仁怀境内的安罗里（今仁怀美酒河镇马桑坪），并不在大定府境内。可见，王允浩是越境而浚。又《大定府志·职官簿》载：“知府王允浩，江西鄱阳人，进士，乾隆二十八年正月任。”而无乾隆十年（1745 年）大定知府人名。这又与王允浩修赤水河的时间及他的出身科名自相龃龉，但从当时刻的犁椭滩摩崖可以肯定其修赤水河是毫无疑问的。

陈玉壂，《遵义府志·宦迹志》云：“玉壂，字韫璞，山东历城人，由荫生补光禄事署正，出同知江西赣州。乾隆三年来守遵义，日夕思所以利民，事无大小具举，民歌乐之。郡故多槲树，以不中屋材，薪炭之外，无所于取。玉壂循行，见之曰：‘此青莱间树也，吾得以富吾民矣。’四年冬，遣人归历城售山蚕种，兼以蚕师来。至沅湘间，蛹出，不克就。志益立。六年冬，复且归售种，且以织师来，期岁前到，蛹得不出。明年，布子于郡治侧西小丘上，春茧大获。遂谕乡里，教以放、养、缫、织之法，令转相教告；授以种，给以工作之资，经纬之具，民争趣若取异宝。八年秋，会报民间所获茧八百万。自是，郡善养茧，迄今百年。遵绸之名，与吴绫、蜀锦争价。遵义视为全省独饶，玉璺之力也。道光十八年题祀名宦词。”又《遵义府志·职官》云：“陈玉璺，山东历城人，荫生，三年任。胡国英，浙江山阴人，监生，八年署。”《遵义府志·职官》中乾隆十年（1745 年）无任知府人名。以上只言陈玉璺养蚕，并未言及修赤水河事，任职也不在乾隆十年（1745 年），以致贵州师大教授张祥《赤水河疏浚与川盐（仁岸）入黔》一文认为陈玉璺没有修赤水河。但《仁怀直隶厅志·政绩志》不仅言陈玉璺养蚕事，还记了修河事：“奉台檄开赤水河，自二郎滩以下至鸡心滩，尽心疏凿，以利舟楫。境内立祠祀之。”与梨㭎滩摩崖所记完全相合。

凯里营，《雷山县志·沿革》：“凯里营，置于顺治十五年（1658 年），设都司一员，千总一员，把总一员，兵员 280 名。雍正元年（1723 年）复兴凯里营。雍正七年（1729 年）十二月初八，裁凯里营，设凯里汛，减兵至 100 名，属丹江营管辖。乾隆二年（1737 年）复设凯里营（驻地营盘坡），增设把总一名，增兵 500 名，实驻兵 600 名。”都阃府，是按朝廷“府”建制的官邸。都阃，即都司。清代在武官职衔中设游击、都司等职。都阃是四品武官。都阃刘奇伟，资料待考。

遵义军民府分府，与遵义府同城，由原遵义通判相沿而来。雍正九年（1731 年），由遵义府城迁治所于仁怀旧城。胡国英，《仁怀直隶厅志·政绩志》云：“浙江山阴人，监生。乾隆六年（1741 年），选授遵义府通判，十一月到任。葺城垣，修街道，劝民种橡养蚕。详请开赤水河，商民便之。乾隆十二年（1747 年）十一月离任，莅职六年馀，绅耆立石颂之。”按乾隆十一年（1746 年）春三月镌立的“新修赤水河碑”记（原立于赤水河吴公崖西岸，收入《赤水直隶厅志·政绩志》胡国英传附后）记载：在开修过程中，取消协理河务一职位，胡国英升为总理河务，名列刘奇伟之后。

镇远镇把总，《清史稿·兵志》：“镇远镇总兵，统辖镇标三营，兼辖清江三协、台拱等营。”清代驻防于镇一带的绿营兵，由总兵官节制镇标诸营官兵。把总，清代为绿营兵低级军官，秩正七品，位次于千总。把总张贵，事迹待考。

教谕，元明清三代于县学设教谕一人，主管生员之教育及文庙祭祀，为正八品官。《遵义府志·职官·绥阳》云：“周挺，大定府毕节举人，乾隆二年任。”又与犁梱滩摩崖时间乾隆十年（1745 年）相矛盾，《大定府志·选举簿》“举人”云：“雍正十三年，周挺，毕节增生，以五经中，官瑞州知州。”

负责此摩崖镌刻工程任务的有统筹工程管理的吴永宗、总理匠人刻字的左藩。二人官卑位微，已不可考。

开修赤水河从乾隆十年（1745 年）十一月初一开工，第二年闰三月初一竣工。修通 68 个险滩，总计时间 6 个月。工程之浩大、时间之短暂，均得力于张广泗之抽调人员及组织工作之有序。先设工作机构：总理河务、协理河务、巡河官、承修官。据“新修赤水河碑”记载：未动工修之前即有 4 人查勘绘图：凯里营都阃府刘奇伟、威宁州吏目王步云［高邮人，监生，雍正十年（1732 年）任，《大定府志》卷三十云：“以吏目之职，自司监狱之外无馀事。而少业医，乃以其术济人，活者甚众，咸以权奇士目之。”］、遵义县县尉诸曜（《遵义府志·职官》云：“浙江山阴人，雍正十三年任。”任职时间与摩崖不合）、镇远标外司张贵（县志未载）。

属地文武官员：大定府 4 人，即威宁州吏目王步云、大定司狱卫勖（府志未载）、黔西千总施国元（州志未载）、毕营把总甘彦邦（《毕节县志》载：威宁人）。

遵义府 6 人，即遵义县典史诸曜、仁怀教谕薛凤仁（《仁怀县草志》未载）、仁怀千总周柱国（《仁怀县草志》未载）、桐梓县典史颜光刚

(《遵义府志》卷二十八载:“江南吴县人,十年任。”且作颜光炯)、遵义县千总房育昆(志书未载)、遵义千总邓士林(志书未刊)。

有治理柳江、清水江经验的官员7人,即荔波县丞(正八品)严光烈(县志未载)、台拱营千总郑洪兴(《台拱文献纪要》未载)、镇远镇把总张贵、安龙镇外委(从九品)刘廷方、长寨(今长顺)营千总刘太岳、清江(今剑河)外委郭元章(县志未载)、凯里营外委周朝贵。

巡抚直辖的军队官员2人,即抚标千总(正六品)姚宗璧、抚标把总(正七品)张起敖。

候补(暂闲)守备(正五品)官员6人,即刘朝栋、萧振统、曹思文、孔文秀、王太临、郭英。

根据大定知府四十七《开赤水河道说》云:“自乾隆十一年至十四年三月底,经运铅三百四十七万,每百节省银二钱一厘四毫,计节省银六千九百八十八两。业咨户部,盐价亦觉渐平。”真正地实现了摩崖上刻的“奉通商,补富庶”的愿望。

张广泗调离贵州后,汉军正黄旗孙绍武(字纬文,号连渚)于乾隆十二年(1747年)三月任贵州巡抚,接后,乾隆十三年(1748年)三月,满洲镶黄旗纽祜禄氏爱必达(字善川)任贵州巡抚,他俩都以赤水新开航道运铜铅及川盐。“续因河道初开,商船畏缩不前,官为试运,节省无多。”乾隆十四年(1749年)十一月,爱必达委托大定知府四十七和毕节知县凌均往勘赤水河,见“河中客船名曰鳅船,约一百零艘,每艘载铅一千馀觔”“似于国于民俱有成效”,但“有滩之处,旁有山沟,山水陡发,冲激泥石,填积滩路,难保开者不复壅,通者不仍塞也。是必定为岁修之法:每年水涸之时,饬该地方查有淤塞之处,即细勘估详,于节省项下动支,雇夫修检,工完报销。立定章程,庶前功不致废弃”。

此时,正值云南金沙江上游开展的毫无用处的疏河工程偾事,朝廷著落原办督臣等分赔款项。爱必达非常敏感,立即停止对赤水河的维修，并处理当时修河官员。据《清实录乾隆朝实录》卷三百五十七载："贵州巡抚爱毕达新奏，该省赤水河工程，勘过银一万七千馀两。查自乾隆十一年试运至今，统计节省运脚价一万四千馀两，但原议二年抵补，迄今仅有此数，应著令原办之人赔补。张广泗应赔偿缴六分，无可著追，请著落历任巡抚司道协理各员代赔。将孙绍武等名下应赔之数，勒限开单进呈。"

但乾隆皇帝看后批道："爱必达所奏，必因金沙江上游无益工程，曾著落原办督臣等分赔，是以如此办理。不思金沙江工程浩繁，上游各滩，虚靡无益，自属应行著赔……赤水河非金沙江可比，现在节省运脚银，既不能全抵，将来转运数年，亦即可抵完，何得概令著赔？况已节省运脚一万馀两，未完者不过七千，再展数年，即可全抵。乃将动项全令著赔，于情理殊失其平。"并批评说："如此存心，将不克胜封疆之任。"

自此以后，再没有地方官员想整治赤水河航道了。每年洪水强烈冲蚀，泥沙堆积，维修养护无人管。上游船舶运行不正常，导致数年后停运。至道光年间，运输船只能到达天鼓岩下游30公里处的马蹄滩了。（详见《仁怀直艺厅志·艺文志》陈熙晋诗《之溪棹歌》："一篙直上马蹄滩。"）

乾隆十年（1745年）疏浚赤水河，至今已近280年，犁榔滩这方摩崖的发现，对现今地方官的执政理念，地方工程建设的前期准备、资金筹措、机构组建、工作人员调配等都很有借鉴意义。特别是对地方志的纠错、改正、补充，更有不可多得的史料价值。例如，民国《贵州通志·宦迹志》说赤水河疏通后"四川舟楫至仁怀之茅台村，铜铅皆水运。寻以水运节省无多，而溪流湍急，舟难行，仍陆运。"这就不符合史实了。况且，铜铅在茅台上船起运，更不符合输运路线。2023年，天鼓岩铜铅上船码头已被当地百姓发现，这是铁的证据。要不然，《贵州通志》说四川舟楫只达茅台，达不了上游的天鼓岩，就成定案了。治史者，岂不慎哉？

吴公岩：见证一位农民的伟绩

◎沈冰洁

川盐入黔，赤水河是重要航道。赤水河沿岸的许多码头、渡口、盐仓至今遗迹尚存，成为赤水河航运史和盐运史的见证者。

位于吴公岩景区“美酒河”摩崖石刻之下的吴公岩渡口，距今已有400多年的历史，曾经是繁荣至极的赤水河盐运渡口之一。该渡口在岩石上凿成，经过百余年的风雨侵蚀，远远看去，石灰岩的石阶白花花得发亮，有旅游者称之为“雪梯”，成为与“美酒河”石刻上下辉映的人文景观。

说起这个号称赤水河上第一险绝之地的吴公岩，便不得不提清乾隆年间，带领乡民疏导修浚赤水河的民间义士吴登举的历史故事。

清朝中叶，茅台成为川盐入黔四大口岸中最大的集散地。其中，每年由赤水河运到茅台的盐量，约占整个贵州省的2/3。

川盐入黔西北，多沿赤水河上溯转运，其中一条路取道茅台，这必经吴公岩。

吴公岩原名“文公岩”，南起马桑坪，北至两河口，全长约5千米。这里两岸山势陡峻，河中水流湍急，险滩接二连三，号称“十里长滩”，十里长滩由16个滩组成，16个滩中，吴公岩滩山势雄奇险峻，怪石突兀狰狞，激流奔腾，漩涡不断，最险最长。盐船至此，不能通航，只能由背盐工背负爬山三十里后装船再运。沿途道路崎岖，翻山越岭，十分艰辛。

乾隆八年（1743年），云贵总督张广泗倡导疏浚赤水河，以资运物，

吴公岩

在民间举贤征工。居住在牛渡河（即桐梓河）畔的吴登举闻讯，日夜兼程，步行至仁怀厅城（今贵州省赤水市）自荐，请奏疏浚赤水河，并具结成文、刺指滴血，以全家兄弟子侄18人性命作保，誓言：“如获恩准，倘有背旨违令，依全家具结治罪。”

吴登举身为米粮渡渡夫，他曾目睹并亲历航运、渡河之艰难，稍有不慎，便会跌落悬崖粉身碎骨。他深切体悟背盐工背上压着的沉重盐巴，以及他们对美好生活的向往。张广泗见吴登举矢志不移，遂启奏朝廷恩准，以吴登举为首，于第二年二月初四辰时招募民工动工疏浚赤水河。

疏浚赤水河期间，吴登举沿河来往奔走，指挥凿石开滩，和大家露宿风餐，十分艰辛。乾隆十一年（1746年）三月，二郎滩至“文公岩”一段终于通航。顿时，赤水河上盐运茅台舟楫塞港，热闹非常。

张广泗视察“文公岩”险滩，见吴登举治河大功告成，亲至其家，欲“拟以官封”，但吴登举婉言推辞，不食俸禄。张广泗便题“忠耿过人”四字相赠，并将“文公岩”渡口赐予吴登举收费，以酬其劳。

“忠耿过人”石刻

吴公岩像

“文公岩”河段因地势险要，多次出现岩崩石坠而淤塞河道。吴登举又多次组织修补，但岩石屡修屡坠，均无法通航。吴登举也因此积劳成疾，后忧愤而逝，享年55岁。

后人为纪念他，遂将“文公岩”改为“吴公岩”，以志其劳，并在两河口处建祠塑像，以示纪念。

道光二十三年（1843年）五月，黔北巨儒郑子尹取道茅台，见“吴公岩滩”山势险峻、急流旋转、腾跃如雪、怪石突奇，有感而发，赋诗《吴公岭》一首，赞誉吴登举疏浚赤水河的丰功伟绩。

著篠吴公岭，侧目吴公崖。
飞狮落九天，脚插赤水隈。
奔湍撼不动，怒声天地回。
水怒石益静，万古苍嵬嵬。
蜀盐走贵州，秦商聚茅台。
牵舟至狼滩，龙滩近可挨。
限此十里石，摩牙竞罴豺。
两岸壁削成，自古白不苔。
越山三十里，驮负费其财。
当年吴登举，力欲运道开……

新中国成立以后，仁怀当地政府又开始组织疏浚赤水河。1955年3月，暗礁中阻的吴公岩路段终于通航，行驶大小木船，上运盐巴，由二郎滩直运茅台。沉寂多年的赤水河上，又恢复了船来人往、富商云集的热闹场面……

时至1997年，茅习公路动工建设，修建公路过程中凿通了美酒河马桑坪至吴公岩石壁路段，结束了吴公岩行路难的历史，也贯通了仁怀市茅台镇、合马镇、美酒河镇及习水县习酒镇等乡镇，成为黔北川南的重要经济通道。

现在的吴公岩，依托优美的生态环境与厚重的人文历史，摇身一变成为远近闻名的风景名胜区。在这崇山峻岭间，还有着两项上海大世界基尼斯纪录，分别是世界上最大的摩崖石刻汉字“美酒河”、世界上最长的石刻龙建筑群。“美酒河”三个大字镌刻在吴公岩绝壁上，字体潇洒稳健、雄放有力，象征着赤水河源远流长，美酒永远飘香。石刻龙群分“东、南、西、北”四海龙王，总长 816 米，潇洒飘逸的长龙成为景区的特色护栏。两项基尼斯纪录与周围的自然风光交相呼应，引得过往游客连连称赞、拍照留念。

不远处，吴登举的画像依然屹立在吴公岭上，镶刻在石壁上的“吴公岩”三个大字熠熠生辉，成为游客思古怀旧之地。在仁怀市区还有一条登举路，这是仁怀人民对他壮举的褒扬。

吴公岩的四次航道疏浚

◎黄黔华

在赤水河两岸，“蜀盐走贵州，秦商聚茅台”，这两句诗可谓耳熟能详。它们出自清代诗人郑珍的《吴公岭》。

1843年5月，郑珍（即郑子尹）穿过怀阳洞，经过茅台镇，沿赤水河而下，去赤水探访故人，被两岸山势和奔腾不息的河流，以及一路的采访所闻震撼，有感而发，写下这首诗。《吴公岭》中描写的是位于赤水河中游的吴公岩，以及人们治理吴公岩水道的艰辛和盐工的悲惨命运。

吴公岩，原名文公

吴公岩险滩

岩，或称蚊虫岩。这一段又有赤水河“小三峡”之称，两岸山势陡峻，河床落差大，形成一个接一个的险滩，号称“十里长滩”。历史上，不仅船只无法通过，就连木排经过这段河滩后，都会被险滩、巨浪打散。放排的工人，在经过该段时，往往会先散排，让木头自漂而下，过了这段再重新聚拢扎排。郑珍在诗中用“著筱吴公岭，侧目吴公厓。飞狮落九天，脚插赤水隈。奔湍撼不动，怒声天地回。水怒石益静，万古苍嵬嵬”描写了吴公岩之险。

但是，吴公岩又是川盐入黔赤水河航道的必经之路。为了把产自四川的盐巴送到茅台，从二郎滩渡口开始，盐工们要背着上百斤重的盐巴，经过赤水河的悬崖峭壁将盐送到吴公岩以上的马桑坪再装船。

于是，又有了郑珍诗中“越山三十里，驮负费其财”的句子。

历史上，为了打通吴公岩险滩、畅通航道，在长达200多年里，赤水河航道疏浚工程吴公岩段至少4次被纳入“国家工程”，而每一次吴公岩险滩整治背后都有一段惊心动魄、感人至深的故事。

吴公岩险滩的第一次治理是在1743年。其时，云贵总督张广泗为了外运云南、贵州的铜、铅矿，解决贵州吃盐贵的问题，向朝廷奏请疏浚赤水河。

赤水河岸边渡夫吴登举，以一家十八口性

吴公岩河段岸上昔日的台阶

命担保请疏的故事就发生在第一次赤水河航道疏浚期间。他的故事，现在为川黔两省的仁怀、习水、赤水、古蔺等地民众熟知。仁怀人为了纪念吴登举，不仅为他勒石刻碑、塑像，改文公岩为吴公岩，还将一条城市道路命名为“登举路”。

1746 年，在吴登举和乡亲们的努力下，航道终于得以疏通，二郎滩至茅台终于可以勉强通行船只，川盐入黔的运力大增。而因为航道通畅，赤水河两岸与外界的交流更为便捷、频繁，茅台镇也由此进入快速发展阶段，从一个名不见经传的小村逐渐成长为黔北地区清代四大乡场。

资料显示，由于盐运的带动，黔北地区清代发展起来的新兴商贸集镇多达 40 余个，其中赤水河流域就占了一半多。至清道光时期，仅茅台一地，马店、客店、饭店、酒店就有上百家之多，商业形态丰富。

郑珍《吴公岭》中“蜀盐走贵州，秦商聚茅台”描写的就是道光时期茅台镇的商业形态。

吴登举等人以命相搏而疏通的航道，由于地形限制，又常有危岩崩塌，以致“开者复壅，通者仍塞”，需数十人吊放操作方能勉强通行一船，导致吴公岩河段航道并未实际利用，且不久便再无法通船，川盐仍需在二郎滩卸船，水陆转驳至马桑坪。而原本已改走水路的滇黔铜、铅矿，又在 1754 年被迫重新改走毕节至永宁的老路。

夙愿未了的吴登举郁郁寡欢，并因此成疾，于 1757 年病故。郑珍在《吴公岭》一诗中称其“愤极仰天死”，同时表达了对当时盐商、盐政的不满，对平民百姓尤其是盐工、船工的怜悯，写商人“三代井法废，大利归贾魁。肥痴享厚息，锦绣挥舆儓”，写百姓“生人十而九，无田可耕栽”“每每好身手，饿僵还裸埋”。

张广泗疏浚赤水河百年后，由于山石崩塌、滩路填积，加上缺少维护，赤水河航道行船愈发艰难，以至于“高滩浅碛，节节险阻，舟筏难通”，自二郎滩以上河段只能陆运，且沿途道路桥梁也颇多损坏，艰险异常。很多盐号、商号因此抱怨颇多，呼吁再次整治航道。

遵义人唐炯，在第二次赤水河航道疏浚中发挥了重要作用。其时，他是一个候补道员，在四川总督丁宝桢麾下。丁宝桢委托其总办赤水河官运盐务。

1878 年，唐炯先是改革盐政，改原先的“商运商销”为“官运商销”，设立官方盐运机构和网点，规定月销额、以盐运盐、打击私盐等，使得赤水河盐运数量增加。随即，他又提出了针对赤水河盐道整治的设想和技术措施，得到丁宝桢支持，并奏请朝廷批准。

唐炯提出的是一个水陆并进的盐道整治方案，同时采取盐商船民捐款、以工代赈的方式筹集资金，无须朝廷给银子。由此，很快得到朝廷批准。

不过，这个对官府、盐商、船民都有利的盐道整治方案，却因触及部分以运盐为生群众的利益而受到阻扰，并出现各种反对修河的舆论。新中国成立后，曾任仁怀市政协副主席的周梦生在其回忆文章中写道：年轻时，曾听前辈讲，一些背盐为生的人认为，“打通吴公岩，饿死黄金坝”，由此阻扰整治吴公岩航道。

当然，反对者不仅有背盐为生的盐工，还有个别地方头面人物。比如，兴隆滩盐房团首陈大官。他认为吴公岩航道疏通后，自己的生意会受到影响，便唆使盐工聚集闹事，反对治理航道。后来，治河态度坚决的官府将陈大官当成首要分子，以推石填河、乱收税款等罪名进行查办，才使得吴公岩第二次航道整治工程得以开工。

资料记载，二次整治吴公岩航道工程花费了两年时间，共整治险滩 33 处、一般险滩 40 多处，“冬令施工‘祟岩激湍，冰雪凛冽’，民工们‘赤身裸体，出入波涛’……沿河道路、纤路、石桥、木桥也一一修整。费用由盐务总局先行垫付，工程结束后各商号按盐引数额分摊，开官商合力治河之先例。”

第二次整治工程至 1881 年 2 月竣工，但吴公岩二郎滩至马桑坪，仍然是“卡脖子”河段，依旧不能通航。不过，除此之外，“一律畅通，毫无阻滞”和“不惟茅台复茅台，即上游铅、铁、竹木、药材均可顺流以达蜀江”。

唐炯也因改革盐政有功，未及二次疏浚赤水河竣工就被授代盐茶道员。赤水河二次疏浚竣工大半年后，他被张之洞等人推荐，去云南做了布政使。

第三次赤水河航道疏浚工程，是在国家最为艰难的时期。当时，抗日战争爆发，国民政府迁都重庆，贵州成为大后方，人口猛增，盐运量增大，其他物资运输也很频繁，赤水河航道再次受到重视。

1939 年 8 月，经济部饬令导淮委员会派员勘察拟定赤水河治理方案，并于当年年底在四川省合江县组建赤水河道工程局。工程于 1942 年 2 月开始，至 1945 年 8 月结束，整治范围自茅台至淋滩共 159 千米，涉及险滩 45 处，其中包括马桑坪以上 8 处险滩。

这次赤水河航道疏浚工程，国民政府派出了多位技术人员沿河考察、指导。在新中国成立后，这些技术人员有的成为大学教授，有的成为新中国大型水利工程专家，还有的在国际上获得了一定影响。

这次赤水河航道治理有了相对科学的工程技术和手段，治理效果更加明显。比如，在丙安至淋滩河段采取爆破作业，以水上、水下炸礁的方式，处理威胁航道安全的礁石 60 余处，还根据实际水情，在个别浅滩河段分别修建丁坝、顺坝、潜坝，以引导河水流向，抬高航道水位以利通行。

关于吴公岩河段，根据实际地形及以往治理经验，技术人员提出了修建闸坝通航或修筑驳道的方案，最终因经费不足被迫放弃，只得改用其他方案。

在这次治理中，吴公岩河段通航状况只能勉强有所改善，并未发生根本性转变。一些资料显示，导致该河段状况未能大改观的另一个重要原因还是阻工所致——

其中，文史专家禹明先的文章写道：“二郎滩一带方圆六、七十里内的人家，全靠背盐为主，不论男女，从七八岁就开始背盐谋生，直到晚年不能行走才停止，生活极为艰苦。”当时二郎滩一带流传一首民谣说：“不望我儿当官坐府，只要能背一百四、五！”由于这种客观原因，当国民政府着手治理吴公岩大滩时，人们普遍意识到此段水路一经梳理通航，靠陆路运盐的活路即将断绝……于是人们不谋而合聚集起来反对，常从悬崖顶上掀下巨木和石块，对疏河工程进行干扰和破坏，国民政府不得已而放弃对吴公岩大滩的治理。

虽然，吴公岩河段航道状况未能有效改善，但经过第三次治理，赤水河中原来素不通航的大猿猴滩被打通，马岩顶、陶洪滩、蚂蟥沟滩等著名险滩均化险为夷，通航全河时间缩短了 1/3。时任国民政府导淮委员会副委员长沈百先在《整治赤水河航道碑记》中写道：“顾以赤水全河，源远流长，向以险浅著称。既经整治通航，匪惟有助于地方经济文化之发展，亦可以水利之修明而能益宏其用矣！”

新中国成立后，百废待兴，各项建设如火如荼，但黔北地区的公路交通建设刚起步，赤水河航运更显重要。1953 年 9 月的特大洪灾中，赤水河二郎滩至赤水县城所有纤道被冲毁，部分航道被淤泥和滚石堵塞，导致赤水河航运受阻，两岸急需的柴米油盐等生活物资，以及工业品、矿产、建设材料等无法运载。

抢通赤水河航道、保障民生和国家基本建设成为迫在眉睫的任务。从 1953 年 10 月开始到 1954 年 8 月，贵州省交通厅和沿岸地方政府派出的干部发动群众，经过大半年苦战，基本恢复了赤水河航运。

与此同时，历史上第四次大规模的赤水河航道疏浚工程被国家提上日程。

1954 年冬至日，由贵州省交通厅主持的赤水河航道疏浚工程开工。这次疏浚工程，重点是提高通航运载能力，打通二郎滩至马桑坪的吴公岩河段航道，以彻底结束赤水河分段通航的历史。

二郎滩至马桑坪，河流全长约 10 千米，但落差却达 34 米。河中有

吴公岩河段现已是赤水河上的著名景点

美酒河

多处不同时期崩塌滚落的巨石壅塞，水流汹涌，即便是枯水季节，河水流过巨石壅塞处发出的巨大轰鸣很远就能听到。

炸掉河中巨石、清理两岸危岩是消除吴公岩险滩的唯一办法。成为国家主人的人民群众，对未来充满憧憬和希望，他们对治理吴公岩表现出极大热情，或主动参与或全力支持。在整个冬天，施工队冒着严寒下水作业，逐个爆破巨石、拔掉壅塞点。但新中国成立初期，各项物资紧缺，有时候化学炸药供应不上，施工队便在老乡们的帮助下，用木炭、硫黄自制土火药，甚至采用最原始的火烧后泼冷水等方式爆破危岩和乱石。

1955 年 2 月，二郎滩至马桑坪及上游共计 18 千米长滩全部打通。天险吴公岩河段从此具备能通航船只能力，茅台至马桑坪则可通行小型机动船。至 1968 年，第一艘 30 吨的机帆船从合江县出发，逆水而上，直抵茅台……

1743—1955 年，在长达 212 年的时间里，4 次大规模的赤水河航道疏浚治理折射的不仅是国家战略，还有国计民生、民心所向。赤水河十里长滩吴公岩，正是这两百余年的见证者。

今天，随着赤水河两岸交通环境的改善，赤水河航运正在变成人们的记忆，成为一条河流的文化积淀。逐渐远去的赤水河航运，曾经带来并形成的盐与酒交织的文化和产业，是赋能今天和未来的城市根脉，必将得到传承和延续。

笆竹沟逸事

◎龙先绪

《续遵义府志·关梁》记载："笆竹沟隘，距治城九十里，两山壁立，邑人陈焕章凿路通行，自黎民镇至河（赤水河）十五里，为通蜀要道。"笆竹沟源头有二——藏兵沟和曹家沟，两沟合流至黎民镇下场口，

笆竹沟一角

一水从黄土坎来汇，又有硝水井汇入，沿途又吸纳蓝线沟、凉水井、安家坡之煤沟、龙洞等水源，至鄢家渡河沟口犁鸳滩汇入赤水河。它虽名为沟，实为一条小河。从黎民镇至罐子口一段河床平缓，罐子口至板壁房一段，时而河床陡立，银瀑飞腾，水声轰轰，摄人心魄。板壁房以下至赤水河一段，则两岸山峰耸峙，笆竹丛生，山花馥郁，野禽聒噪，清流之中，游鱼细石，直视无碍。历史上它是黔西州通往叙永府的交通要道，但山深谷狭，无通衢可行，要左右跳跃小石礅若干或涉急流而过，被行人戏称为“二十四道脚不干”，甚为难走，每遇山洪暴发，几乎无路通行。

笆竹沟在清代至民国共300多年的时间里，是川盐、川布黔运，解决川黔两地广大百姓衣食紧缺的一段旱运捷径，商旅往来，络绎不绝，成天数以百计的贫民人背马驮，崎岖之道不仅使他们尝尽苦头，也使一些府道达官贵人和乡间绅士行走之时叫苦连天。大约在清中叶，具体年代待考，黔地仁怀小弯铁匠坪陈焕章与四川高家岭的王茂山有深交，且两家都是当地的大富豪。某年，值王茂山寿辰，陈焕章亲率随从十余人前往祝寿，一路跋山涉水始至王府。席间，陈焕章与同桌作陪的王茂山道及笆竹沟路途的艰辛难走，拟筹资修条石板路，王茂山在酒酣耳热之际听到此话，认为陈焕章不自量力，当即向陈出言：“你陈焕章能修通笆竹沟，用石板铺就通往黔地打鼓新场（今金沙）的路，我王茂山就能修起鄢家渡大石拱桥！”语气咄咄逼人。陈焕章亦非等闲之辈，对王茂山下的赌注，怎甘示弱？他在酒筵上，当着四方名流、乡邻戚族接受了王茂山的挑战，立下约法，许下诺言。

这样，陈焕章便立即策马回程，返回故里，马不停蹄地四处奔忙，积极筹资修路，绝不失信于民。他雇请能工巧匠，捐出数以百计的米谷银两开山凿石，修筑路面桥梁。此路从四川余家坪修至茅坝石梁坝，全长40公里，修建时间达三四年，一律规范为1米多宽的毛石板路面，危险的地方，路边还筑有拦马石。因咸同年间贵州世事混乱多变、地方不

笆竹沟内的古盐道

古盐道上的背杵窝

靖，致使此路未能如愿得以完成，仅完成了整条路 70% 左右的工程。

在修筑笆竹沟至马颈子的深险峡谷地段时，人们遇岩石凿岩石，遇沟壑填沟壑，全凭双手以原始办法，一钻钻地开凿，一石石地搬运，工程的艰辛令人难以想象。在修建黎民禹王宫脚下的一座石桥时，人们精工细钻，以石头扣榫连接成拱，桥竣工时，王茂山亲临踩桥，并赠语："禹王宫下修好桥，千年修起万年牢。"此桥建成后，不知什么原因，黎民镇街上繁荣的市面顿时萧条，且鸡犬不鸣，因而被当地武装头目赵清河认为有损风水而拆除，直到 20 世纪 70 年代中期才在原桥基址上重建一座公路桥。

尽管陈焕章许下的诺言没有完全兑现，但他毕竟身体力行了，而王茂山呢？受当时建筑技术的限制及世事之动乱，要在赤水河上鄢家渡修建大石拱桥谈何容易？无可奈何之下，只好买下 8 石地产请渡夫渡船，陈焕章也因为未修通全程路，亦为渡夫买下 8 石地产。

笆竹沟路的修通，为这带川黔边境的老百姓互市贸易、改善人民群众生活带来了诸多方便，当时有地方人士刘某作联云："笆竹沟往来川黔客，鄢家渡上下买卖人。"路上人流熙攘，路边店铺林立，从鄢家渡碑岩脚算起，至黎民镇不下数十家，有卖茶、卖酒、卖烟、卖饭、卖粑、卖羊肉粉的等，也有开栈房的，总名叫"开盐店"，意为替背盐巴客人提供食宿方便，品类繁多、琳琅满目的。碑岩脚有家开店的主人叫陈四河，他的店在路坎上，因不方便，客人一般不光顾他的店，因此，他对客人十分不满，当客人经过他的店门前时，他便用脏水泼淋客人。有一天晚上，他店后的岩石垮塌，拦腰横压在他夫妇俩身上，天亮人们才发现。行人都说他没良心，这是报应，活该。从马颈子进入笆竹沟的第一个盐店，我的曾祖母、祖母都经营过。令根坡下的大田里有几间较大的客栈，经常客满为患，猜拳行令之声不绝于耳。三叉沟开的是罗氏盐店，罗氏是四川元木坝人，至今灶头仍存在。板壁房左面沟边是蔡恒章开的栈房，是一栋圆木立材房子，当地解放以后，他搬到贺家坳去住了。板壁房右边的田地里是刘极章开的盐店，当时的蔡、刘二章，用老百姓的话来说，在笆竹沟一带是"叫得响"的人。板壁房的主人姓李，是卖百货的，现在卖货的柜台还存在，只是尘灰满面而关闭罢了。

当年这条路上行走的人主要是背盐巴的，称为"盐巴老二"，他们从四川太平渡启运，背到贵州打鼓新场上交，往返一次需要 1 个月左右，不仅要经严寒酷暑，还要历尽崎岖山道。他们不知花费多少劳力，消磨多少青春，笆竹沟石板路面上处处都有背杵底锥磨下的印痕，有的有 1 厘米多深，谁知道要用多少汗水才能磨成？但盐工们是无畏的、乐观的，当他们空手返程时，见着路边的拦马石便用手中的背杵拗松，用力推倒，为的是让驮盐的马在危险之处摔死，不抢他们的生意做，其自私程度真是让人愕然。佘家坪至笆竹沟一段，山高路陡，道路坎坷，十分不好走，盐工们便放慢赶路速度，因而有充足的时间收集当地民风民俗，他们编顺口溜："关陡山海椒不用擂钵礚，还山子洗脸不洗脚，鄢家渡船钱要八个，马颈子菩萨对面座，令根坡的凉水仆着喝，板壁房的鞋圈放锅烙。"说的是关陡山的人太穷，生活不讲究，舂海椒的擂钵也置办不起；还山子在山顶上缺水，需下到一条深沟里去挑；鄢家渡虽是公渡，但在农历二、七、九 3 个月渡夫要收香钱，因渡口顶敬的菩萨是观音和王爷；马颈子是从横斜的山岭上开凿出的通道，上下两边安放着观音和王爷菩萨；令根坡路坎上从岩罅间冒一股清泉，流进一个天然的石底小窝，行人站在路上一埋头即可喝到水，此水味道回甜，四季不枯不涨，行人到此无论渴或不渴，都要埋头饮上一口以解疲劳。板壁房主人姓李，他们把洗后的鞋圈放在锅里烙干，说明他们家贫，鞋极少，连换洗的都没有，故要放在锅里赶快烘干穿上，而锅是煮饭吃的，鞋圈放在锅里是很不雅观的，也说明了他家妇人懒散的一面。

笆竹沟虽然是一条热闹非凡的人行道，但在那兵荒马乱的年代，老百姓立锥无地，为贾乏资，再加之官匪勾结、横行乡里，有的便铤而走险，在笆竹沟为匪为盗，抢劫行人财物，远方之人不问俗，至此往往遭抢劫。笆竹沟途中的罗锅凼，就是一个抢劫路人的地方，此处地形复杂，一条溪沟从山谷间流进笆竹沟，而溪沟两面都是从半岩上凿出的路，且行人要从半山下到溪沟底，再从溪沟底上至半山，形成V字形，当行人走到沟底，抢劫者便从两边的树林里跳出突然行动，行人惊惶，无路可走，只好顺着往距离仅几十米的溪沟里跑，抢劫者不用费吹灰之力就劫到财物。如碑岩脚开烟馆的杨小云被土匪杀害，其妻逃脱，财物被洗劫一空，无钱安埋，朱定周送棺木一副，并为其做道场，其妻将杨小云之妾罗氏送朱作工资钱。但也有一些抢劫者，不但没抢到财物，反而命丧黄泉，如民国三十七年（1948 年），亢顶的刘文喜邀约四川的杨某、张某等 7 人，拟在笆竹沟一带抢人财物，保长刘兴远知道后，趁他们在刘文喜家睡熟时，将他们捉拿捆绑，第二天在罐子口用马刀将 7 人全部砍死后丢在路旁。

因川黔两地交通路线改变，当地解放后，笆竹沟已不再是物资搬运的要道，商旅减少，不再是人来人往的热闹景象。只是 20 世纪 50 年代末期大炼钢铁时，罐子口以上至黎民镇的路边始见高炉遍布、火光冲天、铁水奔流。60 年代三元皮纸厂在安家坡建立分厂，大量收购川黔两地构皮作原料，生产白皮纸，销往各地。70 年代跃进大队又从罐子口引笆竹沟水到龙洞修建水电站，解决跃进、黎民街上的照明及生产加工用电。晚上经过此地，机声隆隆，灯火辉煌。六七十年代遵义八五厂两次在笆竹沟的三叉沟地段伐薪烧炭，铸造铁锅出售，因质量好，川黔两地附近居民纷纷到此购买，笔者家买的那口大铁锅至今犹存。70年代初期，黎民公社又在三叉沟修筑房子3间办猪场，喂猪、养羊、养牛、加工米粉出售，一时间又出现一种商贸现象。70年代中期，全国各地掀起“农业学大寨”的高潮，岩头上的李昭文当生产队长，引笆竹沟河水至令根坡下，在马颈子以内的土地里改造良田，获得公社、大队表彰，还在那里召开广大群众参加的现场大会，可谓热闹一时。到了80年代，集体生产队解体，笆竹沟彻底萧条了。但因历史的原因，川黔两地居民仍然往来不绝，他们都殷切地盼望当地政府能修建一条到四川的公路，使笆竹沟早日重现昔年的繁荣景象。

官盐古道两路口

◎陈果

两路口是仁怀市盐津街道杨保坝社区管辖的一个地名。仁怀县治所自雍正十三年（1735 年）迁至中枢以来，县城地貌受到东门河大峡谷的制约，由于位置特殊，两路口成了仁怀“官盐古道”必经之地。

仁怀县县衙至两路口，经县城南门口—葡萄井—柏杨林（现解放广场路段）—大水井—青杠园—羊子丫—杨保坝—两路口。两路口距仁怀县城南门口 4 公里。

官盐古道至杨保坝南段，便分为两条道路：一条去遵义府城及省会贵阳；另一条去黔西而远衔滇地。久之，这分道之处名“两路口”。

从两路口出发向东南方向到鸭溪。经闸子门、岩栈口到蚂蟥沟、横跨盐津鼓新场金沙。两路口到金沙 45 公里。再往前是黔西，而去云南昆明。

两路口原是立材街房，只有上排半边街，街道石板路面；下排街是好几棵合抱粗的杨柳树连成一片，下排街没有街房，街房全长约有 0.5 公里。

因为地理位置特殊，旧时的两路口主要从事客栈和饮食行业。兴盛期间，两路口有李家开的马帮住的马店，有蒲家、刘家、姜家开的栈房，还有鸦片烟馆和赌场。民国年间，两路口街上还设有政府机构稽征所，办公地点在蒲元飞家原街房内。稽征所也就是收厘金的地方，相当于现在的税务所。两路口乡场十天赶两场，赶场天人多得挤都挤不过，还有那骡嘶马叫声和叫卖声与讨价还价声汇在一起，热闹非凡。

岩栈口
（图片来源：王泽伟）

回首当年，每日黄昏，一拨一拨运盐的马帮穿街而过，直奔李家开的马店而去，回响在两路口街上的是那一串串叮当叮当的驼铃声。背盐巴的大都是赤水河古盐道两岸的贫苦人民，一般是左邻右舍、亲戚朋友或熟人组成一帮，一帮十余人至二三十人，其中有七八岁的小孩，也有白发苍苍的老人。他们经过了三百梯，到两路口时已精疲力尽，走过五百来米的两路口街道，投宿蒲家、刘家、姜家开的栈房。

两路口作为盐运古道，承载着贵州盐运的重任。四川自贡的井盐，经合江沿赤水河逆流而上，从茅台渡口起岸后，经三百梯到达钟鼓山，绕过仁怀县城，就到两路口。再过岩栈口或盐津关，由此去往贵州各地或更遥远的地方。

从茅台到鸭溪，到金沙，两路口是必经之路，背盐巴的人都要在两路口住一晚，第二天早晨再出发。鸭溪、遵义、金沙、毕节的人到仁怀县城办事，也要在两路口住一晚，第二天早晨才去县城。还有怀南的长岗、坛厂、五马、两河口、茅坝的人到仁怀县城办事，以及到县城打官司，都要在两路口住一晚，第二天早晨才去县城。因为在这个晚上，该打听的行情、该疏通的关节、该托请的人事都在紧张地进行着。还有赶马帮的，也要在李家开的马店住一晚，第二天早晨才上路。因此，这两路口多有县老爷的眼线，也有各官员的皮条。“黑白”各道在这两路口都有道口，以至姜姓的袍哥大爷、蒲姓的地头很吃得开。

盐号声声，马蹄阵阵，两路口承接的远不止旧时人们的辛劳，还有古代商贸集散的文化缩影和人情冷暖、世态炎凉。

姜东模家数代居住在两路口。他曾担任两路口小学的校长，是位学识渊博的文化人。姜东模的祖父姜伯涛是袍哥“仁”字旗的袍哥大爷，在 1935 年那段时期就居住在两路口。身为道上的“江湖中人”，在姜伯涛看来，两路口也是一个非常重要的军事要塞。这个地方旧时有两道栅子门，两路口到金沙、鸭溪都要经这两道栅子门，颇有“一夫当关，万夫莫开”的架势。而这里距仁怀县城约 4 公里，进可攻退可守，正好驻军保卫仁怀县城。

红军三渡赤水河过两路口。据穆升凡先生著《三渡赤水河·红军长征过仁怀之四》载：“军委于 1935 年 3 月 15 日作出再次西渡赤水河的部署。红军一、三、五军团从鲁班场撤离战斗之后，分三路向茅台疾进。一路由马鞍山经乡村坝、文昌阁、铜鼓水、乌龟石、赵家坝进抵茅台。一路由枇杷堰、坛厂、怀阳洞、岩栈口、两路口进入仁怀县城，随即经三百梯进抵茅台。一路由冠英场经盐津河、梅子坳进抵茅台。”红军在两路口顺街边宿营，没有惊动百姓，此举，百姓甚为感动。姜东模的母亲背着姜东模的大哥姜东林，亲眼看见红军的哨兵上边站岗到蜂桶岩（现五转盘），下边站岗到了栅子门（岩栈口上边）。也正是这样，盐津山河两路口承载着红军长征辉煌的历史足迹，激励着今天的人们。

经济繁荣自然要繁荣文化，尤是两路口的文化教育，从私塾先生的打板子延伸到新课堂。新中国成立前两路口小学叫两路口保国民学校，学校土地由姜东模的祖父姜伯涛提供，学校由当地绅士蒲成九等出资修建。教师由当地政府聘任，教师工资由当地政府支付，新中国成立后改为两路口小学。

2003 年，两路口小学和杨保坝小学的编制同时撤销，原杨保坝小学校址在现检察院办公楼。两所学校合并迁至大坪上，在仁怀新一中对面新建仁怀市实验小学。在两路口小学任教多年的李虎成老师，怀着对学校依依不舍的感情说：“两路口小学历史悠久，校风正，环境好，地理好，风水好，这所学校是出了很多优秀人才的。”

两路口上场街口还立了好几块“德政碑”。自雍正十三年（1735 年）仁怀县城迁至中枢始，历届到仁怀任职的知县离任时，县府中吏员及城中绅士都送至两路口。如果该官员是清官，两路口的每家门前都放上一碗清水，是清官离任的均立一块“德政碑”，署其德政功绩。“当官不为民做主，不如回乡卖红薯。”为官一任，守土有责，造福一方。虽然这种离任审查方法没有今天的科学，但旧时的官，也是不好当的，多数还是清正廉明的。

两路口街当头有 3 棵古柏树。其中一棵有 7 根巅，3 棵古柏 9 根巅。树高数十米，恰似两路口忠诚的卫士。树上喜鹊的叫声，也似为两路口张扬。古柏树下有土地庙，常年香火不断。远行的人们都爱在此许愿，但愿此行顺达三江、平安归来。过往行人感觉奇特，常驻足凝神。

“渭城朝雨浥轻尘，客舍青青柳色新。劝君更尽一杯酒，西出阳关无故人。”这首唐代王维的《送元二使安西》，早在上中学的时候，我们就能熟背如流，老师说，这是一首讲感情的诗，朋友惜别，酒饮阳关，感情复杂。那个时候，老师讲得很动情，我们也听得入神，虽然不明白其中深意，但却记忆深刻。在很久以前的仁怀，也有一个类似于古诗中“阳关”的地方，那就是盐津河畔的“两路口”，就是在这 3 棵 9 根巅的古柏树下。

两路口逐步退出人们的视线，缘于鸭茅公路的通车。据《仁怀县志》载：“鸭茅公路，从遵义马家湾至茅台镇，称鸭茅公路。全长 109 公里，县境 59 公里。从界牌入县境，经长岗、坛厂、桑树、水口、中枢、终点茅台。民国二十年（1931 年）五月测量，民国二十二年（1933 年）动工，毛路修到长干山。民国二十五年（1936 年）测量长岗至中枢，民国二十九年（1940 年）挖土方，后停工，日久荒废。解放后，1951 年 4 月 2 日，省交通厅派工程师进行勘测，当月底完成，7 月动工。工程于 1952 年 12 月 10 日完工。”鸭茅公路通车后，两路口是仁怀县城门户的特别位置，作为仁怀官道的历史使命已经完成。

随着仁怀城区的不断扩展，两路口也远去了往日的容颜。原来的两路口变成了多路口，国酒大道的延伸，醉美大道的新建，仁赤高速公路的开通，南部新城大道的通达，将这里演绎成了另一种繁华。

在两路口的东边，是国家酒检中心，是仁怀市目前唯一的国家性机构，这里承担着仁怀上千家酒类企业的酒品检测任务，为仁怀酱香酒推向全国提供坚强的质量保障和科学数据支撑。

峡谷中的永济桥（图片来源：王泽伟）

在两路口的南边，到金沙去经过的闸子门（又叫盐津关），已被盐津河一桥、二桥所代替。

在两路口的西边，仁怀到赤水的高速公路在这里分道，穿过 1000 多米的中枢隧道直达茅台。

在两路口的北边，国酒城的楼盘如雨后春笋，一栋栋拔地而起，国酒城的 4 栋楼王将建设在原两路口的核心位置。

在两路口的东南边，是大中华白酒交易中心。这栋黔北第一高楼，旁边是五星级的喜来登大酒店。这里是以前两路口通往岩栈口的通道。喜来登大酒店对面是鹿鸣公园，这里虽然改变了原来的地形地貌，但是在科学的设计布局下，湖光山色映成一片，别有一番风味，为市民提供了休闲散步的好去处。

笔者从事酿酒工作快 40 年了，常常在离两路口不远的盐津关旁的国酒门山庄接待客人。我也总是如数家珍地向客人介绍两路口、岩栈口、怀阳洞、盐津河大峡谷等地名和地名背后的美丽故事。当然，这些故事都与盐运文化和红军长征有着千丝万缕的关系，更重要的是和享誉世界的酱香酒有着十分重要的渊源。

两路口的逐步消失，让人想起了我们共有的乡愁，远去的盐运古道，远去的酒肆客栈，永远镌刻在人们的记忆中。而新城的崛起又为两路口找到了新的归宿，作为承接仁怀老城区与南部新城的重要节点，两路口将继续发挥着要塞的作用。

一种乡愁的走远和一座新城的崛起不是矛盾的衍生，而是新的历史发展的归宿和出发。

盐运古道三百梯

◎陈果

三百梯原名瓦店子。同治四年（1865 年）官府修整盐道，将该路段建成石梯步，共 364 梯。改建后该路段地名叫三百梯。位于盐津街道辖区的三百梯古道，承载过历史的重任，史志多有记载。

三百梯是茅台镇通往仁怀城区的必经之路。从茅台渡口起，过殷家湾子，经寒婆岭，走沙窝，到高庙儿，越新桥，翻过罗锅坎，跨燕子岩，穿五甲田，绕过平桥，走过新店子，跃过皂角树，到了三百梯。爬越黑神庙，经过窝凼，走鸡爬坎，爬过石矿，踄大漕，到钟鼓山脚下，经教场坝，距县城中枢南门口的葡萄井就不远了。这条全程约 6 公里的官道，是茅台古镇通往外界的重要交通道路，承载着盐运与酒运等商贸重任，往日之繁荣可想而知。

作为仁岸的茅台，“家唯储酒卖，船只载盐多”，实实在在地记述了茅台的繁荣。作为黔北四大商业重镇，茅台注定要为贵州辉煌的历史写下浓墨重彩的一笔。作为茅台出山的重要通道，三百梯将因和古镇茅台割舍不开的联系而载入史册。

贵州自古不产盐，但四川自贡则是著名的优质井盐出产地。新中国成立前，贵州 2/3 的食盐来自自贡。贵州山高路险，交通十分不便。川盐及其入黔物资，主要交通路线就是从四川经长江水路，到合江顺赤水河逆流而上，过吴公岩十里长滩运至古称仁岸茅台。从茅台起岸后的食盐，是经过三百梯这条咽喉要道运往全省各地的。

现在去三百梯，还会看见许多石板梯步上的圆洞，那是历代背盐人

三百梯局部（图片来源：蔡海红）

的背杵留下的痕迹。有民谣："四川的老子云南的妈，贵州的儿子背盐巴。"背盐巴的人群，人们称为盐巴老二。有谚语云："盐巴老二一碗米，半夜三更就吼起。"这些民谚都是那个年代的真实写照。背盐巴的人大都来自赤水河古盐道两岸的贫苦人家，有的也居住在三百梯附近。他们之中有些数代人都是从事背盐巴。他们通常是天不亮就出发，要一直走到天黑才停下来歇脚。他们在这条古盐道上，每天重复着翻过一座山还有一条河、淌过一条河又是几道沟的劳作。

三百梯是爬过去的，因为坡太陡，还得三步打两杵。据龙先绪采编的《仁怀历代诗钞》中罗剑僧的《负盐叹》："负盐男，负盐女，男女老幼同一体。壮夫二百斤，健妇百斤零。懦夫半包百斤重，老妇肩头四十斤。可怜蓬户女，钗横鬓乱行无已。八岁谁家乳臭儿，背负廿斤程百里。"不论寒暑春秋，在这三百梯的梯步上，他们身上流下的汗水和衣服裹在一起，汗水流到脚背把脚迹印到梯步石板上。每向前一梯步，全身筋骨都像要散架一样。只有尽快爬过这 364 梯，才能在天黑前到达两路口。

背杵又叫拐扒子，是木制的。接地那端用铁圈固定，中间用铁钉便于杵路稳定，上梯坎也可当拐杖助力，是人们背着背篼站着就能歇气的工具。三百梯有的石板都被背杵钉凿穿了。这些石板上留下的亘古痕迹，无不在诉说着远去的繁荣和背盐巴的艰辛，也在诉说着那些远去了的岁月。

一壶好酒，饮不尽的家国兴荣。一声盐号，唱不尽的历史沧桑。一条古道，画不尽的世事尘烟。从这个角度去打量，连接茅台与盐津的古盐道三百梯，注定要把遥远的诗情画意、喧嚣繁华与今天的欣欣向荣连接在一起。

享誉世界的茅台酒是酱香酒的鼻祖。作为酱香酒的原产地，仁怀早在商周时期就已经有了颇具规模的酿酒和浓厚的饮酒习俗。20 世纪 80 年代，在仁怀县城东门河云仙寺莱芝洞出土了大批殷商时期的酒器和酒具文物，证实了这一历史。从《史记》中唐蒙献枸酱，到《黔南识略》

“茅台村地滨河，善酿酒，土人名其酒为‘茅台春’”等史料，无不记载了茅台酱香酒的悠久历史。

据1990年1月5日由原国家副主席王震题写书名的《茅台酒厂志》第15页“茅台酒的由来”第三段文字载：茅台酒最早的酒坊名称，据查考，是大和烧房。这个信息是从茅台杨柳湾一尊建于嘉庆八年（1803年）的化字炉上所铸的捐款户名单有“大和酒坊”名称而获得的。据最近的考证发现，有一家比大和烧房更早的酒坊叫“偈盛酒号”。这是在1990年茅台至县城的三百梯段出土的路碑上发现的。碑上刻有乾隆四十九年（1784年）茅台偈盛酒号。这证明，早在清代中期，茅台古镇的酿酒业已经兴盛。三百梯，以见证者的身份标注了茅台古镇悠远的酿酒历史及厚重的酱香酒文化。

秦商聚茅台，这是古人对茅台古镇交通顺畅、商贸繁荣的历史刻画。仁义为怀，酿造未来，是如今仁怀人的精神定位。而仁怀，这座有着900多年历史文化积淀的城市，注定要和盐文化及神奇的酱香酒文化产生千丝万缕的关系。这其中，离不开古道三百梯。

红军三渡赤水河。据穆升凡先生著《三渡赤水河·红军长征过仁怀之四》载：“军委于1935年3月15日作出再次西渡赤水河的部署。红军一、三、五军团从鲁班场撤离战斗之后，分三路向茅台疾进。一路由马鞍山经乡村坝、文昌阁、铜鼓水、乌龟石、赵家坝进抵茅台。一路由枇杷堰、坛厂、怀阳洞、岩栈口、两路口进入仁怀县城，随即经三百梯进抵茅台。一路由冠英场经盐津河、梅子坳进抵茅台。”三渡赤水出奇兵取得了伟大胜利，把国民党军队和蒋介石搞得云里雾里。三百梯，再次以见证者的身份，在红军长征的漫漫画卷上留下了厚重的一笔。

关于三百梯的故事，三百梯村党支部书记石兴明给我介绍过许多。石兴明在三百梯村德高望重，他领导能力强、务实能干。他关心地方文化建设，对地方掌故如数家珍且多才多艺。他介绍说，三百梯道旁有个万人洞，还叫“义人坟”（又名喇叭洞），清同治年间太平天国石达开部队离开后，当地民团和号军曾在这里发生过战斗。当地王姓、毛姓、黄姓三姓百姓为了抵抗号军躲入洞中，被号军用硫黄和辣椒烟火熏死在洞中，其中王姓百姓死亡 98 人。时至今日，三百梯当地的村民都还在说，这个洞里面还有人的骸骨和生活用品以及服装饰品等。这万人洞，史志都有记载。

如果说云畴朝霞、葡萄贯珠、钟鼓齐名、鹿鸣古塔、亹溪鱼跳、书画残烟、怀阳洞天、金钟晓月这些著名的仁怀老八景，将仁怀绚丽多彩的山川展现得淋漓尽致。那么，位于盐津街道辖区的三百梯古道，凭借曾经的辉煌作为仁怀第九景当之无愧。

万人洞洞口

在中华文化的传承中，“轮回”一词算是一个核心的原动力。364梯，步行一次来回，也算是一年的轮回。从这个角度去感悟三百梯，它所承载的厚重文化注脚，已经远离了我们。因为，三百梯承担的历史责任已经成为过去，并且永远不会轮回。

如今，从仁怀盐津到茅台古镇，中茅高速公路、坛茅快线及磨糟湾大道，纵横交错、畅通快捷，缩短了距离，节省了时间。昔日辉煌的三百梯也因此黯淡了许多。当我们重走一次三百梯，站在温热的秋日阳光中极目远眺，顿时心胸释然、爽朗无比，好一个历史轮回，好一个世事沧桑，好一个日新月异。

大诗人李白说：“蜀道之难，难于上青天!”而今天的人们，走过盐运古道三百梯，应该是走过厚重而悠远的历史，走向新的光明和希望。

鄢家渡史话

◎龙先绪

鄢家渡位于赤水河中游，距闻名中外的茅台镇 50 公里，它是历史上黔西州进入四川叙永府的必经之地。《遵义府志·水道考·赤水河》载：“一水由黔西平定里入仁怀九仓坝，流五十里来注之。又东，至鄢家渡仁怀县界黎明镇北。”可见，鄢家渡是现今仁怀市境内一个十分古老的渡口，仁怀市人民政府 2005 年第 20 号文件已将鄢家渡碑刻列为文物保护单位。

鄢家渡渡口

鄢家渡始建于何时？鄢家是哪里人？他们的后代现住在哪里？俱不可考，以致清中叶渡口刻的碑作“仙家渡”，民间讹为“冤家渡”。鄢家渡原为私渡，过往行人较少，后来川盐运黔，商旅增多，改为官渡。贵州不产食盐，自古仰给于川、滇、桂、粤诸省区，但碍于地理环境及盐的质地等原因，绝大部分从四川自流井（今自贡）进口，沿沱江至泸州进入长江运抵合江县城，再西溯赤水河而最后至四川古蔺太平渡起岸，用人背马驮，经古蔺境内的石夹口、石宝、冒沙井、高家岭，过赤水河鄢家渡至贵州黎民镇、五里坡、茅坝、石良坝等地入黔西打鼓新场（今金沙县城）。直至乾隆元年（1736 年），四川巡抚黄廷桂将川盐入黔的水道分为永、仁、綦、涪四大口岸。仁岸的盐运从合江进入赤水河经猿猴（今元厚）、土城、太平渡、二郎滩后，因吴公岩不能通航，陆运至马桑坪，再船运至茅台村起岸向外陆运，分两路：一路经长干山、鸭溪、刀靶水、扎佐至贵阳；另一路经吴马口、金沙、滥泥沟至安顺。但从太平渡起岸过鄢家渡这条运输线也未曾停止过，一直延续到民国年间。

鄢家渡改为官渡后，因地处偏荒，地方政府鞭长莫及，管理不善，又变为私渡，康熙五十二年（1713 年）六月立于渡口南岸的“奉宪改设鄢家官渡碑”载：“渡夫不遵上禁等事，……霸立私渡，勒诈商民，先以地方官不力，行拿解案，墨未干，辄敢仍蹈前辙，藐法横行……此后系本厅捐俸，接自配发，往来商旅无阻，为禁止该渡夫勒索，此设特许指名禀报，凭本处允，过往商民永世仰戴抚宪与各宪恩德。”该碑记载了遵义军民府（时属四川管辖）粮补厅奉四川巡抚、都察院、承宣布政使、藩司、臬司及川东道各级批示改鄢家渡为官渡的批文。批文中较详细的记载是代表皇权总揽一省军政大权的四川巡抚年羹尧的指示。集中反映了鄢家渡当年在政治、经济、交通、军事上的重要性，内容极为丰富，而且十分严肃。雍正六年（1728 年）遵义军民府改隶贵州，雍正八年（1730 年）遵义军民府粮补厅通判驻仁怀旧城留元坝，是后，经过乾隆、嘉庆、道光三朝，鄢家渡不再是四川遵义军民府粮补厅捐俸。《仁怀县志·交通》载：“道光二十七年（1847 年），鄢家渡因年久渡夫占为己业，勒索行人，黎民街上八十老翁柯道辉遂往川属绅士募化钱粮，新造船只，另招渡夫，改为义渡。”又经道光、咸丰、同治三朝，至光绪年间改为官渡，《续遵义府志·关梁》载：“仙家渡治南一百里，本私渡，邑绅陈天爵以钟姓绝产数十石禀县立案作渡夫口粮，改为官渡。”在渡口南岸现有石碑三通，即道光二十七年（1847 年）的“鄢家公渡碑”“毫厘

“公渡”摩崖

不取碑”，光绪年间的“凿路碑”，另有岩刻四方，分别为“公渡”“仙家渡”“鄢家渡晓谕”，另一方字迹模糊难辨。位于渡口北岸的庙屋基据说还有许多碑刻。

鄢家渡不仅始建于何年不可考，而且鄢氏之后也不知经过若干代渡夫才轮到我的高祖龙朝兴。我高祖幼年时父亡母醮，流浪在外，稍长从军，归家完娶后，已不善事农业生产，便到鄢家渡以渡船为生，时间大约在光绪元年（1875 年），帮他的渡夫有张狗儿、唐老幺等。他在渡口有一件惊人的义举：现今岩头上李昭文的祖父在襁褓之时，被其姐背着在船头玩，不知不觉掉进河里，我高祖发现后，衣裤未及脱下，不顾一切，急忙跳进河里，从深水中寻找到，抱上岸，然已气息奄奄。我高祖又抱住倒置，将其腹中水倒出，并做人工呼吸，终于使之存活下来，后子孙众多，其第四代孙李伯能，现为北京某军休所军休干部。我高祖去世后，由我曾祖龙廷甫接管渡口，请的渡夫是岩桑溪酸枣沟张子成，龙廷甫在民国三年（1914 年）被诬遇难后，渡口由张子成接管。大概在民国二十一年（1932 年），黎民镇街上的袍哥舵把子柯德光带其子柯余寿要到四川去，时值赤水河涨大水，张子成与帮工张老海驾船渡河，船载着柯氏父子返回时，突遇齐头水和“一网渣渣”（意为一堆漂浮的垃圾），张子成和柯德光遇难，张老海与柯余寿被水冲到数里之外的女儿溪才获生。张子成无子，仅有 4 个姑娘，张子成的夫人在 4 个女儿出嫁后，一人孤守在鄢家渡，直到 1958 年以后才由幺女张银莲接走。张银莲生于民国十五年（1926 年），嫁立岩茅草坪杨绍鹏。张子成渡船期间，曾有谢树清、谢文清兄弟俩跟他当船夫。谢氏是九仓坝如朗坡人，母亲是桃竹坝张氏女。其父死后，家境贫困，其母便带着两个幼子至鄢家渡煮生卖熟求生存，张子成同情他们母子三人。谢树清长大后就帮张子成渡船，张子成死后，他就接管了此渡口。

我高祖渡船时，鄢家渡仍为官渡，到张子成渡船时，才是高家岭富民王跃三（一说王茂山）子王子升买地方捐作渡夫工钱，共 12 石谷子，即茅坝火烧岩 1.5 石，筲箕湾 3.5 石，高家乡田上 5 石，牛栏箐 1 石，佘家坪杨七沟 1 石，另买有渡口南岸碑岩脚，北岸蚂蟥沟两匹柴山供渡夫采用。王子升儿子王德阶，青少年时曾在成都上学，民国三十五（1946 年）考入同济大学，与仁怀县城的曾龙海为同窗好友，后加入地下党，因富家子弟出身，过不了革命的艰苦生活，加之国民党镇压学生运动，便返家守祖业，后加入国民党。他归家后，曾被土匪绑架，从鄢家渡过河，拖到扯水龙洞才被释放，田坝寨刘成周将他背到家休养几天后，才送他回高家岭家中。谢树清渡绑架王德阶的土匪过河后，一直没有去看望王德阶，王德阶对他十分不满，便将渡口收回让黎民街的吴正权渡（经营渡口）。吴正权在渡口南岸修了一排房子，并开了烟馆，聘请我叔祖龙跃光帮忙，每年工钱 5 石谷子。但吴正权其人官匪两通，王德阶又收回渡口让吴天权渡。不久吴天权死去，我叔祖托人向王德阶求渡口渡，王便同意，时间大约在民国三十六年（1947 年），他请的渡夫是茅台黄桷沟的陈三河，我伯父及我父亲也经常帮忙，还有四川富顺流落在鄢家渡的邱海清也帮他渡船。我叔祖先住在吴正权修的房子里，被一次大洪水冲走后，他便搬到北岸高家岭王家为渡夫修的房子里住。当地解放后，王德阶家为渡口买的地方被没收分给农民，渡口再没有收入，但我叔祖仍然在那里艰难地渡船。1960 年，正值人民公社和“大跃进”时期，四川的一些农民常到贵州做小本生意，我叔祖悄悄地渡他们过河，被谢树清向当地举报渡投机倒把分子，我叔祖一气之下，于 1960 年下半年归家务农。从此，结束了我家在鄢家渡渡船的历史。

鄢家渡虽为官渡，但在每年的二、七、九 3 个月渡夫可以收香钱，因渡口顶敬的菩萨是观音和王爷，二、九两月是观音生日，七月是王爷生日。鄢家渡顶敬的菩萨安放在南岸的马颈子，左观音、右王爷，因此盐巴客们的顺口溜说道：“张子成的船钱要八个，马颈子的菩萨对面坐。”

鄢家渡河段

另外，鄢家渡还有一位专门渡马过河的渡夫，自己收船钱，他家姓冯，其子孙现住茅坝镇的锅匠湾。当时渡夫的社会地位是很高的，即使国民党抓壮丁，也不去抓渡夫，我父亲曾被地方奸人抓到茅坝区公所后都被放回家，扯水的朱海宽、姜明金等人躲兵也跑到鄢家渡我叔祖处。

鄢家渡不仅是川黔商旅往来的重要渡口，处于历史上水西与蔺州之间，也为兵家必争之地。根据《长征日记》《中央红军在仁怀》等记载，1935 年 3 月，红军长征到达遵义后，中革军委于 3 月 14 日命令各军团立即向鲁班场靠近，迅速做好攻打鲁班场的战斗准备，并派红军三团分两路从遵义泮水西安寨出发。第一路十团 13 日经泮水到岩孔宿营，14 日该路红军又分两支，一支一个连经后山到茅坝宿营，而后经黎民镇到鄢家渡控制赤水河上游渡河点；另一支（主力）十三团和十四团经寒婆岭到吴马口宿营，15 日经沙土坪、洞口、小水、三块石进攻鲁班场西南面。当 16 日红军在茅台渡河时，在鄢家渡的红军也同时渡河。17 日，国民党周浑元部队才派万耀煌十三师之一部，经三元洞、茅坝、黎民镇到鄢家渡搭浮桥，企图渡赤水河追赶红军，而红军早已进入四川石宝镇了。《国民党第十三师入黔战斗详报》记载：“十七日，本师奉令以一部即日进至鄢家渡，担任架桥，当令第七十四团进抵鄢家渡架设，师部率队由鲁班场出发，经三元洞进抵茅坝。”因此，鄢家渡不仅是一个古老的渡口，还是英雄的渡口，它在红色的中国革命历史上也有其闪光的一面。

再说，自我叔祖离开鄢家渡后，由谢树清掌管渡口，变为私渡。谢树清有 3 个儿子，长子谢文康，次子谢文才，三子谢文远，长次迁居白凼，三子谢文远入伍当兵。谢树清死后，谢文远接管渡船，后因作奸犯科被绳之以法，由其二兄谢文才接手渡口。与此同时，南岸岩头上的李伟又增设一只船渡客。2005 年底，古蔺、仁怀两地交通部门分别在两岸修建码头，古老的渡口又焕发出一线生机。2023 年，新建的大桥落成。

XUN JI REN HUAI

寻迹仁怀

古村·古桥

赤水河盐运中转码头马桑坪

◎黄黔华

“盐巴老二一碗半，半夜三更就嘈起。背子上背就起身，七嗅八喘拢茅村……”

这段民谣是清代以来赤水河两岸背盐工的生动写照，着重记录了马桑坪盐运中转码头的场景。

清代，赤水河疏浚后，打开了川盐入黔的便捷通道。不过，从二郎滩到新龙滩这一段河床狭窄，滩险湍急，两岸悬崖峭壁，山崖土石不时崩坍，虽经多次整修，最终未能达到安全通航条件。

其实，因条件所限，该段航道在清代疏浚工程完成时，也只是个装样子的工程，仅在通航当天由人工拉纤，勉强通行 3 艘小船后，再无盐船经过。不仅如此，由于山势过于陡峭，两岸就连骡马通行都十分艰难。

于是，从四川进入的盐，在二郎滩卸船后，只能依靠人力背运至马桑坪，俗称“背过山盐”。“壮夫二百斤，健妇百斤零”，每天一两千人的脚夫，将拆散的巴盐分装在尖角背篓（即背篼）里，翻山越岭三十里交到马桑坪盐号。

“有了三吊钱，坐起像个官。三吊钱用完，背起背篼又过山。”这段民谣是这一地区居民的生活写照。在“斗米斤盐”的岁月里，“背过山盐”是马桑坪及周边数十里村庄人们的主要谋生手段。《贵州文史资料》写道：“……大多数以背盐为生，不论男女，从七八岁就背盐，直到不能行动才停止。”

上了年纪的沿河居民儿时记忆里，早晨惊醒他们的不是雄鸡打鸣，也不是脚下赤水河的波涛声，而是盐工手中杵盘敲击路面的声音。推开房门，映入眼帘的不是清晨的太阳，而是手拖杵盘、脚穿草鞋、鱼贯而行的盐工。

老人们回忆说，背盐巴的时候，路没有修，从吴公岩过河过去，就爬上坡走石梯子路，非常辛苦。那时小路窄，一去一回背一天，可以解决两天的生活。

盐工们穿着草鞋，身负背篼重压，佝偻着身躯，在开凿于峭壁的盐道上艰难爬行。他们要将超过自身体重的盐块送到马桑坪。脖子上青皮竹篾做的汗圈，时而刮向汗流如注的面颊。到了晚上，夜行的背盐工点亮用废弃竹纤索做成的纤肠缟，当作火把，照亮三十里盐道。

背篼、杵盘、汗圈、草鞋、纤肠缟，这是背盐过山人们的必备“五宝”。盐工“五宝”，都是二郎滩至马桑坪段背盐的见证。后人写道：郎滩往上马桑坪，三十蜈蚣险路行。背篓填装希望果，草鞋踏出涩酸情。汗圈刮去千般苦，纤缟燃来万户明。盐运过山成史故，杵盘克重世人惊。

这一时期，在马桑坪河段出现了两家较为有名的盐号。一家是位于马桑坪的华家盐号，另一家是河对岸四川境内的集大成盐号。集大成盐号规模较大，从四川到贵州金沙的盐道上，都有他家的分号。稍晚，还有利民盐号分处等，并设立了坪（马桑坪）、益（茅台）盐船商业同业会。20 世纪 40 年代，还有人在马桑坪开了酿酒作坊，用苞谷、高粱，以及甘蔗皮、红薯、青冈籽等代用品酿酒，满足不同群体的需求。其中，马桑坪的高粱酒，尤其受人欢迎。

马桑坪作为码头的出现，最早可以追溯到清代初期。据称，明代由叙永迁来的陈万里家族，其时已延续到第八代、开枝散叶，多数因祖上参与被称为明万历三大征之首的“平播战役”有功，前往他处立业。留在马桑坪的一支开了糟坊，接着又开了盐号、客栈，为往来客商提供服务，还开设了渡口。

当然，陈家在马桑坪开糟坊、盐号等，更多的是口碑传说，鲜见于

今日马桑坪

美酒河盐运客栈
美酒河

书籍。关于马桑坪兴盛的最权威文字记载，还是在《仁怀县志》等志书当中，而最准确、生动的一段就是本文开头的《背盐歌》。

马桑坪因赤水河航道疏浚和盐政改革，成为川盐入黔的重要中转站。一时间，商贾云集，背夫、马帮络绎不绝。在马桑坪码头，产于自流井的巴盐又装上了“茅村船”，这种装载量 2 ~ 12 吨的小船，因前艄似“关刀”，又称“关刀船”，通常在这里载盐数吨后，逆水而上，前往茅台。

根据《长征日记》《中央红军在仁怀》等记载，1935 年 3 月 22—23 日，中央红军第四次渡过赤水河，红九军团和红五军团先后进驻马桑坪，其中红五军团在马桑坪设立指挥部。时任红五军团参谋长陈伯钧在回忆录中写道：“在马桑坪没收地主、豪绅盐店数家，分给群众……”

红军在马桑坪河段打开盐仓给群众分盐时，集大成盐号除已入仓之盐，其在豹子滩尚未起运的 12 船约 7 万斤盐，也被分给了群众。

红军进驻马桑坪的过程并不顺利——他们的后卫部队，在赶往马桑坪途中暴露，遭到敌机轰炸，有 7 人牺牲。马桑坪的老一辈人，也因此成为中国革命艰苦历程的见证者。

在很多资料记载中，我们看到马桑坪中转的物资，不仅有入黔的盐巴，还有出黔的山货、铁和铅、铜矿制品等。新中国成立后，赤水河逐渐退出盐运历史，但由于两河口至茅台并未全线通公路，沿岸群众远行、运输仍依赖于赤水河航运，马桑坪的码头功能作用依然重要，政府还在这里设立了粮仓，储运调拨各处的粮食。

20 世纪 90 年代，茅台至习酒镇公路开通，公路从马桑坪经过。有了更为快速、安全的运输途径，马桑坪由此失去码头功能。但今天，交织着盐酒故事和赤水河人文精神的马桑坪，作为承载了赤水河厚重盐运文化、长征文化的村落，成为仁怀酒旅融合发展的重要组成部分，与盛开的三角梅一起，吸引着来自八方的游客。

岩桑溪“河口碑”上的记忆

◎黄黔华　冯泽宇

由茅台镇出发，沿赤水河岸逆流而上约30公里，有一个有20多户人家的小村，叫作岩桑溪。古树环抱的山村里，鸡鸣之声此起彼伏，村民大多还居住在顺坡而建的木屋里。

河口碑

隶属仁怀市鲁班街道管辖的岩桑溪，又名岩湘溪，因穿村而过的小溪沟而得名，与四川隔河而望。当年的盐道穿村而过。这条盐道经过岩桑溪等地，通往金沙、黔西、清镇等地，是当年从茅台镇出发的5条盐路之一。

从赤水河边蜿蜒而上的岩桑溪段盐道，开凿于峭壁上，最高处目测距河面超过 15 米，残存部分路宽不足 1 米。由于多年无人经过，几乎被灌木、杂草淹没，还有的已消失殆尽。

观音岩是岩桑溪村外赤水河峭壁上的一处小岩腔。修于乾隆五十八年（1793 年）的“河口碑”，就立在岩腔内。石碑 1.2 米高、0.37 米宽，正面碑文记载了募捐开凿这段盐道的过程：

昔人云，蜀道之难，难于上青天，募化之难，难于遇君子。嗟呼！即如□里中，有□滩及鬼□，溪涧河之险地也，亦川黔之要道也。惜路途穿浃，怪石嵯峨，仰则层岩峻立，俯则溪水奔流，甚三春水涨，不通足胫。登斯地者，或扳援而上，或牵引而下，况负荷肩担，苦

赤水河边的岩桑溪村落

状尚忍言哉，予也目击情伤，□修砌，奈独力难持。癸丑岁馆暇，于是邀集乡里之好善如李君、张君、刘君、李公等，捐金募化，凿石□岩，数月成功。若是其难也，既获募力，修砌乐成。于是往来客商，歌荡荡、咏平平，岂独予一人之力，诸君子乐助之功也，是为序。总化，傅文捷。龙飞乾隆五十八年岁在癸丑大吕月二十日，谷旦。

石碑左、右侧分别刊刻的是参与捐资修路的人名约200个。这其中，很多是现在岩桑溪及周边村子里村民的先辈。但我们在岩桑溪调查时了解到，这个村子里没有姓傅的人家，也不知道这位牵头募捐修路的傅文捷是何许人也。

74岁的李文旗是岩桑溪的住户之一。他告诉我们，自家太祖的名字也在石碑上。“修路架桥是积德行善、留名后世的大事。”他自豪地说。

岩桑溪是盐工们从茅台背着盐巴出发后即将攀爬的第一个大山口前的“加油站”，他们需要在此歇脚、补充体力。早期，这里有过一家店铺，叫作“新店子”，但在新中国成立前很久就不复存在了。

“盐道上不是很太平，商旅、村庄有时会被土匪洗劫，但没听说过盐工被抢的事情。”李文旗说，原先村里有户人家，为了免遭盗、抢，甚至还把块状的盐巴砌入灶头。

清末至新中国成立初期，李文旗的爷爷、父亲等人曾在自家的六柱老房里较长时间服务过往盐工和商旅，为他们烧火做饭，提供简易住宿条件和免费茶水。

盐工们从茅台出发时，背架上除了笨重的盐巴，下部还会装有几斤粮食，个别还带着辣椒。

盐工们很苦。到人家借宿，堂屋中、屋檐下、圈舍旁，只要不是露天坝，随便找个地方就行，盖的是草席、棕片。吃饭，都是拿自带的粮食，请主人家帮煮好后，再用水煮点青菜，做个辣椒、盐巴蘸水就行。“看不到半点油星子。”李文旗说。

在李文旗的记忆中，盐道上的盐工很多，他们均结伴而行。最多的时候，在他家借宿的盐工一晚上有 10 多人。“连做饭带住，一个人给 5 分钱。”他说，新中国成立前，盐工们给爷爷或父亲的是两个中间穿了孔的铜板。

这种场景一直持续到茅台镇通了公路。

观音岩“河口碑”上的文字，还为研究茅台镇乃至盐道商业形态和规模提供了新线索。在参与捐资修路的名单中，还有一批商号名称，如大顺号、成金合号、吉昌隆号、天元号、兴顺店、启元店、祥太号、独盛店、双凤店、洪盛店。

留名石碑的商号大多资料难查，已知的多在外地，如分布在省内的贵阳等地，以及省外的四川等地。我们查资料发现，这些商号的经营产品多为山货特产、丝绸、布匹等。

李文旗年轻时，有过赤水河放木排的经历。“从岩桑溪放排到茅台，遇到好的水情，一个上午就到了。”他说村里没有出过盐工，但很多老人都放过木排，最远放到合江，一趟要 15 天左右，“在吴公岩河段要重新解、扎排，非常危险。”

仁怀伐木、放排的历史至少可以追溯到宋代。明代，则是赤水河伐木、放排的巅峰，连皇家修建宫殿都用上了这一地区的“大木”。而同一时期，小溪里等地的茶叶已经很有名气。清代中期，利用柞树（青杠树）养蚕、缫丝，其品质已可与成都平原的桑蚕丝媲美。

据此我们推测，清乾隆时期的茅台，商业形态已十分丰富，产业除了盐、酒，可能还有更多的农特产品外销，比如木材、茶叶、柞蚕丝及加工品等。这些产业规模可观，有可能成为某些外地商号的主营产品，有的商号则可能在茅台设有分号或办事处。

五岔：一座千年开发史的村庄

◎黄黔华　冯泽宇

从赤水河边的二合集镇，沿着一条小溪而上，约 5 公里，进入满是红色砂岩的山谷。谷底，是平时水量不大的五岔河，两岸有多块小规模台地。

大坝镇五岔村，因此得名。

五岔河两岸，具有丹霞地貌特征，处于中晚年期。也就是说，山崖上的红色砂岩是处于较快风化阶段的丹霞石。同时，两岸的土壤是酿造酱酒所需的紫红泥，很珍贵。

但我们此行的目的不是欣赏风化的丹霞石和酿酒的紫红泥，而是寻找几孔被称作“蛮洞子”的石穴。

五岔村内，一块临河的巨大丹霞石上有三孔人工开凿的石穴，分别处于西南方、东北方。东北方向有两孔，其中一孔较大的石穴，曾被叫花子占用居住。当地放羊的村民说，早先，这块巨石孤悬于河岸之上。三孔开凿于巨石上的石穴，距地面的高度都有 1 ～ 2 米的距离。后来，由于造田和修路，东北方向的两孔基本被填埋，西南方向的一孔离地约 1 米高度。

关于三孔石穴的来由，有村民们传说其与鲁班师傅有关。“说是早年鲁班云游至此准备休息，就在石头上开凿了三孔石穴，大的用来居住，旁边小的用来做饭，背后的一孔用来放工具。”放羊老人说。

不过，多数村民还是称三孔石穴为“蛮洞子”。“就是以前蛮子的坟墓。他们的人去世了，就放在山崖上、巨石上凿出的洞子里。”一位村民说。

这是一种曾流传于西南地区的古老丧葬形式，被称为崖墓。赤水河流域有明确文字纪年的崖墓，最早可以追溯至战国时期，最晚到南明时期仍有出现。

参照贵州汉代崖墓特征和标准，并请教贵州省文物专家，我们确信五岔河崖墓系汉代崖墓无疑。

汉代至两晋是赤水河流域崖墓最集中、形式最丰富的时期。已发现的这一时期部分崖墓中，不仅有明确的文字纪年、代表死者生前职业和升天愿望的图案，有的还凿刻了介绍工匠信息、造价成本的文字。

我们在调查中，暂未在五岔河边的三孔崖墓内外发现文字，仅在其中一孔崖墓外侧看到疑似图案的痕迹。同时，观测到两孔崖墓顶部存在类似藻井的凹陷，但简单粗糙。

藻井是中国古代建筑中的一种构件，有一定封建等级尊卑象征。目前已知最早的藻井，实物证据来自汉代墓葬中，象征天宇崇高。

凿石造墓，即便是放在今天，都是一件费力的事情。那么，村民口中的“蛮子”究竟是谁？他们为何要费工费力地在石头上凿墓？

“蛮子”，可能是指古时候“生活在南方的蛮人”。具体到赤水河流域，则可能是指“僰人”，即濮人先民。赤水河流域等地区，原先被称为南蛮之地，意指未经开化的地区，而濮人是仁怀的原住民。

秦汉以来，国家开发南蛮之地，大量军户进入赤水河地区，带来先进的生产技术，生产水平得到发展，同时也促使制度变革。而“蛮洞子”在这一时期具备了快速兴起的思想和物质条件，在某些族群中成为一种风尚。

汉代，尤其是东汉时期，土地兼并加剧，土地开发利用程度高，平地被作为耕作区和居住区，人们不愿拿来做墓葬，也不利于尸骸保存，于是便另寻他处。而此时，人们的意识也发生了变化，认为悬崖峭壁更有利于成仙，且利于尸骸保存，便逐步选择了洞葬、崖墓葬。

五岔河崖墓

考古发掘证实，这一时期，铁制农具、铁制工具等已在仁怀境内大量被使用。这就意味着，该地区拥有了先进的生产技术、生产工具，在质地相对较软的砂岩上凿石造墓变得更加轻松。

需要说明的是，使用铁制工具开凿五岔河崖墓的不一定是本地工匠。大量证据指向显示，作为汉代全国重要冶铁中心之一的四川，已形成“匠人集团”。这些匠人带着铁錾、铁钎等工具，在今天的川黔渝地区谋生，开凿崖墓便是他们的业务之一。而这种以石雕、石刻为主要谋生手段的“匠人集团”，至少延续到宋代，甚至更久。有研究者认为，现存于赤水河流域的大量精美宋墓，与此关系密切。

匠人开凿五岔河崖墓这一事实表明，处于五岔河两岸的台地，在1000多年前的汉代已是人们聚落地，并有了较高开发程度。同时，生活在这里的濮人（也有可能是外来军户），享受到了铁制农具等带来的实惠。

当然，代表先进生产力的铁制农具给濮人带来的实惠肯定不只是凿石造墓，还有农耕水平的极大提高，以致粮食作物产量增加。

在我们早先调查的赤水河地区崖墓中，有石刻文字显示，开凿一孔

仁怀博物馆展出的汉代铁制农具

同类崖墓的成本为“直（值）钱五千文”“米八十石”。按《中国经济通史——秦汉经济卷》的记载换算，一孔崖墓的造价约为2500斤大米。

这就说明，汉代聚集在五岔河边的这群濮人，由于生产技术的提升，生活水平有了很大提高。同时，尽管当时国家战乱不断，但地处偏僻的赤水河流域相对封闭，受到的干扰较少，生活于此的濮人，不仅能够吃饱、穿暖，还有了在巨石与悬崖上修造阴宅的经济实力。

在今天的仁怀市境内，崖墓不仅出现在五岔河，还出现在桐梓河、观音寺河两岸的其他村庄。这种现象表明，崖墓极可能成为那一时期人们的另一种丧葬潮流，并逐渐由赤水河两岸地区向更加深远的山区扩散，且主要是沿着河流分布。

从五岔河崖墓形制推测，墓主人生前极大可能是平民。他们的生活水平与同时期数公里外赤水河边的豪强相去甚远——汉代合马、二合两地的富人们去世后，虽然采用土葬，但其陪葬品十分丰富，包括弓弩等进攻性武器，以及代表富足程度的陶屋、歌舞俑、庖丁俑、大酒瓮等。

我们认为，两种迥然不同的墓葬形式，在一定程度上分别代表了该时期仁怀平民、豪强的生活水平。两种相去甚远的生活水平，基本上反映了汉代仁怀境内的总体经济发展水平。

百岁桥背后的仁人义行

◎黄黔华　沈冰洁

罐子口河段

赤水河边，仁怀著名的人文遗迹罐子口，茂盛的黄葛树和日渐残破的四合院是昔日小镇繁华的见证。

罐子口，因赤水河在此形成一个状若坛罐的河湾而得名。附近出土文物表明，罐子口一带已有两千年开发史，在较早时可能就已成为场镇，并是重要的隘口。

但罐子口一面临河、背靠大山，中部还有两条冲沟，限制了场镇的较快发展。自明末“平播战役”后迁入该地的赵氏，尽管实力强大，也只能很无奈地避开冲沟，在远离渡口的半山坡上建房。

赵罗氏，是清道光年间赵家娶进门的一个媳妇，娘家与夫家隔着一条赤水河。此时的赵家，在经历了改朝换代后，已不再拥有军户身份，成为一个普通的农民家庭，只是相对其他人家稍微富裕一些。

赵罗氏的丈夫名叫赵柄，英年早逝，只活了 30 多岁。此后，赵罗氏操持着一大家人的生计。

已经 80 岁的赵汝松，是赵罗氏的直系后人之一。在他家里，保存着一本据称是“抄录历代家谱”而成的新家谱，有两斤重。“老太太很硬气，也很仁义，在周边的口碑很不错。”赵汝松说，上了年纪后，老太太经常坐在家门口，看赤水河上船来船往，看罐子口人来人去。

那时候，赵罗氏居住的房屋就在今天罐子口四合院的后面。房屋一侧有一条冲沟，宽约 4 米，遇上下大雨涨水，沟上搭建的简易木桥经常

被冲毁，人们无法涉水过沟，只能爬山绕路而行。

赵罗氏在年入古稀时，曾当众许愿说，如果能活到 100 岁，她就要在罐子口集镇的冲沟上修一座石拱桥，方便人们来往。

在技术条件和经济条件都欠缺的年代，修一座 4 米左右的石拱桥是一项大工程。众人觉得，老太太只是说说，肯定无力实现，而且她也未必能活到 100 岁。毕竟，即便是清代皇帝，平均寿命也才 53 岁左右，而缺医少药的平民平均寿命更低。

但赵罗氏真的活到了 100 岁，成为按例可以载入县志的人物。“仁怀、桐梓两县的知县，提前就为她祝贺生日，还写了‘魁寿孀应’的寿匾。”赵家的另一位后人赵奎说。

百岁寿诞宴会上，赵罗氏宣布要兑现当年许下的愿——修桥。

赵氏族谱中未记录赵罗氏修桥一事，《遵义府志》《仁怀县志》中对此也仅有一句话，许多修桥细节已无从知晓。但可以确认的是，赵罗氏随后几乎是倾其所有，并将所有心思都用在了修桥上。

历时 5 年，赵罗氏出资修建的石拱桥终于建成，命名为“百岁桥”。

旧时，桥梁建成后，都要举行类似今天通车、通桥仪式的庆典活

据称知县所赠寿匾

动。在民间，这种庆祝活动叫“踩桥”。按照习俗，组织踩桥活动的“头人”，要发红包给第一个过桥人，后者又会将红包捐出，再恭请众人过桥。随后，其余过桥人也会送上红包，并由“头人”打开，一一宣读金额，并念出名字。红包内的钱，最终会被作为捐赠，用作弥补修桥经费不足或用于新桥的后期装饰等。

“100 多岁的老太太高兴得很，还亲自担当‘头人’，组织踩桥。”赵汝松说。

赵罗氏修建的石拱桥，采用本地黄砂石修建，长约 5 米，宽约 4 米，两侧还有高约 50 厘米的石护栏。“小时候，我们都还经常在这座桥上玩。”赵汝松说。

20 世纪 90 年代，一场山洪冲毁了年久失修的百岁桥。此后，原址上修了公路，建起了公路桥，百岁桥留在了老一辈的记忆和口碑中，还有县志、府志中。

从远古而来的赤水河劈破群山，一路奔腾而下，直通长江，孕育了千年古邑仁怀，同时也造就出万千沟壑、幽深峡谷。长期以来，人们被沟壑和峡谷阻断前路，“看到屋，走到哭”，是这片区域的交通写照。

为了生存和发展，人们在适应自然的同时也不停地筑路架桥，推动流域文明不断前行。百岁老人赵罗氏修桥的故事，正是人们改善交通的见证，同时也是仁怀义举善行的见证。

如百岁桥一样，仁怀境内由民间自发筹资修建的桥梁和道路以及义渡还有很多。由于各种各样的原因，它们当中有很多已消失，但仍有一部分存在，甚至有的仍在发挥作用。

梳理发现，自清代以来，仁怀境内由官方倡导修建或完全由群众自发修建的道路、设置的义渡很多，不包括民间口碑记录或未登记碑刻记载，仅是由官方明确文字载入的道路超过 200 公里，桥梁有 14 座。

道路方面：如乾隆五十九年（1794 年），李博里庠生王尧章，乡约胥国珩、梁志绣，江西客长罗德永等人，历时两年，筹资修建蚂蟥沟、庙

观音桥

林场、水渡河、大槽等处经长干山至遵义的道路，全长 45 公里，当时的知县顾廷愈也捐资 64 两银子，并刻碑纪念；乾隆五十八年（1793 年），乡人傅文提（碑刻为傅文捷）牵头，筹资维修岩桑溪盐道；嘉庆二十五年（1820 年），黄天才、刘世臣牵头修筑大渡口段道路；咸丰二年（1852 年）张显贵、刘子朋牵头维修沙坝河段道路；清中期，小湾铁匠坪人陈天爵（又名陈焕章）独自修筑四川至贵州茅坝石梁坝 40 多公里道路等。

桥梁方面：乾隆三十三年（1768 年），知县陈于莲发出倡议，号召士绅民众捐资修建浴泉桥，沟通生界至木石村古道；道光十九年（1839 年），鲁班人孟启凤举合家之力两修生生桥；清中期，小湾铁匠坪人陈天爵修大桥、两河口新桥；乡人黄远禄修建城南的一元桥；黎仕龙、冯有章先后修建吴马口（今五马）万寿桥及茅坝石拱桥；陈启敖、王乾榜募修高大坪老鹰岩观音桥；李树章、陈映熙等牵头募修五岔石拱桥等。

此外，清代以来，仁怀还曾设置过多处义渡。比如，光绪十七年（1891 年），陈天爵、陈王氏、陈彭氏捐献资产，在位于川黔交界的茅坝新渡设置义渡；道光二十七年（1847 年），黎明街上的八旬老翁柯道辉，在士绅中化募，造新船、招渡夫，将鄢家渡改为义渡；清光绪末年，富翁刘凤翔捐 8 石田产，设置草帘溪渡口；清末二合监生张树本、庠生田荆等募资，设置二合树渡口；民国初期，陈泮香捐献资产，招募黎姓渡夫，设置渡口滩义渡等。

这些或由官员倡导，或由士绅牵头修造，或由平民捐修的道路桥梁、设置的义渡，为那个时代的仁怀乃至整个赤水河流域经济发展和社

穿行峡谷的赤水河

会进步提供了巨大支撑，同时也成为仁人义行的实物证据，是今天仁怀市“仁义为怀”城市精神的注脚。

那么，明末到民国初期，尤其是清代，人们为何热衷于捐修道桥、开设义渡？地方文史研究者认为，以下两个方面的原因刺激了人们实施义行善举的热情。

首先是传统的积德行善思想。善是中国传统文化中最重要的特质和核心价值。历代帝王和圣人都倡导人们向善，要有仁人之心。孔子说：“见善如不及，见不善如探汤。吾见其人矣，吾闻其语矣。隐居以求其志，行义以达其道。吾闻其语矣，未见其人也。”孔子讲的善是一种发自内心的道德要求，以至于见到些许小善便去实践，见到不善的东西则要赶紧避免。这种友善在发展过程中，形成了中华民族以善为美的道德风尚。清代编印的《德育古鉴》一书，倡导人们“日行一善”，通过“日行一善，功满三千”等达到积善成德的境界，鼓励人心向善。

修路造桥，则是善的表现。明代思想家袁黄的《了凡四训》中讲常熟徐凤竹中举故事时，就说这是因其父荒年接济乡民、修桥补路的因果，认为修桥筑路是福及后代的大善事。

因此，很多人尤其是有钱和有威望的人，就把修桥筑路当成积德行善、庇佑子孙飞黄腾达的大事来做，也能达到扩大自身影响的目的。

其次是实际需求。地处西南腹地的仁怀，由于自然条件和历史原因，交通等基础设施长期发展滞后。清代，仁怀成为南铜北运、川盐入黔大通道，商贸日渐兴隆，而国家筑路修桥的预算不足，甚至连修建“国道”的经费都不够，更别说连接主道通向四方的道路、桥梁。于是，当时的统治者，为了解决财力不济、无力偏远地区发展的困境，便充分利用人们对善的理解，许以恩惠、加以引导，以官倡民修方式鼓励地方士绅、里首、乡约等，带头捐资或牵头募修道、桥，并在道、桥建成后赠匾、刻碑纪念，或是给予一定虚职功名。

迫切希望更好交通条件的人们，出于自身发展和后世留名的需要，在国家政策刺激和地方头人带领下，一呼百应，积极募修道、桥。而在这一类义行中，对于交通环境改善需求更迫切的商贾往往是主力军。比如，仁怀岩桑溪盐道、三百梯盐道的修整捐资名单中出现了大量商号、盐号和烧房的名字。

当然，仁怀人“日行一善”的行为不限于筑路修桥、开设义渡。比如，茅台镇的何善人碑记载了一位农民为过往者提供茶水、送照明火把等小事，而这些也都是今天仁怀市“仁义为怀”城市精神的珍贵底本。

茅坝生生桥

◎黄黔华　易雅洁

五马河流出集镇后不久，进入仁怀市茅坝镇的一段幽深峡谷。站在峡谷顶部，俯瞰谷底，行人若蚁。

河谷底部有一座修建于清代的石拱桥，两端皆有石鼓状雕刻。桥头崖壁上是“生生桥”几个摩崖大字。题字者是当过遵义知府，也任过上海知县的平翰。

这座被写进《续遵义府志》的石拱桥，在民间多被称为“孟家桥”。

平翰书“生生桥”

这种称呼承载了这座石拱桥的由来，更表达了群众对建桥者淳朴的情感。

五马河，原名照渡河。平缓的小河，流过五马集镇周边的坝子后，一路汇聚支流，逐渐壮大，在茅坝镇境内冲入峡谷。昔日盐道，忽而悬于直插云天的崖壁之上，忽而跌落至幽深谷底。

生于乾隆二十年（1755 年）的孟启凤，曾是这条盐道上的背盐工之一，早年从茅台背盐到金沙维持生活。

照渡河两岸的盐道，下游湍急的河流，孟启凤不知走过多少遍、趟过多少次，多次亲见同行被河水冲走的情形。他曾立下誓言：等我一旦有了钱，就在这里修一座桥，免得再淹死人！

后来，孟启凤省吃俭用，购买了马匹驮运盐巴，加上儿子成年帮衬，家庭逐渐积累起财富。晚年的他，决定了结修桥心愿。

孟启凤和妻子吴氏一共养育了 4 个儿子。开家庭会议时，尽管有一个儿子不同意，但由于有妻子吴氏的全力支持，加之自己掌握财权，修桥之事很快就确定了。

立于桥头的石碑记载，这次修桥孟启凤动用了“千余金”。但天不遂人愿，即将完工之际山洪暴发，选址不当的石桥被冲毁。

这是 1821—1822 年的事。

钱花了，心愿未了，孟启凤受到打击，曾打算放弃修桥。不过，妻子吴氏劝他要有始有终，继续把桥修好。于是，时隔十多年后，孟启凤从遵义县大田坝请来石匠毛世选、毛维标父子，并和他们一起沿着照渡河重新选址。

立于桥头的石碑称，此时的孟启凤八十有六。同时，因上次修桥，加之遭“贼人所穷”，家中仅有钱 400 余串。为了修桥，他卖掉了家里的稻米以及部分田产，才凑齐费用。

但孟启凤最终未能见到大桥落成。他去世后，已有了生员身份的三儿子孟先春接续了修桥任务，以了父亲心愿。桥头竣工碑显示“自戊戌年（1838 年）七月二十六日开山”，至“乙亥年（应为 1839 年，乙亥年

生生桥

应为原碑文错误）四月初二日踩桥功完”。

新建的石拱桥长 50 米，宽 5 米。桥上还安装了石鼓鱼龙状护栏，桥拱下悬挂了一柄利剑，以求吉利。

为了纪念父亲修桥的事迹，孟先春将桥命名为“启凤桥”。时任遵义知府平翰在听说孟启凤两次修桥的事迹后大为赞赏，题写了“生生桥”桥名送给孟先春。孟先春随后将“生生桥”三字镌刻于桥头崖壁之上，并铲掉了原来的“启凤桥”三字。

值得提及的是，遵义知府平翰将孟启凤建桥义举上报时任贵州巡抚贺长龄后，贺认为是件好事，又奏请朝廷奖赏。朝廷按贺长龄所请，赐给“乐善好施”四字，并准许自行建坊。

但直到今天，当地群众还是习惯将这座石拱桥称为“孟家桥”，感恩孟启凤及其全家的善举。静谧峡谷中，附生着杂草却依然坚固的石拱桥，不仅承载了当年川盐入黔带来的繁华，还有盐工孟启凤及其家人为善最乐的情怀。

怀南第一桥

◎黄黔华　易雅洁

仁怀南部的五马镇古称“吴马口”或“吴家码头”，是一座文化底蕴深厚的古镇。旧时商旅进出五马镇，都要经过横跨五马河的三孔石桥。

五马的三孔石桥位于五马集镇上游入口的官木崖下，长 35 米，宽 10 米，单孔净跨 10 米，最高处距河面 5 米，修建于道光二十二年（1842 年）。

这座三孔石桥有“怀南第一桥”之称，最初叫“籍寿桥”，又叫“万寿桥”“红岩桥”。不过，现在人们习惯称它“三洞桥”，少有人知道其本来名称。

“籍寿桥”秉承了黔北地区古石桥“两边低、中间高”的建桥风格，但又结合了现场地形条件：一端是 9 级台阶上桥；另一端则直连天然崖壁，有 13 级通往崖顶的石阶。

桥西的崖壁，目测垂直高度 10 米，布有小型的天然孔洞。崖壁上还有数个楔眼以及“牛鼻孔”。楔眼是当年为建桥或开凿石阶搭建支架时开凿。离地面 1 米多高处，人工开凿用于拴系船只缆绳的“牛鼻孔”，或说明此处原先可能存在一个小型水码头，对应着“吴家码头”地名来由的说法。

但令人费猜的是，在五马坝子上，人们完全可以在其他任何一处平坦河段轻松架起一座桥梁，但“籍寿桥”却偏偏选择了集镇临河面唯一的崖壁之下。

一般认为，地处赤水河上游的五马坝子，四面高山，形似盆地，雨

三洞桥

季易汇聚山洪，路、桥建于坝子容易被淹，因此工匠们选择了这个唯一的山崖。同时，建桥之处也是坝子中最狭窄的平坦之处，官木崖与对面山坡间的直线距离最短，道路更容易避开水淹。此外，桥的一端直接连通崖壁的阶梯，也节省了单独修建上桥台阶的成本。

桥头摩崖“中流砥柱”

还有观点认为，“籍寿桥”的选址体现了冷兵器为主时代的军事防御思想。因为五马集镇位于平坦的坝子上，除了外围五马河外，几乎无险可守。于是，设计者决定依托官木崖地形，将进出通道引向险峻之处，有意营造“一夫当关，万夫莫开”的环境，以提升集镇的防御能力。

现在，我们已无从查证设计者和建桥工匠们的想法，只能根据当时的历史条件和五马地形特征来推测。这些观点，并不一定是当时五马主政者和工匠们的意图。

历史上，五马曾为军事要隘。绍定六年（1233 年），袁世明领兵入蜀镇压反抗土著，母友贤奉命带兵进剿仁怀，平定后，母友贤之二弟母友政镇守五马口。崇祯三年（1630 年），巡道卢世安曾分兵于此驻防，以监视水西动静。

昔日五马镇，还是川盐入黔的重要通道，早期还叫“兴隆场”，场址距今天场口大约 1 公里。据称，当时这里有 3 家大户，分别姓吴、洪、刘，其中最为富裕的是刘家。后来，刘家、洪家衰败，吴家继续兴旺，并娶了马姓女子为妻，但没有孩子。吴（据《仁怀地名——历史人文知见录》记载，但文内及其他资料中均以姓载，无具体名字）去世后，妻子马氏掌管家业，她认为死后财产会落入他人之手，还不如拿出来做善事。于是，她便将财物拿出来，交给地方人士修建条件更好的街道，也由此使得人们赶场之地向新街方向迁移。由于新街口正对着河边的渡口，人们便把这个新场称为“吴马口”，渡口则称为“吴家码头”。

清代以来，从茅台渡口起岸的盐巴，经过五马等地运往金沙、黔西等地，而五马是穿行崇山峻岭的古盐道上不可多见的大坝，条件优渥，由此成为商旅的重要歇脚之处，也留下不少文化遗存。

“籍寿桥”西端崖壁上有一幅摩崖石刻，上书“中流砥柱”，每个字约 40 平方厘米，落款为“民□念八年五月”“石阡刘继尧题”。据称，刘继尧是黔军将领之一，带兵经过此桥休息时题写了这幅字。

此外，在石桥的两端，原来还各有一块石碑，分别是民国时期仁怀县县长吴鸿基所题“为民先锋”，以及光绪二十三年（1897 年），由当地冯光权、熊天枢、郭金科等 15 人刻立的“禁捕鱼碑”。

禁捕鱼碑

“禁捕鱼碑”全文为：

遵示严禁：

盖闻太上有好生之德，人皆有恻忍之心，鱼有比目遨游，亦是生灵。以及红岩桥善是好大，众善商议，公禀禁河，蒙恩赏准定界：上游大坝河、下至杨角屯止，凡渔夫往来，各请远方，休在此处下网，以免遭人难。虾鱼片游，亦是上流下渡，觅食为生，往有打鱼之徒，逆日投网害生，想人亦是贪生，何况虾鳅鱼鳖。前任吴公出示禁止，现林通出示严革，无许此处下网害生。故以诸公奉示镌碑，淳淳告戒来者，若不遵示令，成下网者，被地方首士拿获送官，自甘重罪，奉告渔夫上体邑侯，下体诸君。生灵深感如是为序。

乡谊：冯光权、郭荣照、梁学文、王秉发、陈九卿

场着：熊天枢、梁坤儒、王秉文、王秉锭、郭全春

住持：僧恩位

经首：郭全科、徐桂芳、车应文、苟永祯

匠士：杨诗学

光绪二十三年丁酉岁全月朔四日谷旦立。

“禁捕鱼碑”是构建五马生态田园的重要内涵，是仁怀传统生态文化延续的见证，是历代仁怀人敬畏自然、与自然和谐共生的生动写照。立碑者的后人们，牢记祖辈之训告，巡河护鱼，关煤矿、纸厂，发展生态休闲农业，成为源源不断的发展动力。

寻迹仁怀

XUN JI REN HUAI

营盘·洞寨

盐道怀阳洞

◎黄黔华　冯泽宇

出仁怀城区约 10 公里，有一处清幽之地，即位于盐津河峡谷之上的怀阳洞，是早期仁怀八景之一，洞中钟乳石纵横交错，洞顶石幔悬挂，形态纤巧玲珑。

怀阳洞地处仁怀市坛厂街道怀阳社区。怀阳洞周围还有落水洞、虎鸣洞、出气洞等洞穴，洞与洞相连、上下几层，与沟壑、峡谷、绝壁、瀑布、溪流、深潭融为一体，形成独具魅力的风景名胜，统称为怀阳洞景区。

幽深的环境，使得怀阳洞成为动植物的理想栖息、繁衍地，也为部分易受干扰的生物提供了屏障。2022 年，野生植物研究者在怀阳洞地区，不仅寻找到贵州特有植物，还采集到一种新发现的植物品种，并拟以“仁怀”命名。

怀阳洞最具文化艺术价值的是洞内的摩崖石刻，以及因古盐道穿行留下的深刻历史烙印。据《遵义府志》记载：“怀阳洞在仁怀城南二十里，奇嵌怪石，洼曲玲珑，琉囊贮秋，炎景在外，自更生界旧路，由遵往仁道经洞中，停舆息担倾刻思卧……中多石刻，仁怀第一胜处也!”

怀阳洞洞身很短，如拱门一般，以前从仁怀县城到遵义，大路要从这里穿过，故称为“穿洞”。清代仁怀直隶厅同知陈熙晋的诗词这样描述怀阳洞的模样及重要通道功能：“行人出入于其间，洞非洞兮路非路。南达牂牁北犍为，天然关键扼要处。”

怀阳洞洞口

怀阳洞内的摩崖

清代诗人郑珍，曾多次路过怀阳洞，并写诗咏赞：

西出关门囤，路似循舌下尾闾。
中有怀阳洞，仰人呀空启龙胡。
我行长啸入其中，负壁肃立伟丈夫。
孔雀惊人竦翎翼，白虎倒喷苍龙逋。
海山真官四五下，踏云没足端以舒。
不知何者报我至，严饰万象先须吾。
细视乃皆石髓成，矫观中顶更绝殊。
小夫人乳数百道，乳头一一仙草敷。
万古不受雨露恩，元气来往翠不枯。
半世看山此回苦，风炎道险愁仆痡。
因难得妙若有悟，一觉压扁青蟾蜍。
梦回熨眼笋将去，苍苍落日趋前涂。

乾隆五十一年（1786 年），仁怀知县程正坤以其洞所处仁怀县城南面，改名怀阳洞，并题写“怀阳洞”刻于洞内石壁上。“怀阳洞”地名由此正式诞生。而在百年之后，怀阳洞又见证了一段“知县儿当知县”的佳话——

同治七年（1868 年），江苏常州人谈廷桂出任仁怀知县。这位知县在任两年多，恩威并举，有效缓和了仁怀当时突出的宗族械斗矛盾，获得了好口碑。正当他准备推动地方经济建设时，因母病故，只得向朝廷报请丁忧，回乡奔丧。经过怀阳洞时，孕妻临盆，在洞内产下一儿。为纪念这一特殊经历，他给儿子起乳名“怀阳”，并在其长大入学前，起名“仁熙”。

谈仁熙不负所望，经过一番科场拼搏，先在军机处做章京，后经保荐，实授江西湖口知县。但仁熙为实现父亲愿望，上表要求去仁怀“还愿”。他在仁怀 3 年（1906—1908 年），颇有政声。而每逢生日，他都要举家去怀阳洞，追思父母的“生我劬劳”之情。

据称，感恩谈氏父子先后做仁怀知县，有人曾在怀阳洞中写下对联：“怀阳洞产怀阳，知县儿当知县”，横批“当代奇观”。谈仁熙任知县期间，曾在县城城隍庙一副镌刻父亲款识的对联下，加题自己的款识。

《仁怀县志》记载，洞中石刻现有 21 幅（不含现代涂鸦），最早的刻于乾隆五十一年（1786 年），最晚的刻于民国五年（1916 年），时间跨度 130 余年，内有楷书 14 幅、行书 3 幅、隶书 1 幅、篆书 1 幅，内容包括绘画、诗文、楹联等，刻工精美，造诣颇高、文意博大。

怀阳洞部分摩崖石刻上，记载了清末至民国初期仁怀的一些大事。如“怀阳锁钥”摩崖，记载了光绪壬寅秋仁怀县属游匪滋事，朝廷派兵剿办事宜；“中路刺史吴公协安纪念碑”，记载了民国初期仁怀、习水分县划地勘界争议的处置经过。

怀阳洞也是“川盐入黔”的重要通道，穿洞而过的盐道上，盐工们留下的背杵窝清晰可见。历史上，贵州缺盐，主要依赖川盐。乾隆元

怀阳洞内的盐道

年（1736年），四川在贵州边境开设四大盐岸，专门运销川盐。其中，由合江进入赤水河道水陆分段至茅台称为“仁岸”。乾隆十年（1745年），贵州总督张广泗上疏朝廷获准开凿赤水河道，至此“川盐入黔”通道打开。

“仁岸”登岸的川盐，销往贵州近一半的县。其中一条路线是从茅台起运，经石子坝、中米窝、岩栈口、怀阳洞、坛厂、桑树湾、长干山、枫香，至鸭溪交接后，再运往遵义、贵阳等地。资料显示，民国末年，茅台至鸭溪75公里，人力约1000人，马500匹，每人每马载盐量50～75千克，月行约5次，月运量400吨左右。

旧时运盐，全靠人背马驮，劳工之艰辛，途经坛厂怀阳洞时，便在洞中停留补充体力，而后继续向前。此时，路过怀阳洞的盐夫、商人、马帮络绎不绝，在洞口南面便有了茶水驿站，依崖壁而垒，极为简陋，早年在景区开发中拆掉了，依稀间还可以看到一些痕迹。洞中现有阁楼，为近年所建。

同时，为查验税票，保障盐路安全，怀阳洞内设置了检查关卡，周边险要处建有公安寨、羊窝屯等营盘，驻有兵丁。这些营盘，曾先后被避难群众、占山的土匪、农民起义军利用，成为清朝中后期社会动荡、政权飘摇的见证。

“川盐入黔”使“仁岸”繁忙，“仁岸”又带来茅台古镇的兴盛。四面八方商贾云集，为推进茅台镇酒业发展创造了条件。“盐兴酒盛”，怀阳洞见证了这段辉煌的历史，并因其百余年的书刻艺术，成为仁怀历史文化宝库。

1957 年遵仁公路通车后，怀阳洞过往商旅日渐稀少，实现了陈熙晋“我愿黔中山尽开，千门万户无纡回”的夙愿。随着交通环境大提升，如今的怀阳洞静默于深山中，向偶尔光顾的游客述说属于它的故事。

芦竹山访古记

◎龙先绪

芦竹山，又名绿竹山。《续遵义府志·山川》云："在仁怀县治南一百二十里，周七八十里，跨仁怀、黔西、遵义三县之交，岧峣高耸，端拱云中，有若龙楼宝殿之尊，可望而不可及者。为遵义数县之祖山，多芦竹，即以名之。"《仁怀县志·地貌》云："城西南三十六公里，后山乡陇岗村与金沙县交界处，海拔 1681.4 米，为县内第一高峰。盛产芦竹、猕猴桃以及天麻、泡参、黄连、重楼、鹿含草等中药材。"又《续遵义府志·寨堡》云："芦竹山寨，仁怀县南，与白云山对峙，耸拔秀丽，绵亘十余里，高如之。周围四十余里，四面险绝，山顶有泉，竹树蒙密。同治初，号匪焦老五踞数年。"又《仁怀县志·大事记》云："同治五年九月，清廷令刘岳昭严饬谢景春（记名提督）等进攻芦竹山""十月下旬，刘岳昭召集总兵宋华美、提督谢景春、副将邹复胜等各部清军数万，于二十八日攻破芦竹山大营子营，二十九日攻破营前石垒。三十日遍布疑兵，断大营饮水，四路伏兵。二更擂鼓总攻，枪炮齐鸣，四山放火，号军伤亡很大，夺路突围。号军首领焦老五率领馀部走大定，谭继虞率馀部走小湾、九仓。清廷诏谕'严令普剿，以绝根株'。此后，芦竹山四周几百里，几绝人迹。"故有考古癖者对于此山，都有亲自登临、一睹尊颜的愿望——我是从中年想到老年，直至退休后，才邀上二三友人登上山顶。

芦竹山，俗呼为"小昆仑"，东西走向，绵延数十里，东面是白云山，西面是横断山。历史上它是永宁宣抚司与水西宣慰司的天然分界线，也是乌江流域与赤水河流域的分水岭。山周围有 100 余里，多丛林茂草，仅低缓处散布一些农田。山上有九井、十三弯、二十四堡，是一个地形复杂、道路崎岖的险要之地。山的南麓是金沙县的箐口乡和箐河乡。从山麓到山顶约 15 里，山面开阔而山势险峻，峭壁悬崖之外，大壑深涧遍布，不易攀登。山上有几道泉水顺山谷流下，水声淙淙，终年不涸。顺溪流而下，形成河谷小平原，是黔西北的产粮沃土。山的北麓在仁怀县后山乡。从山麓到山顶约 10 里，地形多变，崇山峻岭，邃谷深

溪，只有几条羊肠小道可通山顶。1988年秋，诗人徐世珩登临绝顶，赋诗曰：

绝顶身高立，万峰低足前。纵目天地外，觅句斗牛边。人世惭无补，昆仑到有缘。白云随杖履，讶我是飞仙。

六合秋光霁，登高眼倍明。遥天悬帐幕，大地展棋枰。日月身边过，烟霞足底生。披襟发清啸，应遣鹤鸾惊。

芦竹山

贵州于1854—1874年20年的时间里，在洪秀全太平天国运动的影响下，先后爆发了多次各族人民大起义，由于它们发生在清朝咸丰、同治年间，历史上称“咸同之乱”。

1854年8月，清政府称为“缘匪”的灯花教首领杨隆喜在桐梓县起事，之后，占据了遵义城外的雷台山。清将赵万春攻占雷台山后，杨隆喜率众向黔西转移，并宣布其教义：反对官府豪强，反对阶级压迫和民族歧视。其称入教为“在缘”，以持斋拜灯为“修道”，以战死为“披红袍升天”。“在缘”者团结平等，互难互救，有利同享。故参加者众，占据了黔西北大定县之半，后被大定知府曹朗和团首多人残酷镇压，教军首领或战死，或被捕，或逃亡，或潜隐。但“缘匪”教民的活动仍未停息。

另外，有威宁、水城、大定、毕节等县的彝民、苗民，不堪封建地主阶级压迫和民族压迫也发动过多次起义，如1857年苗民14 000余人在韭菜坪起义，摧毁了以机、青兄、差朗3个土司衙门。1861年水城白议苗民起义，聚众数万，略地至大定，后发展到10余万人。之后，两股起义军汇合，声势更为壮大。就当时形势来看，已形成以大定为中心的局势，在东面活动者为教军（“缘匪”），在西面活动者主要为苗军。

1856年9月太平天国内部发生分裂后，石达开率十几万精兵向西出走，由广西北上进入贵州，1861年3月到达毕节，在苗军的有力支援下，与官军每次决战都取得胜利。石达开由毕节到新场（今金沙县城），一路有不少的苗军、教军和大量的贫苦农民踊跃参加太平军。石达开在新场召开军事会议，确定入川路线。鉴于苗军、教军乡土观念浓厚，无远大谋略，组织纪律涣散，故选其精锐又愿随太平军北上者编入部队主力。剩余的留下在大定、黔西一带坚持战斗。太平军的目的是进窥重庆，受重阻之后返回贵州。石达开第二次过新场，并未久留，但留下了不少太平军人员，有的是有组织的队伍，与官军正面对抗；有的避实就虚，在官军会剿的缝隙中生存，但大都与苗军、教军联合作战。

太平军入黔时，有一位叫傅王的将领曾带领劲旅，“历陷都匀府县”（提督郎岱人赵德光奏报语），夺取关防印。他在川南作战时，太平军由川回师返黔，他这支军队掉队了，1863年5月才由南川、綦江退至仁怀。石达开已移师西进，他与主力部队失去联系。1864年在黔西活动的黄号军汪草登与黔西苗教军谷二、谷三等率部进入仁怀鲁班场，傅王与之联合，于六月初八攻占仁怀县城，击毙知县马钧。九月初十，遵义团总唐春及仁怀团总蔡永清、蒲正相等反攻仁怀，傅王率众出走冠英场、鲁班场、吴马口到黔西平坝、新场。

傅王本拟率师西进与太平军主力会合，但距主力部队越来越远，兵力单薄，沿途又有官军狙击，不易冲出重围。进退两难之际，黄号军军师焦联升（亦称焦老五或焦五公）与彭大桶桶苦留傅王驻扎新场，说：“翼王已经远去了，不如就在这里扎下营寨，暂时栖身，再打听翼王的消息了。”傅王应允，乃议在平坝建营。

焦联升是大定乌尼河人，因“在缘”，全家被官军杀害，他逃匿在后山冷水田寨坝，更名焦老五，往来于金沙箐口罗三桂家。罗三桂与彭大桶桶也是“在缘”者。箐口就在芦竹山下。傅王在平坝修营，先锋官何麻二说：“平坝无险可守，不足倚恃。”焦联升建议在芦竹山修大营。何麻二说：“山上无水，不可修营。”焦联升说：“我有法术，可以祈天得水。”（芦竹山上原有井，焦联升、彭大桶桶暗将井口掩盖，并在山上埋一铁炮。）于是何、焦二人共往芦竹山。焦联升假做祈祷，揭开井盖，泉水喷出，又掘地得预先埋铁炮，装药试放，炸为三节。焦联升借机说：“这就是连升三级之兆，大吉大利。”何麻二以为神，报告傅王，傅王决定在平坝扎营，以芦竹山为根据地，修建大寨。这样，太平军与苗教军联合驻扎的芦竹山根据地就建立起来了。

太平军与苗教军在芦竹山以垒石为墙，修筑大寨，营房、仓库都建在大寨中。又在大寨之东建立罗家大营和排山大营，作为分寨。在半山险要之处垒石为卡，卡上筑堡垒，派人驻守。山下设哨所式的子营，作为大寨拱卫，又向附近征集粮草，屯聚山上，并熬硝炼磺，制造火药，搜集器材，打制军械，建起兵器制作加工坊。在平坝伐木为栅，周围300里左右，号为木城。芦竹山以南，自铁匠坪、九仓坝、清水塘归附的百姓很多。太平军与苗教军占据的地盘跨遵义、仁怀、黔西、大定边境，直径约200里，人数号称10万人，扎营四十八寨，都拥戴傅王为首领。傅王一直未忘打通西道，企图与石达开主力会合。1864—1865年两年间，他联合苗教军两次攻破黔西州城和大定府城，驻守近 7 个月。清廷闻之，极为震动，严旨切责贵州总督劳崇光、巡抚张亮基克期平定，并调四川、云南、湖南三省之军入援贵州。同治四年（1865 年）六月初五，官军进黔西城下，把太平军团团围住，傅王率将士死守。因叛将刘大鹏为内应，城破，傅王为乱军所杀。太平军死亡 2000 多人。剩余残部撤回芦竹山大营。

自傅王牺牲后，芦竹山大营失去了核心人物，领导责任落在焦联升、何麻二等人身上。他们资望不如傅王，也提不出有号召力的政治口号，也没有领导大规模军队的能力，仅凭"在缘"或绿林义气来团结群众。附近小股起义军渐渐离开，各自独立。但他们并不消极，仍以芦竹山为根据地，并另在化竹窑设先锋大营，随时向黔西、大定一带出击，攻占一地，就把粮食、布帛、人口、牲畜都送到芦竹山上。1866 年正月初一，号军乘黔西守备松懈，偷袭黔西州城，十六日又间道奇袭大定府城。大定、黔西两城再被号军袭破，大定知府马应堂忙向上司禀报。适值云南布政使刘岳昭率滇军在贵州"戡乱"，朝廷便饬刘岳昭率滇、黔军会剿芦竹山号军。

1866 年秋，刘岳昭调集滇军、黔军，会合遵义、仁怀、黔西、大定、毕节团勇，共五六万人，进剿芦竹山。先扫平芦竹山周围地带，然后进攻芦竹山大营。兵分三路：一路贵州提督谢景春、副将邹复胜等由大定、黔西向新场进攻；一路命总兵吴安康率部廓清仁怀鲁班场、吴马口、龙仓坝一带；一路命副将周洪顺率部将遵义兴隆场、马蹄石、西安寨、泮水一带的起义军逼降。又知会云南巡抚岑毓英以滇军牵制猪拱箐一带的苗军以防援应；知会川军堵住清水塘鱼塘河，防止号军渡赤水河逃亡四川。布置既定，刘岳昭坐镇黔西、指挥各路兵马。10 月初，官军逼近新场，与号军在五里坡、鼓楼等处交战，官军人众，火器猛烈，号军战死 1000 多人，退到来苏场。官军再举进攻，杀死号军六七百人。残兵一部分溃走芦竹山，一部分逃亡平坝。官军乘胜追击，在平坝以东码头上打败号军，又杀死几百人。平坝无险可守，号军全部撤往芦竹山大营。

刘岳昭、谢景春、邹复胜，闻前军获捷，都来到新场，又添调总兵宋华美率师前来助战。官军几万人围困芦竹山。10月28日，发起总攻，山下的子营被逐个攻破，号军死六七十人，余众奔回山上。29日，官军攻破前山几个石垒，号军又死了60余人。30日，官军塞断号军汲水道路。号军将军黎白旺来争夺，被官军杀退，黎白旺等23人战死。官军又命人在山下要隘处遍插旌旗，以为疑兵，山上号军望见，惊恐异常。30日夜，官军分兵埋伏，等候进攻。先在各营拣选劲勇数百名，手持藤牌枪炮，身带登岩壁工具，准备突击。派副将杨应顺率兵数百名，于四山丛莽，因风纵火，并带火箭、火炮等物，攻烧寨栅。后队则手持火炬，擂鼓呐喊，以助声势。三更时分，由邹复胜、宋华美率领的主攻部队，向山上施放枪炮，进行仰攻。号军凭垒死守，将滚木、礌石从山上倾下。山下火势猛烈，山上有险可恃，双方互有伤亡。逾时，放火之军在山周围到处纵火，总兵谢景春、刘维耕、胡竭其督队抄到山后，夺取了几个石垒，命士兵凭高呐喊。一时枪炮声、喊杀声，在山谷中震响摇荡，山林火、火器火照得崖谷通明。号军见官军势大，惊愕异常，死伤逐渐增多，抵抗也愈加减弱。过了两个时辰，谢景春、邹复胜、宋华美率兵将前墙轰破，伏兵蚁缘而上，越聚越多。号军且战且走，纷纷突围，逃跑不及者均被官军杀死。焦联升、何麻二虽是久经战阵之将，至此，也难以维持残局了。这一仗，刘岳昭向清廷奏报说："自巅至麓，被官军混杀者一千三四百人，堕岩落涧者无算。擒斩伪元帅潘有明、徐大五、蔡玉成、石明星等五十余人。据供'黑夜火起兵多，焦、何二逆不知下落'，当有破黔西、仁怀、荔波之伪平西侯谭继虞、谭半二、蒋廷彪、周辅臣，杨大满、杨二童等，本在山内，兵至先逃。"又说："十一月初一、初二日官军追至安洛河、百纳场，沿途毙匪五六百名。其馀残匪，悉向乱山越窜，该处绝无人烟，未便穷追，始行收兵。"（见《东

华录》)

焦联升、何麻二在荒乱之中出逃后，隐藏在大定东多大山中。1867年1月，他们到雨国仲（地名）活动，终于被刘岳昭的先锋吴元标、全大山全部消灭了。傅王领导的太平军和焦联升领导的号军在芦竹山建立的根据地，被官军血洗摧毁了。刘岳昭、谢景春等人把芦竹山附近划为“匪区”，下令普剿。总兵宋华美驻在新场，纵使官军四处烧杀。平坝、箐口、里毛、岩孔、后山一带的村闾，几乎被官军烧光。因太平军来时，苗民大都归顺，青年人多有参军，被官军称为“匪”，有此罪名，便立即“正法”，特别是后山、箐口一带的苗民，受祸最惨。

为使我们游山时避免“如入宝山，空手而归”之嫌，故未进山先说事，同时也是遵依古训“兵马未到，粮草先行”之意。准备充分之后，我们终于在2022年5月3日早上，由县城出发访芦竹山了。同行者为莫君论章、母君先炯。莫君率先与后山友人彭模坤老师联系，请他做向导。到他家时尚早，但他热情好客，款待酒食，殷勤不绝。当言及登芦竹山时，他则“王顾左右而言他”。只在屋角向我遥指谁是芦竹山，谁是白云山，就算游山了事。究其原因，他并未上过此山，也找不到路，再者天气多日未晴，山路易滑，怕我们体力不支，难吃游山之苦。一腔登山热情，到此顿觉失望。时间很快亭午，我想：到不了芦竹山顶，到山脚也行。知道进山路口，下次便于登山。在我的坚持下，彭老师只好带着我们在山丘之间往返寻路，终于发现从芦竹山东面流下的山溪边隐隐有一条山道往上。此时，天宇阴阴，溪风嫩嫩。我们禁不住往山上走，一路水声潺溪，野花馥郁，娇鸟啾啁。越往上路越陡，荆棘丛生，芦竹遍布。有时俯身而行，有时披荆而过，但同行者匍匐而上，贾勇而进，谈笑之间不觉已到大垭口。往南俯视则是金沙箐坪乡了。再掉头西望，芦竹山还在半空之中，我们虽还有余力可上，但终找不到路径，仅在大垭口盘桓啸歌，“风乎舞雩咏而归”矣！母君先炯尝以诗记此行：

车行到尽头，拄杖去探幽。草没樵夫路，林遮野水沟。一弯花弄影，遍岭鸟吟讴。尘世伊谁念，空山任兴游。

久雨洗晴空，群峰极目雄。倾情寻古迹，越岭拂凉风。匍匐登山顶，盘旋上碧穹。步到云深处，呼啸入鸿濛。

时光过得真快，不觉已到重阳节，莫君论章独自登芦竹山，回来示我以诗曰：“芦竹山高梦几回，重阳拾级点兵台。残垣无语硝烟没，旧垒多情鼓角哀。且问浮云驱将帅，唯将慨叹寄蒿莱。山风讵解争锋味，散涣山原话劫灰。”谈次，余心有戚戚焉，莫君知我心结，毅然许诺找时间再同我登芦竹山。于是 11 月 6 日，我又与莫君论章、母君先炯，更邀仁怀市政协教科卫体与文化文史委主任袁勇同志再次登芦竹山了。

这次莫君对路道很熟，车子直接开到入山口处，从此，蹬着乡政府新铺的步道上山。我们沿着缓缓的山道前行，抵达我们前次的终点大垭口处，然后向西往芦竹山半腰横行，约两华里后直上。左右两面皆大壑深沟，窄窄的路道似鱼脊背，陡似天梯，我们只扶着路两边灌木攀登，只视面前，眼睛不敢旁骛。有几处路边尽裸岩头，不生树木，直视万丈深渊，不禁股栗胆摧，野鸟軥輈，徒增惨切。忽见一壁山崖，横堵目前。辟路者就地取材，已架就木梯。我们扶梯而上，道路逐渐平缓，将渐近芦竹山椒矣。

穿过一大片芦竹丛林，顿觉场地开阔，断壁残垣，突兀眼前。从西往东，一条由南麓村民修建的老旧的水泥大道横亘而出，我们顺着大道往东走，至其山边，便有遗尘块，超霞表之感。冬阳当顶，肌肤如灼。我们就地而坐，饮水食物，以祛饥疲。远处乡间机械作业之声，胥在耳际。遥远与现实，如此相迩矣。之后，我们又由东往西游览，行走在山岔之间，如履平地，山风拂拂，草木微红，仿佛桃源。山间商陆丛生，红色的杆，绿色的叶，紫黑的果实，实为一道风景。我们沿着林业部门砍出的防火带，又陟其巘，越其坳，直至断崖万丈处方回。

芦竹山

旧时太平军与号军修筑的大寨及寨中的营房、仓库，以及在大寨之东分别建立的罗家大营和排山大营，已不可确指，就是民国初年建的“昆仑寺”也不知遗址何处。当年鼓角相闻的军营，如今何等寂寞，仅有夏秋之夜，山上磷光闪烁，若隐若现，森森然有霜露气。沉于泥土之中的箭镞、戈矛，惜无人“自将磨洗认前朝”了。山南麓箐口人说“背了时，就上芦竹山开荒”，意思是希望在芦竹山得到太平军窖藏的财宝。因张岩沟农民张某在上山开荒时从地里掘出一个坛子，里面装有船形的银子、红色的珠子、黄灿灿的耳坠。珠子是玛瑙做的，耳坠是黄金镶的绿色翡翠。银子每锭净重 50 两，上面有“湖北藩库”字样，这东西可以证明傅王率领的太平军是经过湖北武昌战斗的。

我们在山上走走停停，或发思古之情，或抒一事之见，不觉日已晡矣，乃沿来时山道小心下山。之后，又参观了后山乡新建的“木栏关”关门。再后，入彭模坤老师招待的宴席里。夜色降临时，我们驱车回城矣。

芦竹山是一座宝山，珍禽异兽、珍稀药材，应有尽有，四周百姓知道保护，不准乱取。而芦竹笋，每年秋天必须间采，那时采笋人携筐负篮鱼贯而往，早出晚归，竹笋之清香浓郁在山间随风而扬。据说每年有数十万斤竹笋，销到山外。

我在山上拾取的纪念物是瓦片、坛片、碗片、钵片及一捆商陆宿根（开春后拟种于老家园圃）。而母君收获的是诗，得其同意，录下共赏：

不登高处地，夙愿总难平。举步身逾险，沿途鸟伴声。恰逢冬日暖，又喜野风清。旧路荆丛阻，新开道上行。

喘气盘桓上，心惊是鸟啼。天风吹浩浩，竹笋嫩萋萋。越险身无翼，攀登石有梯。千寻岩足底，一看万山低。

登高临绝顶，觅得旧军营。忆昔戈矛远，回头气象生。残垣经雨雪，碎砾没刀兵。石磨沧桑影，犹闻隐隐声。

手抚云烟村，登高不计程。遥观天地景，静听野风声。乱世黎元苦，兵戎峭壁惊。巅峰收远景，一岭纵豪情。

远景收难尽，浮云入岭深。回归求捷径，直下破丛林。路断崖腰险，云寒热血心。抚膺观险象，昂首羡飞禽。

不能通峭避，无奈只回头。仰望来时路，攀爬野水沟。重登峰顶处，再览我神州。天光铺满地，瑞气染清幽。

顶上收风景，怀揣带下山。峰高尘俗少，地静野风闲。远处孤烟直，前头险道弯。才离芦竹岭，又闯木栏关。

归来天已晚，朋友备丰餐。夜色斜阳染，林烟鸟语欢。菜香忘路远，酒醉御风寒。雅趣真难述，归家梦不完。

峡谷之上的公安寨

◎黄黔华

仁怀城外的盐津河峡谷之上，有一座清代营盘，名叫公安寨。这座淹没于灌木林和黄土之下的遗址，是晚清时期仁怀县一段风雨飘摇历史的见证。

公安寨，位于坛厂街道怀阳村境内，地势十分险峻，林木茂密，东西两面被酸草沟和鱼鳅河切割，形成天然屏障，中间沿鱼孔河一条小路进出。

初春时节的公安寨，草木尚未完全萌发，可见灌木掩映的寨墙。入口处门洞上，被描红了的“公安寨”3个字十分抢眼，门顶上有用石块垒成的高约2米的瞭望台和炮台，门内有供人上下的女儿墙。

寨内，荒草之下，残存的简易建筑基础清晰可见。

资料显示，公安寨建于清代同治年间，是谭继虞率领的起义军驻屯点之一，与附近的羊窝屯、公安下寨形成犄角，扼守仁怀与遵义要道，拱卫仁怀县城。

咸同年间，贵州爆发了持续20年的农民起义。起义军攻占了全省八成以上的县，波及湘川滇桂。同治二年（1863年），桐梓号军首次攻入仁怀，由此与清军展开长达4年的“拉锯战”。

被称为“平西侯”的谭继虞，是起义军中的重要将领之一。同治三年（1864年）6月，在桐梓战败后，他率领青号军由綦江经温水等地，攻入仁怀腹地，夺下仁怀县城。接着，起义军欲以县城为中心建立根据地向四周发展，即向清军占领的隘、寨、堡展开攻击。

公安寨寨门

仁怀城外，盐津河峡谷之上的怀阳洞，是仁怀通往遵义的要道，与县城一峡之隔。据传，谭继虞勘察地形后，决定在怀阳洞之上的山顶修建营盘，以保公众安全，并以此命名为公安寨。

我们查阅资料发现，谭继虞对公安寨及周边羊窝屯的利用，可能是加固、扩大，而非新建。它们最早被起义军利用的时间，可前推至咸丰四年（1854 年）。其时，桐梓县九坝人杨隆喜起义，建立“江汉”农民政权，改九坝为“赛波府”，改桐梓为“兴州”，旋即攻克仁怀，改仁怀

淹没于荒草中的公安寨

县为“新开县”，命仁怀银水人杨金为县知事。公安寨作为其屯兵据点，咸丰四年（1854 年），被围困数月之久的公安寨及羊窝屯破，被杀于屯内的起义军 200 余人。

公安寨东、北、西三面背临悬崖峭壁，唯南端有险要的山路可以进

出，是一处典型的古代军事要地。公安寨寨门，建在下寨通往羊窝屯的咽喉之处，具有一夫当关万夫莫开的优势。寨门高3米，宽1.5米，厚1米，上端呈圆形，全用青石块扣成。

作为一处军事营盘，公安寨并不是孤立存在的，与之相呼应的还有下寨、羊窝屯两处营盘。其中，下寨据称为后勤保障基地；羊窝屯地势更为险要，是一处重要的屯兵和防守之地，据称最多时驻有上千起义军。

在此后起义军与清军的反复割据中，仁怀县城几次易手。起义军所依托的营盘，除公安寨、羊窝屯等外，在仁怀境内较大的还有大屯寺、小屯寺、大坝、簸箕坝、九仓、芦竹山等地。

同治五年（1866年）9月初，湘军攻破了公安寨、羊窝屯等营盘，有100多名起义军被俘，湘军将其押往附近的斑鸠岩斩杀后抛入峡谷。谭继虞等人率领剩余起义军，转战芦竹山等地。同年11月，谭继虞战败被俘杀。

咸同时期的农民起义，使得仁怀县域在较长时间内处于战火中，生产和经济、人口遭受严重损失，茅台镇毁于战火的酒坊多达数十家。据研究，清康乾时期，仁怀共有16 458户86 000余人，至同治十三年（1874 年），全县人口降至 15 700 户 79 384 人。

值得提及的是，这一时期，清王朝内忧外患，无力处置全国此起彼伏的起义，于是采取了新的治理方式，通过给予功名，即鼓励各地发展乡勇、乡绅等办法维护治安。在贵州，农民起义不断，各地群众、官府、起义军，或为求自保，或为固守，充分利用险峻地形，修建了大批的营盘。目前，仅统计在册的营盘，就多达 4000 余处。这些营盘，有很多能形成呼应、互补之势，如公安寨与羊窝屯。

仁怀市境内，现存同时期的大小营盘遗址不少于数十处。这些营盘，多处于要道、商镇旁的险要之处，既有起义军、官府修建的，也有很多由当地大户、乡绅带领乡民自发修建。其中，属于群众自发修建为躲避战乱的数量尤多。因此，我们不排除另一种可能，即公安寨最早的雏形，或是乡绅大户为求地方自保而修建的临时避难场所，后来被起义军所利用。

贵州山区数量众多的清代营盘遗址，既是晚清朝廷风雨飘摇、地方社会治理形式的见证，更是人们山地生存智慧的体现。贵州省博物馆馆长李飞研究认为，贵州咸同时期的营盘，巧妙地运用了山地特征，体现了山地民族不被统治的艺术。

仁怀县内洞寨补遗

◎朱明安

仁怀市的“洞”“寨”，在19世纪中叶曾一度被利用起来，它开始于咸同年间（1851—1874年）。当时贵州境内农民到处起义，有的地方土匪也趁机活动，社会秩序极端混乱，总督张亮基欲利用洞寨，实行坚壁清野之法，抵御农民起义军和保民避匪，遂请清政府批准实行。《续遵义府志》等地方志书记载，当时仁怀境内曾被利用过的大小洞寨，共有84个，查其中，长岗镇的黄岩寨，鲁班街道的白云寨、摔牛洞，五马镇的仙人洞等曾经被利用过的洞寨却无记载。

1984年6月，为采访红军川滇黔边区游击纵队在仁怀九仓、黎民、后山、刚家场、堰头、长岗、黄连坝等地的活动情况，笔者曾亲自到黄岩寨，访问过郑明清老人。其后又为采访红军三渡赤水经过永安寺、大竹坝等地的情况，笔者又到过白云寨、摔牛洞、仙人洞等地看过这些洞寨，有的离笔者的家不远，幼小时曾去玩过，但当年没有认识到这些洞寨的历史作用。如今笔者又重临旧地，故结合见闻，写出这篇《仁怀县内洞寨补遗》以补志书之遗漏。

三合安居村古营盘一角

黄岩寨

黄岩寨，又名黄岩寨上，在花滩子、岩底沟、出水洞、天桥沟之间，占地160余亩。寨的东南西三面，皆绝壁千尺，猿猴亦为之裹足。北面地势虽陡，但人能攀缘而上，故垒石为墙，墙高约5.6米。所用石头全是很厚的条石，开两道门，一门通往岩底沟，一门通往花滩子。门框遗迹，至今尚存。

寨上虽有几口井，但水源不足，平时只够百把人饮用，一遇天旱，严重缺水。

此寨之建，原为防匪，约建于道光末年，即1850年前后，由当地人郑天宗所建。在太平天国军队过境前又加以补充，故它虽受太平天国军队几次攻击，但都未被攻破。

其后，土匪谭猴子（原名唐兴和）率农民起义军围攻，因围寨时间长，饮水困难，郑天宗守不住，由通岩底沟之寨门，突围而出，退到遵义县简槽沟居住，谭猴子占了此寨。

在谭猴子占寨期间，仁怀县知事刘某押解皇银到遵义府署交纳，谭猴子知道后，率众去倒流水抢银未成，仍回黄岩寨。刘知事把皇银送到遵义后，集中兵力去攻寨。黄岩寨被攻破后，谭猴子被俘，被刘知事凌迟处死，就再没有人到寨上去住了。

白云寨

白云寨，占地四五十亩，寨上缺水，西北东三面，岩壁陡峭，高可千尺。南面，垒的是石墙，墙高六七米，用白灰勾缝，颇坚实，西南寨门遗迹尚存。两面岩间，有一石洞，洞内面积可容百余人。据说这个洞是当年孟四造钱的地方，称为造钱洞。

这个寨是道光末年孟四在这里立地为王时修的。孟四原是鲁班附近谢家岩的农民，年轻时算命先生说他有帝王之命，他就丢了庄稼不做，跑到白云寨立寨为王，称为孟四王。

在咸同年间，即1860年前后，太平天国军队入境，攻破白云寨，孟四王及其官兵，全被斩杀于插排垭口，尸积如山，故该地被人们称为万人坑。20世纪30年代，该地全被郁郁葱葱的林木覆盖。出于这个历史原因，这里太阳落山后，就无人敢走了。1958年大炼钢铁时砍去森林，这里变成了耕地。

摔牛洞

摔牛洞，是大竹坝、大坪上一带众多的溶洞中较大的一个。洞内宽敞，可容三五百人，洞内石钟乳千姿百态。有的垂直着地，俨如抱柱，柱与柱间，形成一道道石门；有的悬在空中，大小不一，长短不齐，丰瘠不同，美丑互异。骤视之，如珠帘，如吊灯，盘踞于地者如马、如牛、如羊、如猴，如锣、如鼓、如海螺。敲之、吹之，其声铿然。因其僻处山间，虽美而鲜为人知。

1924—1928 年，以永安寺杨村熊天阶为首的土匪，盘踞在永安寺水潦、元阁一带。地方人怕匪抢劫，相约躲入洞中，洞口垒石为墙，墙高与洞口齐，中开枪眼，洞内有枪数支（包括火药枪），故使匪徒不敢轻举妄动。不久熊天阶被招安，住在洞内的人们撤走后，热闹一时的摔牛洞又复归寂静。

1980 年，不知谁在观音场捡了几片白果叶丢在洞中，并四处扬言说原在观音场白果树那里的观音菩萨飞到摔牛洞来了，果然在石上发现几张白果叶，加油添醋，以讹传讹，使有些有迷信思想的人信以为道。以此，每年 6 月 19 日方圆五六十里有迷信思想的人都要到摔牛洞来烧香磕头。

XUN JI REN HUAI

寻迹仁怀 一

遗址·碑刻

荣昌坝的前世

◎黄黔华

凌晨三点，赤水河山谷中的荣昌坝已从睡梦中醒来，从车间气窗冒出袅袅雾气。以出土于荣昌坝宋墓飞仙图案为原型、艺术创作而成的飞天揽月雕塑矗立于小山顶上，被雾气包裹着，更显飘逸。

荣昌坝宋墓是一座有着精美石雕的大型双室墓葬，因损毁被发现，1985 年被公布为贵州省文物保护单位。1986 年，贵州省考古队对该墓进行了抢救性清理，2011—2012 年发掘。

早年发表的考古发掘报道描述称，墓葬内部为仿木构建筑，雕刻有头戴缨盔、身着戎装的武士，以及献茶男童、摇扇女童、表情严肃的抄手妇女等图案。此外，墓内石枋上，还雕刻着面容秀丽、怀抱花瓶、飘

荣昌坝宋墓出土的“双飞天”石刻

荣昌坝宋墓飞天

飞空中的仙女，以及扶着“寿如山岳耸　福似海河深”石匾的飞天图。

墓内出土的买地券显示，该墓葬建成于“庚寅绍定三年孟冬”，即1230年。墓主人是丈夫王兴、妻子李氏八娘，葬地为“南平军系川城北锦堡石粉栅”（见《仁怀县志》，下同）。

墓内出土的飞天石刻，是一种装饰性石刻，表达了当时人们对羽化升天的向往，与茅台酒厂的飞天商标没有任何关系，也与今天荣昌坝成为中国酱香白酒核心产区（仁怀）的又一处名优酱酒生产聚集区没关系。传说中酒最早作为“沟通神灵”之物，因其能够愉悦心情、“催化灵魂”，成为人们重要社交媒介。人们惊叹，这种精神追求与茅台飞天商标图形设计者思路及现实遗存的巧合，难道是上天注定？

买地券上的文字，即“南平军系川城北锦堡石粉栅”。其至少透露出两个重要信息：第一，墓葬所在地，在南宋理宗时期属于南平军播州管辖；第二，该处数百年前的准确地名，叫作石粉栅。

“栅”，本意是指用竹木做成的阻拦物。《后汉书·段熲传》记载：“乃遣千人于西县结木为栅，广二十步，长四十里，遮之。”又《东夷列传》记载：“夫余国……以员栅为城，有宫室、仓库、牢狱。”《陈书·高祖纪

荣昌坝地区宋墓出土的石刻官员形象

上》记载："高祖尽命众军分部甲卒，对冶城立航渡兵，攻其水南二栅。"

《唐书·高崇文传》记载"战于鹿头栅"，又韩愈与孟郊有《沙栅联句》诗。据此，该处"石粉栅"应为地名。

历史上，赤水河两岸长期被土司统治，地界也因土司间的攻伐而时有变化。北宋时期，播州土司杨氏兄弟争相向北宋王朝献地，于大观三年（1109 年）促成仁怀建县。当时的县署，在今天的赤水市复兴镇，为全县管辖的范围，包括今天的仁怀、赤水、习水大部。

在土司势力交织的赤水河地区，县域如此宽广，怎样才能有效管辖？宋元时期，朝廷为了加强对这些地区的管控，主要推行"以夷制夷"的羁縻制度，并设置长官司或蛮夷长官司。

因此，仁怀设县后，还在境内设置了多个类似机构。而后来的元代统治者充分借鉴了这一做法，在播州军民安抚司地界内设置了 1 府 32 长官司，其中包括"石粉罗家永安等处蛮夷军民长官"。

蛮夷军民长官司，是当时的一种过渡性政权机构，集军政于一体，承担着管辖一方的责任，也肩负着戍守边境的重任。那么，"石粉罗家永安等处"在今天的什么地方？

研究认为，"罗家"在今天的赤水市境内，"永安"则在今天的习水县境内。荣昌坝宋墓出土的买地券证明，"石粉栅"这一地名，至少在南宋时期就是指今天的荣昌坝地区。结合《元史》记载的"石粉罗家永安等处蛮夷军民长官"，基本可以确认，南宋时期的石粉栅，已有了一个过渡性军政机构所在地，具有军事哨所、维护治安等功能，是已知今天仁怀市境内最早的行政机构。而在元代，它升格为"石粉蛮夷军民长官司"，成为一个国家层面认可、规格更高，拥有更大行政和军事权力的地方自治机构。

关于荣昌坝一带原名"石粉栅"的推测，并非只有荣昌坝宋墓买地券这一孤证。在距离该处不远的大沙坝，1984 年有群众也上交了一块年代稍晚的宋墓买地券，上面有"大宋夔路播州石粉栅居黎氏"等文字，

荣昌坝地区宋墓出土的石刻局部

记载葬地更为精确。

另一个证据，则来自荣昌坝地区老人们的记忆。从赤水河边的二合开始，沿着五岔河一直向上，这一大片区域，今天还被人们称为“石粉沟”。在这一区域，曾分布着大量宋墓、明墓和清墓，以及怀疑年代久远的寺庙。其中，原来的“来奉寺”，被怀疑是早期的一座“家庙”，或是官方建筑遗址。

研究还发现，设立石粉蛮夷军民长官司的时间，大约是至元二十九年（1292 年）。其时，播州第十七代土司杨汉英（赐元名“赛因不花”），因推崇元朝廷的行省郡县制，刚由军民安抚司，升至播州军民宣抚司，深受信任。

朝廷批复设立石粉蛮夷长官司，也为注重文教的杨汉英吸纳安置因躲避战乱从四川等地而来的文人、商贾、流民等提供了条件，为推动播州地区文化、经济发展，步入鼎盛，蓄积了重要力量。而从地形、交通来看，荣昌坝前有通江达海的赤水河，后有大路可直通播州腹地——播州旧城播川县（今桐梓县），以及新城白锦堡（今遵义城区）和稍晚“置一城以为根本”的“龙岩新城（海龙屯）”等地。

因此，我们认为，这一时期的荣昌坝地区，实则是播州的一个“桥头堡”“特区”，既是一个发挥着巩固边地、监视周边土司动态作用的军事哨所，还是一个对外开展经济、文化交流的重要阵地。但资料不足，石粉蛮夷长官司存续的时间、长官司长官姓名等资料，有待进一步求证。

今天，透过荣昌坝地区奢华宋墓，回首 700 年前，仿佛能看到“王兴”“李氏八娘”“黎氏”等生前富足的生活，以及在他们生活的年代石粉栅地区的繁荣场面。同时，荣昌坝地区宋墓等遗存，也成为中国酱香白酒核心产区（仁怀）千年变迁的见证。

位于荣昌坝的仁怀酱香酒庄

散落在山谷的制陶遗址群

◎黄黔华　沈冰洁

从赤水河边的二合拐入大二公路，到一个垭口右拐，前往正觉寺村。道路两侧，群山夹峙，金溪河穿谷而下。

这里曾是仁怀重要的陶器烧制区，沟内及周边至少分布着 4 家有一定规模的制陶厂。规模和名气最大的是紧挨着金溪河边修建的丁家碗厂。

因大量烧碗、制坛，制陶厂多被称为“碗厂”“坛厂”“窑村”。在仁怀，被称作“碗厂”的小地方有好几个。其中，在茅坝镇的一个村内还有“上碗厂”“下碗厂”地名，两者相距很近。

可见，一段时期内，制陶烧碗、烧坛是当地十分重要的产业。

81 岁的陈光富和 82 岁的任金思，是一对夫妻，家紧挨着昔日丁家碗厂旧址。

丁家碗厂的历史，要追溯到清咸丰年间，直至 20 世纪 80 年代才关闭，是仁怀存在时间最长的制陶点之一。

另一处时间更早的，是位于茅坝镇两河口的“毛厂”。据载：乾隆末年，四川人毛武思到两河口的制陶厂做“客师”（又称“帮作”，清代作坊或店铺之帮工。其受雇于店东有两种形式，经年帮作于一店者为“长年客师”，短期受雇于一店者为“包冬客师”。二者均按年或按月领取俸钱及“酒烟钱”。帮作期满，可自由离店他作，但仍受行会束缚），后来在箩筛圈自办制陶厂，并因其姓毛而称“毛厂”。到光绪二十年（1894 年），两河口一带已有制陶厂数家，形成了一个颇有规模的集群。

陈光富在茅台上过中学，17 岁那年考上高中，因为父亲和大哥的收

正觉寺村一角

入无法支撑起他上学的开支，他只能回家到隔壁的丁家碗厂做零工。此时，丁家碗厂已改名二合陶瓷厂，属于国有企业，由茅台酒厂接管。

赤水河边现存的最早烧陶窑址，是新石器时代晚期遗存。根据汉墓出土的大量陶器推测，二合至迟在汉代已具备较高水平的烧陶技术。嘉靖三年（1524 年），陈元椒在大坝黄泥田买地落业，与稍早落户该地附近朱家坝的仇姓人家，以烧制砂锅等土陶产品为业，制作生活、生产用具，销往本县及周边地区。

清代至民国中期前，赤水河航运和酒业开始发展，战争导致大量人口迁移重庆和贵州，市场需求旺盛，仁怀制陶业发展迅猛。这段时期，形成了以二合、两河口为代表，坛厂、大坝大银山、龙井、铁匠湾等各具特色的陶、瓷集群。产品也十分丰富，除了酒坛、泡菜坛、酒壶、酒瓶外，还有碗、杯、盘、碟、茶壶、花瓶等，花色也较为丰富。其中，陶制品以二合为优，瓷器以两河口为佳。

金溪河两岸的陶窑群，目前周边多数群众认为是清代形成：早期，

金溪河边的陶瓷厂旧址

四川过来的师傅指导烧陶；后来，又有四川的雍三顺、余四右在此合办制陶厂。

谢海棠，是仁怀制陶业的一个重要人物。他从四川来到金溪河边开设制陶厂，用水车带动舂料，制作酒坛。因此，规模也很大，产品卖得很不错，四川的酱醋厂都来这里购买陶坛。

“我们这里产的酒坛，装酒、装油，很多年都不渗漏。装泡菜，时间长了也不变色、不生花，颜色还好看得很。”陈光富说，“听说茅台酒厂的很多坛子，都是这里出的。”

民国元年（1912 年），谢海棠邀请丁奎武来厂做“客师”。后来，因谢海棠膝下无子，其过世后，制陶厂也就由丁奎武接手。谢家制陶厂，也就变成了丁家碗厂。

新中国成立后，经历互助组、合作社阶段后，丁家碗厂于 1956 年完成公私合营改造，改名二合陶瓷厂。1959 年 4 月，它由茅台酒厂接管作为酒瓶车间，转为国有性质。1964 年，二合陶瓷厂划归仁怀县工业局管理、独立核算后，陆续还修建了小型水电站，架设了 24 架水车和数十架石盘车。

二合陶瓷厂陶制产品密封性、透气性俱佳，除了工艺精湛外，制陶原料起到了至关重要的作用。

金溪河谷里制陶厂的所有制陶原料，都是就地取材，原料包括肉泥、岩污泥、白砂石等。1956 年，送往景德镇化验的原料样品，经权威机构检测认为，该厂使用的制陶原料，更优于做储酒坛。同时，使用这种原料制作的大酒坛（指 300 ~ 600 斤装）光洁发亮、易擦拭、有钢声、不爆腰炸裂、无轻丝、无干底、不渗漏，还有醇化酒质的作用，优于江苏宜兴坛和重庆白沙坛。

陶窑，顺着山坡修建，有的类似“马蹄”，还有的像“龙背”。上了年纪的人回忆说，国营后的陶窑，是“龙背”状，有 10 个仓，每个仓面积不同，越往山坡上靠近烟囱的地方，仓室越大，能装下 10 多个百斤坛。

无论是“马蹄窑”，还是“龙背窑”，都是传统的烧窑方式，以柴为燃料。由此，很多人都在为不同的制陶厂提供燃料。

金溪河尽头的山垭口背后，是神灵沟。这里也有两间制陶厂，一间是文作周开设，另一间是曾夕林开设。迄今，文家的老屋尚在，屋旁山坡上残留着陶窑遗址，以及灰堆中的酒坛、泡菜坛、酒瓶、碗、盘、烟斗残片。

神灵沟残存的一处窑址

灰堆中的残破陶瓶

调查时，我们从灰堆表层中提取了少量残片。经比对发现，提取残片样品中，黑色外表的酒瓶与20世纪40—50年代茅型酒瓶相似；陶烟嘴为黄陶制品；碗底及碟为白色假细瓷品，其中碟残片上有青花。

住在对面山坡的文丽枝，曾在文家制陶厂工作。“做烟杆（即烟嘴）坯子，10元钱1000个，我一天能做300～400个。”她说。她有时候也会去给厂里背柴。

由于早期烧陶、制瓷，对周边植被破坏很大。陈光富说，从他记事开始，村子周围的山林基本上已光秃秃了。“帮厂里运柴，我最远到过茅台上游的岩桑溪。”他说。

20世纪70年代，叠加大炼钢铁因素后，山林损失巨大，烧窑用柴价格昂贵，仁怀全县陶厂、瓷厂的燃料供给困难。从 1973 年开始，两河口、二合，以及 1956 年创建于中华乡、1959 年搬迁至茅台的茅台制瓶厂，先后改为倒焰窑，以无烟煤为燃料。

清代逐渐兴盛的仁怀制陶业，属于劳动密集型的作坊，给当时地瘠的仁怀山区带来了就业机会。很多人依托制陶厂养家糊口、兴市。

在金溪河谷里，原来的丁家碗厂一带，曾有四川人在此牵头办厂。刘光富以上至少两代人都与制陶有关。“整个村里，上了年纪的人，基本上都以陶谋生。”任金思说。从她 20 岁嫁到陈家开始，除了照顾老小，其余时间基本都在制陶厂打零工。“背陶泥，100 斤给两毛五分钱运费，我一天能跑好几趟。”她说。她有时候也帮着做烟杆坯子。

陈光富在厂做零工期间，主要是帮厂里运送不同规格的酒坛到茅台酒厂。“背小酒坛去茅台，每个运费一块二；大酒坛，送到二合码头上船转运茅台，一次背一个，运费也是一块二。”他说。

后期，他从厂里批发酒坛，运往市外销售。“泡菜坛子，我背着走三天，到赤水的官渡，七天一个往返。”他说，到了市场，让他没想到的是，厂里五毛钱一个批发来的等外品，却最受欢迎，“人家嫌弃优等品太光滑，不好抱、易摔，专挑外表毛乎乎的等外品。”

陈光富引以为豪的就是向外贩运陶坛。通常，一个泡菜坛，他能换到买 20 ~ 30 斤玉米的钱。记忆最深的一次买卖，是五毛钱批发来的等外品泡菜坛，竟然换回了八斤腊肉。“这块腊肉要管二三十块钱呢。”他说，那时候一个鸡蛋也才几分钱。

新中国成立后，尤其是“大跃进”时期，仁怀全县制陶、烧瓷业经历过一次大规模发展，高峰时有 20 余家，年产日用陶、瓷产品 350 多万件（1959 年）、工业陶瓷 228 吨（1975 年）、酒瓶 125.68 万件（1985 年）。受市场条件变化、产业政策等影响，1985 年以后，全县制陶、烧瓷业规模逐渐萎缩，多数制陶厂关闭，部分转产（如 1959 年由中华乡搬迁至茅台镇羊叉街的茅台陶瓷厂，改为茅琼酒厂；两河陶瓷厂改为酒厂车间)。

而今，金溪河谷正从制陶中心向酒旅融合发展转变。谷口，大型酱香酒生产车间正拔地而起；河谷末端，是仁怀市早年打造的乡村游景点，一帘飞瀑，滋养荷田、蝴蝶谷。

陈光富、任金思仍住在二合陶瓷厂旁边。只是，在原来的丁家碗厂基础上建成的二合陶瓷厂，仅剩下一栋厂房、一座烟囱，被一家民营酒企包围，终日酒香扑鼻。

“四川遵义道界”摩崖

◎龙先绪

2022年6月20日，四川省古蔺县政协的罗树同志陪同四川省社会科学院的陈世松先生来仁怀考察历史文化，他告诉我仁怀市龙井镇大路乡柏杨坪团山组赤水河渡口南岸30米的岩壁上有“四川遵义道界”摩崖。9月10日，我与仁怀市历史文化研究会会长刘一鸣、茅坝镇文化站站长莫论章等人前往探寻。寻到后，我们将周围的树木藤萝剪除干净，为下一步捶拓做准备。摩崖顶部距地面4米，宽1米，中高1.7米，两边高1.6米；坐东南向西北，位于106°4′4″E、27°46′12″N；海拔443米。其岩体为石灰岩，不甚平整，有原生小石孔，摩崖下岩石有断裂，摩崖位于断裂上方，有轻微风化，但总体完好。10月15日，莫论章邀请仁怀市文物保护中心主任张霖同志做拓片。经辨认，其内容从右到左为（原无标点，笔者加）：

钦差总督川湖贵州军务，兼理粮饷，巡抚四川等处地方兵部左侍郎，兼都察院右都察御史　王；

钦差分巡，兼兵备道，整饬遵义等处兵务，四川按察司副使　傅；

钦差镇守四川等处地方总兵官，中军都督府都督同知　李。

四川遵义道界

遵义军民府知府　蔡凤梧。

同知　尹志伊，邓宏烈，郭维屏。

推官　王应期。

“四川遵义道界”摩崖

四川都司佥事官仁怀守备　周敦吉。

委官坐镇黎民等处地方守备　龙正通。

献土加衔指挥使王宪。督民蔡朋霄。

万历壬寅八月吉日立

遵义从明初开始至万历二十八年（1600 年）平播之前称“播州宣慰使司”。平播次年特设遵义道，首任道员江西吉安进士徐仲佳以兵巡佥事任。其职能，《遵义府志》卷二十七云：“自改流后，照外道守巡例特设，主持风纪，监临郡县。”原播州属地分置遵义、平越二府。遵义府辖四县一州（遵义县、桐梓县、绥阳县、仁怀县、真安州），属四川行省（原称四川承宣布政使司）管辖。平越府属贵州管辖。遵义知府下设同知、通判、推官。

摩崖刻于万历壬寅，即万历三十年（1602 年），至今已 420 多年。

现根据相关历史文献，对摩崖上的地方官员考证如下：

“钦差总督川湖贵州军务，兼理粮饷，巡抚四川等处地方兵部左侍郎，兼都察院右都察御史　王”，即王象乾。

王象乾（1546—1630 年），字子廓，号霁宇，山东桓台新城（今淄博市）人。隆庆四年（1570 年）的亚元，隆庆五年（1571 年）的进士，官佥都御史。其祖父王重光，嘉靖中进士，累官贵州右参议。《遵义府志》卷二十九云：“文武家传，最娴方略。以总督抚蜀，善后播事。凡播中分设郡县，更置牧守，则壤田赋一切，选贤任能，使之办理，驻节渝中以监临之。至于殚心以期复播故疆，不啻任若家事。寻以外艰去，播人神祠祀之。”《四川通志》云：“万历间，播人吴洪假杨应龙后，聚众沙溪，连接水西为叛。时象乾为四川巡抚，设方略以讨平之。万历辛丑，即万历二十九年（1601 年）以总督代李化龙经理善后事，一切皆尽力为之，进右都御史。濒行，疏水西安氏必叛。天启中，果有安奢之变。后进少师、兵部尚书。卒，进太师。”《仁怀直隶厅志》卷十云：“万历二十八年，代李化龙为总督。时，经理播州善后事宜，议改土设流，并立郡县，缮城立学，抚流移，定田赋，屡疏上闻，区划详明，并绘画如式，得旨，报可。播余党吴洪诡称杨氏，聚众沙溪，结水西为乱，设计讨平之。后迁少师、兵部尚书。今土城里有万历二十九年所立儒溪指挥袁起龙原管河西地方，抵蔺州界碑，奉象乾檄书立也。”

“钦差分巡，兼兵备道，整饬遵义等处兵务，四川按察司副使　傅”，即傅光宅。

傅光宅（1547—1604 年），字伯俊，号金沙居士，山东聊城人。万历五年（1577 年）进士，万历三十年（1602 年）以兵备道副使任遵义道道员，万历三十一年（1603 年）四月升四川省提学使。《遵义府志》卷三十云：“万历中，以御史左迁，历工部郎，知重庆府。时，播贼猖獗，总制李化龙驻渝城，宅督理戎马、军粮，有方略。平播之功，赞划为多。后遵义府缺，当事者趣入视事，安辑夏彝，招抚流移，吊忠义，瘗遗骨，周贫困，恤疮痍，振学，礼神，视事重庆尤加虔毖。寻授遵义道，复改督学。为忌者所中。归，卒。”《仁怀直隶厅志》卷十云：“万历中，以御史左迁，历工部郎，知重庆府。时，总督李化龙平播，驻节重庆。光宅督理戎马、军粮，皆有方略。播平，适遵义府缺，当事者委任之，遂星驰入播，安集夷汉，大著功绩，迁川东兵备副使。”

“钦差镇守四川等处地方总兵官，中军都督府都督同知　李”，即李应祥。

李应祥（1547—1617 年），今湖南临澧县人，九溪卫指挥同知、怀远将军李昆岗孙。由武生投军，常立战功，授广西思恩参将。《遵义府志》卷二十七云：“遵义镇总兵官李应祥，九溪卫人。”《遵义府志》卷二十九云：“万历十三年为四川总兵官，履加都督同知。二十八年大征播州，贵州总兵官童元镇逗留，总都李化龙劾之，荐应祥代。时分兵八道，贵州分乌江、兴隆二道。诏元镇充为事官，由乌江入；应祥由兴隆入。诸道克二月望进兵。应祥未受事，副将陈寅等已连克数囤，拒贼四牌高囤下，别遣兵从间道直捣龙水囤。他将蔡兆吉又自乾坪抵箐冈，过四牌，贼首谢朝俸营其地，四面峭壁深箐，前二关贼从高鼓噪。官军殊死战，俘朝俸妻子，乘势抵河畔。会乌江败书闻，敛兵不进者旬日。及应祥受任，益趣诸将急渡。寅等乃取他道渡河，而潜为桥以济师。诸军渡，贼失险，乞降者相继，应祥悉受之。贼所恃只黄滩一关壁立，众死守。会贼徒石胜俸等率万余人降，告曰：‘去黄滩三十里有三关，入播门户也。先袭破之，则黄滩孤，难守。’应祥然其计，令偕陈寅率精卒四千，夜抵关下。胜俸以数十骑诱开门，歼其戍卒，黄滩贼惧。寅督诸将渡河攻关前，胜俸由坟林暗渡，袭关后，贼乃大败。应祥直抵海龙囤，合诸道兵共灭杨应龙。播既平，还镇铜仁。明年，改镇四川。播遗贼吴洪、卢文秀等恶有司法严，而遵义知县萧鸣世（湖广举人）失众心，洪等遂称应龙有子，聚众为乱。应祥偕副使傅光宅捕之，尽获。应祥寻卒于官，以平播功赠左都督，世荫千户。应祥为将，谋勇兼资，所至奏绩。平蜀三寇，功最多。”《仁怀直隶厅志》卷十云：“征播之役，应祥自平越进兵，攻四牌、干溪、旋水、天邦、三百落等寨，尽克之。乘胜抵疆界河，闻乌江师溃，按兵旬日不进。时，黔兵分三路，总兵童元镇进乌江，参将朱鹤龄受元镇节制，进沙溪。至是，应祥并将其军渡河，以招抚为进攻，乞降者相继。贼所恃黄滩一关，壁立险峻，众死守。降贼石胜俸告曰：‘去黄滩三十里有三关，入播门户也，先袭破之，则黄滩难孤守。’应祥然其策，令其副将陈寅率精卒夜抵关下，胜俸诱开前门，尽杀其戍卒，贼益固守黄滩关。寅至小溪攻关前，胜俸由坟林暗渡袭关后，破之。应祥督兵追至西平张王坝三渡关。关，系楚兵出入咽喉，应祥悉拔之。由是，楚将陈璘自湄潭直抵三渡关，以扼海龙囤，遂灭播，还镇铜仁。明年，改镇四川。播遗贼吴洪、卢文秀等，恶有司法严，而遵义知县萧鸣世失众心，洪等遂称应龙有子，聚众为乱，应祥偕副使傅光宅捕之，尽获，寻卒。以平播功，赠左都督，世袭千户。”

左面文字，知府蔡凤梧，山西平定州举人，万历三十年（1602 年）

任，万历三十一年（1603年）升遵义道道员，万历三十二年（1604年）十二月升四川兵备副使，万历三十四年（1606年）正月复任遵义道道员。同知尹志伊，贵州府人，万历八年（1580年）举人。同知，官名，为知府副职，正五品，因事而设，每府设一二人，无定员。负责地方盐粮、捕盗、江防、海疆、河工、水利，以及清理军籍、抚绥民夷等事务，同知办事衙署称厅。邓宏烈，《遵义府志》卷二十七载："通判邓宏烈，湖广选贡。"通判，知府副职，正六品，位于知府、同知之下，清朝称"分府"，功能为辅助知府政务，分掌粮盐都辅。多半设立在边陲地方，以弥补知府管辖不足之处。《湖广通志》载："邓宏烈，字东升，施州卫官籍，由岁贡荐任双流知县，督施兵征播，连破三关及青山川寨诸屯。杨应龙自焚死，募士冒火取得其尸，事见《平播全书》，历遵义、大梁、严州三府同知，家贫如洗，卒年九十。"《仁怀直隶厅志》卷八载："考平播后，遵义府设同知、通判各一员，明时同知尹志伊，贵州贵阳举人；通判邓宏烈，湖广人，选贡。"由此可知，摩崖将邓宏烈列为同知，不准确。郭维屏，昆明人，万历十三年（1585年）举人。《遵义府志》卷二十七载："真安州知州郭维屏，云南举人。"嘉庆《正安州志》云："云南人，万历中举人。以军功平播有功，任真安州牧。时改土设流，一切制度皆其所经始。州人怀德畏威，历久不替。"《遵义府志》卷六《正安州》云："本府同知，管州事郭维屏建城。"推官王应期，《遵义府志》卷二十七云："推官应期，湖广举人。"推官，明朝时为府的佐贰官，正七品，别称推府，掌管刑名，赞计典，由吏部铨选。《湖广通志》卷三十五云："王应期，南漳人。"仁怀守备周敦吉，籍贯、科第不详。仅知其参与平播，《遵义府志》卷四十云："綎闻急，往救，部将周以德、周敦吉夹攻，贼始大奔，追至养马城而还。"《仁怀直隶厅志》职官"守备"未载其名。《续遵义府志》卷七《金石》载："萧重望撰《黎民镇重修关帝普光寺碑》，碑建于万历四十一年，字迹脱落不能成句，惟中有游击将军周敦吉诸字，连贯能读。"由此可知，万历三十年（1602年）周敦吉为仁怀守备，万历四十一年（1613年）前已升为游击将军。后官四川永宁参将。永宁宣抚司奢崇明当袭职，父妾奢世续匿印不予，敦吉尽掠其积聚子女，擒世续归。世续部属以救主母为名，大肆掠杀永宁、普尼等处官军三百余人，巡抚冯奕垣以闻，论死。值辽东告警，命敦吉从军自效，为游击，战死（详见方孔炤《全边略记》卷七）。清佚名撰纪传体史书《明史钞略》云："后金兵入沈阳，川浙将佐董仲揆、周敦吉、秦邦屏、吴文杰等死，兵卒俱灭。"坐镇黎民守备龙正通，加衔指挥王宪均无考。督民蔡朋霄，《黎民镇重修关帝普光寺碑》记为守边把总。

遵义府于雍正五年（1727年）由四川省划入贵州管辖。"四川遵义道界"摩崖的发现，对研究本区域的疆域史、职官史具有十分重要的史料价值。

陶洪滩石刻上的“未入册县长”

◎黄黔华

从茅台镇出发，顺赤水河而下，大约半小时车程，抵达有名的陶洪滩。站在公路上，透过摇曳的树影，隐约可见对岸马洞岩石壁上的摩崖石刻。

石刻由中间高两侧低的三块剔地石面组成，横排竖书，高 1.2 米，宽 1 米，从右到左，阴刻七行，其排列如次：“邑县长李泰生先生德政，召父仁山，第一区士民等公立，民国四年岁次己卯二月一日谷旦，驻防营长（县志误记为县长）吴质夫先生德政，黔北干城，第一区士民等公立。”其中，“召父仁山　黔北干城”每字高 1.2 米，宽 1 米。

该摩崖石刻，字迹端庄整齐，大的如斗口，小的如拳头，笔力刚劲

“召父仁山　黔北干城”摩崖石刻

浑厚，具有柳体风骨，刻工细腻，相得益彰。

陶洪滩，是赤水河上的险滩之一，两岸悬崖壁立，向来是要隘。民国时期，仁怀及周边境内匪患四起，周边县城及重要场镇，屡遭土匪抢掠。陶洪滩因地处川盐入黔要道，自然成为土匪时常出没之地。

附近上了年纪的村民援引老一辈人的叙述称，李泰生和吴质夫分任仁怀县长、驻防部队长官时，派兵驻扎于此，匪乱平息，盐运畅行。当地人民认为，他们是黔北地区治安的坚强捍卫者，让百姓的安全有了保障，其功德堪比东汉南阳太守召信臣。于是，刻石以为纪念。

根据资料，石刻文字中的“第一区”，单指今天的仁怀城区（茅台是第十区）。由此可见，石刻“第一区士民等”，特指当时仁怀县城的人民群众。

但蹊跷的是，《仁怀县志》等资料上并没有李泰生担任县长的记录，驻军中也没有吴质夫之名。其中，《仁怀县志》记录，民国四年（1915年）仁怀县先后有两位县知事，分别是谢国佐和熊绍州。

此外，从石刻的时间看，当时属北洋政府时期。而根据北洋政府之规定，县衙统称“县知事公署”，各县行政长官统称“知事”，直到民国十六年（1927年）国民党定都南京后，方统一称“县长”。

为何会出现这种情况？研究认为，这源于当时各地军阀割据、国家动荡，导致县官更换频仍、政令不一。

“郡县治，天下安”。自秦代以来，县域始终是中国国家治理的基本单元。民国初期，孙中山就任临时大总统，曾对县级管理提出过自己的构想，国民政府也出台过加强县级政权的法令。

不过，国民政府因其制度及自身的局限性，在国家及省级层面就派系林立，互相割据，各自为政，乱象百出，很多地方县官“走马灯”，一年要换好几个。这些县官的任命也非常随意，“买官”现象突出，即便是后期规定，县长的任命首先要通过考试、考核，然后试用，再由国民政府委任，但常会出现省主席擅自任命，甚至由驻军军长、师长、旅长直接举荐的情况。

具体到仁怀县，“上官如云，过客如雨”，是对当时官员频繁调动的描述。从民国元年（1912 年）开始，直到民国三十七年（1948 年），县志记载的县知事、县长有 34 人，其中并不包括李泰生及由驻军直接任命的县知事、县长。

《仁怀县志》记载的民国时期部分官员更迭表

序号	机构名称	职务	姓名	出身	籍贯	任职时间	备注
1	县行署	知县	朱礼和	拔贡	安徽和州	民国元年	
2	县行署	知县	刘元龙			民国二年	
3	县公署	知事	李庆云		贵州务川	民国三年	
4	县公署	知事	谢国佐			民国四年	
5	县公署	知事	鲁时俊			民国四年六月	
6	县公署	知事	熊绍州		云南	民国六年七月	
7	县公署	知事	覃光銮		四川涪州	民国六年十月	
8	县公署	知事	王开祥		贵州安顺	民国十年十二月	
9	县公署	知事	袁汝楫		贵州习水	民国十一年十一月	
10	县公署	知事	周沄			民国十二年五月	
11	县公署	知事	毛继勋			民国十二年五月至七月	
12	县公署	知事	段世璜			民国十二年七月	
13	县公署	知事	江启滨			民国十三年六月	
14	县公署	知事	黄国忠			民国十四年六月	
15	县公署	知事	田亮卿		贵州赤水	民国十四年十一月	
16	县公署	知事	钱福元			民国十五年十月	
17	县公署	县长	车吕霖			民国十六年三月	
18	县公署	县长	喻元祥		四川合江	民国十六年十二月	
19	县公署	县长	何培英			民国七年六月	
20	县公署	县长	陈礼		四川成都	民国十八年六月	
21	县公署	县长	罗运均		贵州思南	民国十九年	

资料显示，民国时期，除了民国四年（1915 年）外，民国六年（1917 年）仁怀换了两个县知事，民国十二年（1923 年）更是换了 3 个县知事，即便是改称县长后的民国二十四年（1935 年），也换了 3 个县长。据亲历者周梦生撰文回忆，民国二十四年（1935 年）红军进入仁怀前夜，侯之担的堂弟侯之玺，败退进入仁怀县城后，召集机关士绅人员开会，宣布由其旅参谋长刘聘侯，接替原县长赵颇，担任仁怀县长，而刘聘侯当了县长没几天，就带着印章、亲信跑了，导致仁怀县政府长达月余无人负责。

由此可见，李泰生未能在相关档案中留下资料，原因可能是他是一位任期极短、未经国民政府委任的仁怀县知事。此外，他也可能是一位

陶洪滩河段

过渡性的临时代理县官。

至于“邑县长”，仁怀市酒文化研究会研究认为，一种可能是人们习惯上的称呼。“县长”一词，最早源于秦汉，指人口在万户以下的区域的行政长官。另一种可能是与民国初期南北政权割据有关。民国二年（1913年），尽管北洋政府发布《划一现行各县地方行政官厅组织令》，规范了对县域长官的称谓——“知事”，但事实上，由于军阀割据，各省政令不同，南方部分地方使用了“县长”一词，因此，不排除军阀混战下的贵州也采用了县长制。

当然，陶洪滩的历史，并不止“召父仁山 黔北干城”摩崖石刻。从已知的信息推测，岸边的台地，作为赤水河中下游地区难得的一处平缓之地，其开发利用的历史，至少可以追溯到秦汉时期。

早年的赤水河谷地区文物考古调查发现，在仁怀市境内的陶洪滩等地采集到的文物标本表明，秦汉时期就可能存在聚落遗址。此外，元明时期，这里还设有具有军事、治安功能的哨所——“砦”。明末，被誉为“万历三大征”之一的平播战役打响，朝廷军队尚在下游的二郎坝，播州土司麾下的陶洪砦土官，就与周边寨（砦）头目呼应，向朝廷军队投诚，率先打开了播州边境大门，载入《明史·吴光传》《平播全书》。

平播战役20多年后的天启三年（1623年），这里因奢安之乱，再次成为战争前沿，与罗村等成为犄角，是官军牵制叛军奢寅、攻克永宁的重要阵地。几百年后，清代诗人陈熙晋诗句“陶公滩上水淙淙，剿蔺曾扬大将幢”，叙述的就是这场战争。而陶洪滩也因此以“陶公滩”之名，分别载入《明史·纪事本末》《方舆纪要》。

“勤政惠民碑”后的“邑贤侯”

◎黄黔华

赤水河边，美酒河镇百年黄桷树下，矗立着一块“勤政惠民碑”。石碑上的文字，向人们讲述了百年前一位仁怀县知事的仁心仁政。

这位县知事，名叫覃光銮，重庆涪陵人，曾在民国时期四川省高等法院工作，后在贵州广顺（今长顺）任知事。民国六年（1917 年）调任仁怀县。

石碑树立的时间，是民国七年（1918 年）十二月，原地点是在沙滩场镇口。20 世纪 90 年代，因修茅台至习酒厂公路，将它迁移至现在黄桷树下。

碑文的主要内容，是褒扬覃光銮治理仁怀匪患及民国七年赈灾的事迹。而关于这场洪水，仁怀赤水河两岸很多上了年纪的人都还有记忆——“听老辈人说，民国七年涨大水，从茅台到二郎，沿河村庄、集市几乎都被淹了。沙滩街上，好多人家房屋被冲走，盐仓、税务局都被冲跑了。”

据《仁怀县志》记载，民国七年（1918 年）七月二十二日，茅台河发大水，洪迹高程达 420.04 米。茅台场以下，一片汪洋，群众无家可归，受灾居民达 677 户。其中，有 250 户房屋、家具被冲去，尤以茅台、羊子营（今紫云）两地最为严重；有 245 户房屋被洪水冲坏或被泥沙淤塞；沙滩义盛隆、永隆裕、协兴隆等 3 家盐号存盐被洪水冲化，罐子口和沙滩两地被洪水淹死 9 人。此外，沿岸田地、竹木被洪水冲毁亦重。

"勤政惠民碑"

覃光銮陪同黔中道杨委员亲临灾区视察后，报省拨款2000元赈济灾民。覃光銮在片瓦无存的羊子营视察灾情时，还自捐俸金赈济灾民，民称"治县如治家，仁心行仁政"，始立"勤政惠民碑"。

这场洪水过后，一些盐仓和住户认为沙滩距赤水河太近，且集镇后方还有顺溪沟而来的山洪，易受洪水夹击，不利于防洪，于是迁往下游有更高台地的马桑坪。

覃光銮在仁怀任职4年，治匪患、兴文教、减民负、改陋规，口碑不错。《仁怀县志》记载，他在任期间，还亲自干预田赋稽征，以杜绝区乡额外加征弊端。因政绩昭著，群众称其为"邑贤侯"。

一些仁怀老人回忆说，覃光銮离任时，人们都舍不得。除了县府公职人员和士绅接连为他饯行，还有很多群众，甚至还有叫花子为他送行。

作为外来的县官，在短短4年任期内获得如此高的评价，覃光銮究竟是一个什么样的人？

新中国成立后，在县政协任职的周梦生，曾撰文回忆他所了解的覃光銮。文章说，覃光銮到仁怀赴任时，自己是个十来岁的学生，挤在欢迎的人群中看热闹。"我看他身材中等，不瘦也不胖，满口川音，戴近视眼镜，衣屡很朴素……他只一人一马，临时雇二人挑行李，未带家属，随行有涪县人苟焕章，当县衙里的收发，广顺县人李松柏管监狱""时任知事鲁时俊率人到马公祠接官厅等候。这位新官骑一匹白马，距接官厅一两百步，就下马与围观的群众打招呼，然后走向接官厅，跟鲁时俊等人见面"。

周梦生还回忆说，覃光銮很重视教育，经常到学堂去考核办学成绩，调阅学生试卷。对于外出升学、家庭有困难的学生，他还找经费局要专款资助，如后来在北京读农大的罗次启，在成都上师范学堂的周丕成，每年得县里一百元大洋资助，就是覃光銮促成的。

覃光銮任职仁怀县时，正是黔、川匪患四起之时。在仁怀县南部的龙井、立英及黎民、九仓、小湾一带，以罗炳兴（又名罗金堂）为老窑

赤水河局部

的土匪头，纠集约两千人的大股匪，出没无常，常常袭扰百姓、掠夺场镇。

覃光銮到任后，决定找一个熟知情况又有能力的人来主持剿匪事宜。经走访得知，陈德培有文化，当过兵，参加过北伐、讨袁，有带兵经验，便三顾茅庐，说服他担任县警备处队长，将军事上的事情全部交由他负责。

陈德培不负所托，组建并训练出一支能打仗的队伍。这支队伍在覃光銮、陈德培的指挥下，夜袭罗炳兴老巢，迫使土匪失去龙井、立英的据点。

同期，黔军也在省内各地剿匪。但是，在仁怀县作战的一支剿匪黔军，两次吃败仗后，竟临阵倒戈，导致土匪越来越多，威胁到县城，扬言要活捉覃光銮。

迫于形势，覃光銮与警备处商量，决定征调壮丁、发给枪支，加强城防。鉴于县城三面高山不利于防守的现实，在城内蔡家坡顶建设了碉堡，俯瞰城外环山动静，添置能旋转的罐子炮20门，分别安放在碉堡、城门上。同时，改变原来步哨夹鸡毛、炭传递紧急公文的做法，仿照古代烽火台，在全县设信炮传递紧急信息，形成一区有警各区援助的联防体制。

民国七年（1918年），被端了老巢的罗炳兴，纠集残匪，洗劫了鲁班场，准备攻打县城。覃光銮得知，与陈德培商量后，将警备队撤出城，埋伏于盐津河、岩栈口等险要处。同时，又让人鸣锣通知全城商贾到县政府开会，覃光銮在会上宣布：务要各安其业，违者必究。县城四道城门照旧大开，任人出入。

实际上，覃光銮摆出的是“空城计”。准备攻城的罗炳兴得报县城内照做买卖后，认为十分可疑，便放弃攻城，返回在古蔺县水田寨的老巢。

覃光銮演的“空城计”，一时传为美谈。

当然，任职仁怀县4年期间，覃光銮干过并载入史册的大事有不少。

其中，除了人们熟知的茅台酒巴拿马奖牌的裁定，还有勘界矛盾。

民国初期，成立习水县时，省政府决定将遵义县管辖的大坝划仁怀县管辖。可是，遵义县方面以百姓不愿意为由，阻止大坝划仁怀，并将前去接收的仁怀县官员轰走。覃光銮到任后，一边亲率警备处人员前往强制执行，一边又晓以利害，委派公正、得力者担任区长，优待新区，后来又常去体察民情、抑强扶弱，使得百姓安居乐业。

覃光銮离任时，大坝群众为感谢他的付出，专门在大坝场头为他立了一块去思碑，褒扬他的成绩。据周梦生称，类似的德政碑，早年他在仁怀县境内亲眼见过的就有 30 多块。

附：

"勤政惠民碑"碑文

盖闻以仁心行仁政，治邑如治家然。忧乐与共，唯吾光銮覃老先生似之。先生号静得，四川涪县人也，自民国六年莅任来兹，历精图治，政平讼理，值南北相持，匪徒猖獗，先生奔驰剿捕，整顿团防，民赖以安，本年六月，洪水为灾。沿河一带几成泽国，流离失所，惨不忍言，先生饥溺为怀，捐金救济、蒙详禀上奉请赈灾黎。巡行灾区，亲为发散，民赖以免流亡沟壑者，先生实有造于斯也，乡人难泯其德，缘勒石志之，以期不朽云。

勤政惠民

沙镇绅、商、学各界敬撰

民国七年岁次戊午十二月十六日公立

茅台何善人碑背后的儒学精神

◎黄黔华

贵州仁怀、四川古蔺交界区域，很多上了年纪的人都听说过“何善人”这个人。在茅台集镇上，还有一块纪念他的石碑。

“何善人”，本名何明荣，是一位地道的农民，生活于1874—1944年。

人们为何要为一位农民树碑?

何明荣是茅台镇棉农村人，家境并不富裕，但他为人忠厚。在他的身上，展示出中国农民与生俱来的朴实与善良。

晚清至民国期间，因为盐运和白酒，茅台镇已十分繁华，商贾云集。同时，也是很多人的谋生之地。但酷热的茅台镇，易让人尤其是往来盐工、脚夫口渴甚至脱水，而到了夜晚，摸黑翻山越岭更为艰难。

据记载，白天，何明荣会在家烧好茶水后，挑到茅台镇上，免费提供给路人解渴。晚上，他又会将用葵花杆、荆条等扎制的火把（当地人俗称“亮杆”），送给夜行人点亮照明。

何明荣为路人烧茶、送“亮杆”的时间，大约从1910年开始。这期间，生活并不宽裕的他，还给路人送衣服、送米、送钱。

人们称赞何明荣几十年如一日助人为乐的行为，并送他尊号“何善人”。何明荣去世后，人们在茅台镇牌坊旁，为他树了一块“明荣何善人殁后纪念碑”，称颂“善哉何君，功德堪钦；名标千古，虽死犹生”，以彰显他的高尚情操。

这块用红色砂岩雕刻的石碑，没有过多图案，看起来甚至略显粗糙。但是，它记载了一位茅台镇农民助人为乐、扶贫济困的精神，成为

何善人碑

仁怀人淳朴与厚德的写照，同时也是“勿以善小而不为”这一中国传统儒学思想的传承与发扬。

《三国志·蜀志传》中说，蜀汉刘备临终前，在遗诏中告诫刘禅：“勿以恶小而为之，勿以善小而不为。惟贤惟德，能服于人。”刘备通过这段话，劝勉儿子要进德修业，有所作为，小善积多了就成为利天下的大善，而小恶积多了则“足以乱国家”。

刘备遗诏中的“勿以善小而不为”，是目前已知关于这句话的最早记录。宋代，大儒朱熹晚年在《朱子家训》中，通过倒置的方式，引用了刘备遗诏部分内容，以告诫家人对待善恶的态度。他说：“勿以善小而不为，勿以恶小而为之。人有恶，则掩之；人有善，则扬之。”意思是不要认为好事很小就不去做，不要认为坏事很小就去做。别人做了坏事，应该帮助他改过；别人做了好事，应该多加表扬。

因为城镇建设，何善人碑一度被毁。2018 年，仁怀市相关单位出资，重新刊刻石碑，并置于茅台镇牌坊旁，向来往游客继续讲述茅台镇的人文故事。

“问渠那得清如许？为有源头活水来。”人们倾听农民何明荣的故事，追寻古圣先贤的儒学精华，传承弘扬优秀传统文化，从“勿以善小而不为，勿以恶小而为之”做起，完善自我修养，提升道德情操。

如今，茅台镇农民何善人助人为乐的精神得到传承和弘扬。在茅台镇乃至仁怀，人们重温何善人的故事，从中汲取更多儒学精华，以捐资助学、扶危济困、巡河护渔等方式，通过积小善，成大德，养正气，以敬业守信、精益求精、奋发有为的状态，滋养“仁义为怀，酿造未来”的城市精神。

寻迹仁怀

XUN JI REN HUAI

家族·传承

“花县第”里的家族故事

◎黄黔华　沈冰洁

离茅坝集镇不远，与赤水河隔着一座山，有一个约60户人家的自然村落，名曰“潘家寨”，隶属于茅坝镇跃进村。

住在寨子里的人，大多姓潘。长期以来，人们日出而作，日落而息，与周边村寨似无不同。但走进寨子，一座“花县祠”，一座“花县第”，让外人感受到寨里村民不一样的家族故事，看到晚清至民国的宗族自治与国家治理一角。

“花县祠”“花县第”，通常是指源自河南的潘姓家族，在迁往外地落业后修建的家族祠堂和房屋。“花县”之名，与潘姓有关。据载：西晋

潘家寨“花县祠”

文学家潘岳（潘安）为河阳令，满县遍种桃花，浇花息讼，甚得百姓遗爱。后人遂用“河阳一县花”等代称潘岳，或喻地方之美或地方官善于治理，以“花县”为县治的美称。唐李贺《春昼》诗云：“平阳花坞，河阳花县。”

而潘岳，虽在八王之乱后被杀，但他的官声和至情至孝被人们所铭记，北宋之前的《二十四孝》还记载了他辞官奉母的故事。现今，我国很多地方的“潘氏宗祠”还是以“花县”入对联，以纪念晋朝潘岳，歌颂其治理河阳县的功绩。

潘家寨的村民，自称祖始周文王、潘岳之后。初建于宣统年间“花县祠”中的一块石碑上如此记载了他们的家族故事：

“……备吾先世肇自周文王畢（bì）公之子季孙氏，食□于潘国，因以氏□序接。平王东迁都属荥阳太守，叔党公存为□国大夫。适至晋朝世美公署政陵泉令，□公英才冠于越府，安人丰美，掷果盈车，官直河阳，种□满县。于唐朝筠公祖身登黄甲，创状元第……后归田里，徙居江西吉安府太和县一十三都，住居太平桥。”

潘家几经辗转后，因为一场几乎耗尽明王朝气数的战争，搬到现地。“我们这支人，有位叫作‘潘击鼓’的祖上。他跟随奉旨南征的刘、王、蔡、蓝等将领，一路征战到了这里。”潘运钊说。

这场战争，就是被誉为“万历三大征”之首的平播战役。其时，世袭700余年的播州土司杨氏反叛，万历皇帝动用了24万大军，兵分八路攻击前进，一路插向播州最后的堡垒海龙屯，终结了播州羁縻之制，实现“改土归流”。

潘家寨“花县祠”建祠碑刻，记载潘氏先人的参战经历：“由明万历间，吾击鼓祖协同刘、王、蔡、蓝奉旨征南，自原籍由泸州大田角分支创业于斯地”。

由于族谱遗失，也没找到其他旁证资料，现在的潘家人不明确这位参战的老祖，究竟是本来名叫“潘击鼓”，还是因在军中担任击鼓手的角色，被人称作“潘击鼓”。“总之，在那场惨烈的战争结束后，老祖活了下来，并且得到领照落业的机会。”村民潘万强说。

潘家寨修建“花县祠”时，潘家已在此繁衍了16代，“人文蔚起”，还出了潘廷贡这样一位有功名的族人。他觉得，“今户口日藩，若不立有家法，则代远年禋之后，恐尊卑失序，典籍难垂”，应修建宗祠。

于是，从光绪末年开始，潘廷贡号召族人捐钱、捐物、捐地，终于在宣统二年（1910年）建成“花县祠”，置办祠田。同时，“恐后有不肖宗子连界，奸人乘便霸占，有妨宗祠祭祀。于是延匠镌碑刊铭以昭悠久，则祖宗之春秋祭祀有所凭依。备一族之世代源流千秋不紊”。

潘家寨“花县祠”，为穿斗式木结构三开间悬山顶屋面，坐东南向西北。其檐檩上有“大清宣统二年全月二十四日建立吉旦”墨书题记。按照清代宗祠修建规制，对应潘廷贡当时身份，这种建筑规格完全符合礼制。

潘家寨“花县祠”落成后，潘廷贡向仁怀县署报告此事，并恳请登记确认“花县祠”祠田等。因为，按照清代规定，祠田等属于族产，需向官府报告并立册存档，载入志书，给予执帖，勒石保护。同时，清律还禁止盗卖盗买义田祠产，而且有祠产例不入官的规定，并给予赋税方面的优待。

按照这一规定，仁怀县署“钦加同知衔赏戴花翎署理遵义府仁怀县事既补县正堂加三级记录三次何（廷珂）”，为潘家寨“花县祠”做了登记，并予以公告。

现存于“花县祠”内的其中一通石碑，即公告。但这通石碑上的留印文字“贵州仁怀县印”的内容与同一时期的规制县印不同，较为独特。据载，按当时的县印规制，其文字内容应为“××县印”，并同时刻有满文。

由于暂未查到清末仁怀县印印记，尚不能对该石碑上的“贵州仁怀县印”作出判断。此外，我们在查阅《仁怀县志》时，还发现宣统二年

“花县祠”内石碑上的县印图案

（1910年）的仁怀县署名为冯文樾，而何廷珂的任职时间则是宣统元年（1909年）。

潘家寨“花县祠”早期除了作为潘氏春祀秋祭场所，还被用作族学之地，用以教化族内子弟，由文化人向族内子弟传授《三字经》《百家姓》等。20世纪60年代，潘家寨“花县祠”一度被改为村保管室，并整体向后移了约20米。“把上面的瓦全都下了，村里的壮劳力齐上阵，抬着房屋架子往后移，整整搞了半个多月。”一位村民回忆说。

稍晚，潘家寨“花县祠”还曾住进过好几任出家人。“最后一位出家人，在20多年前去世了。”村民潘享强说。

潘享强说，现在，每年清明节，住在潘家寨的族人和由潘家寨迁出的族人，都要汇聚在这里商量春祀秋祭及扶养老幼等事宜。偶尔，也会有省外的潘姓人，来这里对字辈、“合谱”。

潘家寨“花县祠”中，现存有碑刻 11 通。其中，左次间檐下 2 通为近期刊立；明间神台上的 5 通和右侧墙角的 1 通为牌位，左侧墙角的 1 通为修祠序，均刊立于民国时期；左次间山墙内镶嵌 2 通，分别是宣统二年（1910 年）刊立的祠产告示契约碑和民国七年（1918 年）刊立的捐修宗祠碑记。

这些碑刻记录着潘氏家族的迁徙史，同时也记载了这个家族的“人间烟火”，成为反映晚清至民国时期宗族自治与国家治理的历史证物。清朝，历代帝皇奉行儒家文化思想，以“孝治天下”为基本国策，将家庙（宗祠）作为一个重要载体，通过旌表同居共财的大家庭、支持宗族制度等方式，鼓励宗族自治，强调共同体意识和互助精神，并给予祠堂族长相当的权力，有的地方甚至可“举族鸣其罪，纳诸竹笼，沉诸海而不为过”，以此风教天下，实现孝治，进而推动国家治理。

当然，旧时宗祠族长的权力，以及倡导的封建忠君思想等，连同晚清和民国的消亡，被扫入历史的垃圾堆。但优秀的传统文化，得以延续和传承。

潘家寨“花县祠”中《捐修祠碑记》，记录了潘家族内人士敬献祠产、孝老的事迹，刊刻了族人因不孝敬老人、滥伐林木等被处罚的情况，以及族内修建祠堂、孝敬老人等各项收支数目。“听老人们说，族里有人犯了规矩、屡教不改，要被吊在祠堂走廊横枋上打。”潘享强说，但自己从没看到过。

现在住在潘家寨“花县第”里的是村民潘运钊一家。他们是潘廷贡的直系后代。据潘运钊说，“花县祠”“花县第”，以及碑刻上的文字，都是老祖的墨宝。“他是个读书人，当过族长。”潘云钊说，祠堂里所记载族内“动家法”的事，也是自家老祖晚年所为，并于秋祭时组织刊立于

老屋墙上的“花县第”

石碑上。

跃进村村委会副主任潘正维说，潘家寨“花县祠”“花县第”都曾被用作教学。“潘廷贡本身还是一位教书先生，也是一位风水先生。”潘正维说，周边村子里还流传着他精准卜算的故事。

据称，潘家寨里此前还有一栋老屋上也写有“花县第”。“可惜，后来修建新房时被拆了。”潘正维说，按照潘家的规矩，只有读过书的人，才能当族长；只有族长家的房屋上，才能写上“花县第”。

以读书谋前途，是潘家寨现在的好家风。据潘正维说，不算已经迁出的，仅目前还住在潘家寨的潘氏后人中，尚有在读博士 1 人，在读研究生 4 人，大学生约 10 人。

德庄——茅台镇的人文注脚

◎陈连忠　周山荣

说起茅台镇，天下皆知。然而，隐逸在茅台镇太平村的德庄文物群，知道的人却并不多。这座曾经被皇家圣旨旌表，名臣翁同书作序的文物群，承载了茅台镇悠久的历史文化信息——果敢忠义，铸就精魂，儒雅仁爱，崇德立身。德庄陈氏家族的生活轨迹与黔北晚清的政治、军事、文化息息相关。“小历史”的微观取向让人们看到了更生动、更具体、更富有时代进取意义的历史景象。

茅台古镇，因贵州茅台而誉满天下；因四渡赤水战役而彪炳史册。在方兴未艾的全域旅游发展大潮当中，一座融合在青山绿水之中的文物群，再次引起了人们的关注热情。茅台德庄房主、墓主皆地方名士；房舍木刻和墓间石刻艺术精湛，汇赤水河流域人文历史、文化艺术于一炉。这座赤水河流域的圣旨旌表文物群，见证了茅台地域的人文风范与辉煌，讲述着茅台镇的沧桑和变迁，具有厚重的文化、旅游、经济价值。

雅苑弥新：一座院落的标本承载

赤水河畔，古镇遍布。茅台镇上，如今已难觅更多历史遗迹。而一个名为“德庄”的小院落，却堪称茅台酒镇建筑风貌的孤本。

茅台德庄是地名，位于茅台镇太平村；也是贵州省文物保护单位。它由德庄三合院、石院墓、圣旨墓组成。德庄三合院，建于道光二十三

德庄

年（1843 年），距今已经 180 多年了。宅院占地 1200 平方米，由石围墙、朝门、三合院、影墙等组成，布局精巧，结构完整，建筑风格堪称一绝。坡屋面、小青瓦、雕花窗……，今天的“黔北民居”，与德庄三合院一脉相承。三合院以中路为主线，两边厢房围合，不仅可以居住，还具有强大的防御功能。围墙高达 2 米，厚 1 米，用以防御外敌。院坝与台阶间有踏步，朝门两侧连接围墙，合围出独立空间。堂屋采用顺望板结构，不仅防水、防尘，而且保暖。大门门楣上，高悬竖式火焰状匾额，上书“奉旨加赠都察院经历衔”。这是皇帝圣旨旌表，可不是寻常百

老屋内现存的部分旧物件

姓想用就用的物件。朝门前有影墙。朝门两侧还有石桅桩，用以支撑旗帜、点灯的桅杆。

德　庄

德庄三合院内，融灰雕、石雕、木雕艺术于一体。雕花石磉子、雕花窗、升斗等，再现了当时艺人的高超技艺，处处洋溢着古朴典雅的风韵。建筑构件中的枋檩雀替，藻井漏窗，雕刻有寓意吉祥如意的鳌鱼、蝙蝠、麒麟、奔鹿，以及栩栩如生的人物造型，令人情不自禁地追忆那早已逝去的历史烟尘。如今还存有“直隶州分州”“回避”“肃敬”木牌及斧钺等仪仗。这是皇帝赐给有功之臣的礼器，是最高礼遇的表示。

德庄三合院人才辈出，文化昌盛。清代名臣翁同书为此曾撰文称赞：“以为山川灵秀之气，不择地而钟，往往郁之既久，蒸为太和，而见于一邑，且笃于一家。”

德庄三合院具有黔北晚清古建筑中最显著的特色。德庄石院墓，因墓外有石院围合而得名。墓主陈大常，道光二十一年（1841 年）岁进士，具有出仕做官的资格，是有功名的人。石院墓建于道光十九年(1839 年)，墓坊四柱三门三楼，上面有阴刻或浮雕装饰。石刻精湛，内容丰富。石凳、石桌、石桅桩等完好无损。墓坊的石刻题记，是晚清名臣翁同书和地方名人卢治安等人的题词，书体真、草、隶、篆皆备，具有极高的艺术审美价值。

德庄圣旨墓建于光绪九年（1883 年）。墓主为陈于逵，墓坊四柱三门五楼，用砂石建造。墓顶嵌光绪六年（1880 年）十月皇帝所下“圣旨”匾额，居中书光绪帝题赠“忠烈永垂”，中横额书“旌表拔贡陈于逵忠贞”。

负载历史文化元素的德庄陈大常石院墓、陈于逵圣旨墓，石刻艺术精湛，文化内涵丰富，墓主系地方名士，其事迹与地方政治、军事、文化息息相关。德庄三合院，荟萃了黔北民间建筑的基本要素，是黔北古代村落建筑风韵的一处瑰宝，也是研究古代民间建筑艺术发展的标本。

义门熠熠：一本书对古镇文化的诠释

一个民族文化的根基、一种精神文明的传承，需要载体。而人们所说的非物质的东西，就依存在建筑文物的载体中。茅台德庄文物群是黔北乃至贵州优秀的民族文化，是看得见摸得着的，是与茅台人民生活息息相关的最形象的文化记忆，是忠义与诚信的传承，是不可复制的历史记忆。驻足茅台，难免对 100 多年前的那段历史烟云心存敬畏。

2016 年 5 月，第十一届贵州旅游产业发展大会在仁怀市茅台镇隆重举行。会上，作为承办方的仁怀市茅台镇向与会领导、来宾奉送了一份独特的礼物——大茅台系列丛书。其中，《茅台德庄》赫然在目。

这本书，由《茅台德庄》《茅台德庄人物交游考》《茅台德庄碑碣匾额拓片集》《茅台德庄契约文书》4 个部分组成。在《茅台德庄》中，编者写道：“茅台德庄不只是地名，更不只是处文物。在她身上，承载了茅台悠久的历史文化信息。茅台德庄‘小历史’的微观取向让我们看到了更生动、更具体、更富有个性的历史景象，为我们更好地理解‘人文茅台’提供了参考。”

川黔夹缝中的仁怀一带，明以前鲜见碑碣存世。清一代至新中国成立前，名家或本地文士所留墨迹数量原本也不多，一些碑碣匾额近年来在挖掘机的轰鸣声中迅速湮灭，侥幸留存的也风化、损毁日甚。如若不管不顾，任其自然，数年后恐存世不多矣！

2014 年，德庄后裔陈果邀请仁怀知名文史专家龙先绪等人，专程前往茅台德庄等地，历时数日，对德庄三合院及附属相关建筑碑碣匾额一一捶拓，编成《茅台德庄碑碣匾额拓片集》。

2015 年 4 月 30 日，德庄三合院瓦房屋面被特大冰雹击坏。茅台镇政府主要领导为了保护文物，亲临现场察看，及时组织买瓦翻盖。当年 6 月，太平村原党支部书记蒋宗仁承包并指导参与翻盖时，在老屋的天楼上发现一个竹编箱子，里面装有契约文书若干份，蒋宗仁虽学历不高，但凭他的经历和阅历，他知道这是难得的珍贵文物资料，于是他立即电话告知德庄后裔陈果。陈果当天立即赶到，因为这是陈氏子孙至今未发现的家族资料。

陈果将这些契约文书清理并装裱，共计 48 份，包括银两借据、调解纠纷文书、土地买卖契约等，时间从清代乾隆、嘉庆、道光、同治、光绪到中华民国，直至中华人民共和国，跨越近两百年。

梁漱溟认为，“中国文化是以乡村为本，以乡村为重，所以中国文化的根就是乡村。”《茅台德庄契约文书》结集出版，不但让人今天有幸看到茅台镇乾隆三十八年（1773 年）至 1954 年长达 181 年的农业生活情景，还能够帮助我们走进乡土社会的广大世界，以国家与地方或地方与地方之间长期复杂互动的视角去溯寻茅台镇“民间话语”的“自表达”。更为重要的是，《茅台德庄契约文书》所包含的契约自由精神、契约平等精神、契约守信精神等，更是我们现代社会迫切需要的，是文化自觉和文化自信的重要内容。从这个层面而言，《茅台德庄契约文书》是仁怀社会文明的重要标志。

从这些契约文书中可了解到当时的社会情况，它们对研究该地方的居民姓氏、地名变迁、生态环境、文化状况、风俗习惯、公文写作等都具有重大的意义，是一部活的村落历史。

茅台古镇，人文蔚起。这里，漂泊过郑珍的孤舟，留下了陈熙晋、莫友芝的诗篇。陈于逵，又为人文茅台添上了浓墨重彩的一笔。

忠烈永垂：一群人的尚义忠魄

茅台酒的历史，绵延了上千年。但是，百年之前，那一场“咸同农民起义”，使它险些中断。

咸丰四年（1854 年），农民起义不断，朝廷派兵镇压，战于茅台，村寨被夷为平地，十余家酿酒烧房毁于兵火。传承了千年的茅台酒镇，因此遭受严重损失。

这场战事爆发的 5 年前，中了拔贡的茅台德庄人陈于逵在仁怀县城的怀阳书院教书。当农民起义的烽火遍燃仁怀，陈于逵回到老家，组织团练，制备兵器，训练兵勇，抗击起义军。同治三年（1864 年）七月，号军首领唐兴和率部攻打茅台。陈于逵携家小，率团勇，西渡赤水河，到四川百家寨据险而守。号军突击队西渡赤水河，包抄偷袭，陈于逵不幸被俘。唐兴和以地邻乡党为由劝其投降，陈于逵不但拒降，而且怒斥其祸国殃民的暴行，被唐兴和残忍地杀害。那一战，陈家有 94 人为朝廷捐躯。德庄墓前石碑镌有光绪六年（1880 年）十月所下的圣旨“忠烈永垂”原文，以及仁怀知县洪用勤等人撰写的墓志、墓铭等；上刻四川叙永厅同知李凤翰等人书写的“天宠赉龙章，一代高风推国士；地灵安马革，千秋正气毓文人”等对联。

陈于逵死后，朝廷追赠都察院经历衔，照四品阵亡例，子孙世袭云骑尉、恩骑尉职。陈于逵成为茅台历史上第一个，也是唯一被列入民国《贵州通志》的人物。

由贵州商学院教师、博士郭旭及贵州省社会科学院历史研究所副研究员张云峰等组成的课题组，以德庄文书为中心，开展“清中叶以来赤水河流域社会经济发展研究”。他们认为，每一座古镇都有它自己独特的历史，有它唯一的不可复制的文化个性。保护研究茅台德庄，就是要彻底弄清这座文物群所承载的历史文化信息，找出能展现它文化个性的自然和人文遗存物，以延续这座文物群的可读性。这才是茅台古镇发展旅游业的具有“自主知识产权”的“核心竞争力”之一。

茅台德庄，从陈大常中岁进士起，逐步进向鼎盛。陈大常之子陈于逵圣旨“忠烈永垂”旌表。陈于逵之子陈以观，袭云骑尉。陈以观之子陈希龄，袭恩骑尉。陈希龄之子陈世忻为地方名流。陈世忻之子陈德文为教育楷模，事迹得《人民日报》载文彰表。陈德文之子陈果，是贵州怀庄酒业（集团）有限责任公司董事长，为地方政治、经济、文化建设做出颇多贡献。

茅台德庄——汇赤水河流域人文历史、文化艺术于一炉，神秘茅台人文历史的生动注脚。

茅台德庄契约文书中的传统“契约精神”

◎敖相梅

在中国传统社会中，很早就出现了通过缔结契约文书形成的各种民间社会关系，民间还流传有“官有政法，民从私约，民有私约，约行二主”的说法。这些契约文书历经了时间的洗礼，至今保存下来的数量仍很惊人。目前各地的机构，甚至包括一些私人收藏爱好者手中，都藏有契约文书原件，有些存量还比较多。

仁怀市茅台镇茅台德庄三合院，就存有这样一批契约文书，这些契约文书记录了茅台镇陈氏一族的人文社会活动，也就是这样一批家族契约文书，可以带我们更生动、更具体地了解明清至民国时期茅台镇的人文社会状况。

茅台德庄契约文书种类以白契居多，共45份，红契（官契）3份，共计48份。红契主要是与官府相关的土地买卖；白契则是民间社会关系的见证，包括银两借据、调解纠纷文书、土地买卖契约等内容。其记载的时间从清代乾隆、嘉庆、道光、同治、光绪到中华民国，直至中华人民共和国，跨越了近两百年的时间。

通过对《茅台德庄》一书中契约文书的梳理研究，我们发现契约大致有以下内容。

（1）银两借据

茅台德庄关于银两借据的契约文书不多，共3份。以其中一张为例，立出押借铜钱人为王凤堂、王凤安，情因为无钱使用，今请凭中上门押借到陈国钧名下铜钱拾叁仟文整。即日入手亲交，本人清领明白，并无

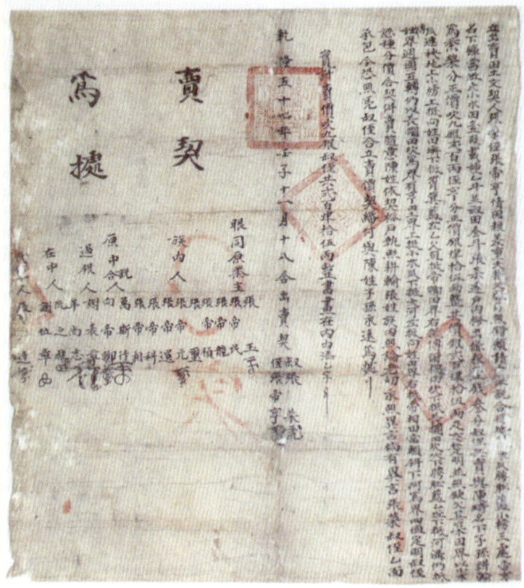
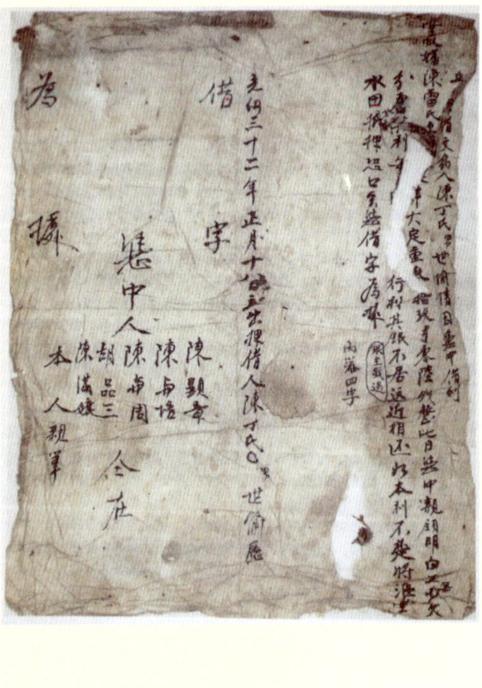

茅台德庄保存的部分契约文书

少欠分文。自愿甘心将巴豆树水田一幅所押，其钱利每千每月恁贰拾伍对，年加三行利，对欺本利楚恁意陈姓起缴，万性当价耕押，扶王姓不得。别言柞说，恐口无凭，借约一纸与陈姓，是实收存为据。

民国三年甲寅岁十月二日立押借铜钱人：王凤堂、王凤安。

借字为据

凭中过钱：罗二顺、陈国云、王均如、万吉三笔

仝在

由此可以看出，当时借据的内容大致有押借文约人、原因、银两数、利息、抵押物、日期、押借人和凭中人的亲笔签名等。如今的借据亦是古时银两借据的缩影，大同小异。

（2）调解纠纷文书

茅台德庄中关于此类文书共有 12 份。这些契约文书里面记载的纠纷，大多是因殴伤或服毒等情况毙命，或担保、赎取纠纷、土地纠纷等，如文中记载的"服烟毒来字坐骗至夜毙命""长子陈春林自行不法，窃得刘老幺家之苞谷数个。刘老幺即与子肆闹抓扯，意欲凭团部论，迄至晚来，子母将子责，逼子复与刘老幺争殴，延至次日以致忿激毙命"等。

纠纷由村民自愿报案件于团绅，团绅从中说和了息，也有亲族或亲友从中说和。文书中说明情因、解决办法等。

明清时期，邻里之间有矛盾都会寻求当地的团绅，或第三人，即"中人"从中调解，有时亲族也参与其中。团绅（乡绅），是指地方上有势力、有名望、有文化的，在乡村社会有影响的人物，一般是地主或退职官员。他们近似于官而异于官，近似于民又在民之上，在其社会的组织运作中有重要的作用。

如今社会中"中人"的存在比比皆是，在乡村中，或村里的长辈，或威望人士，在遇到村里有矛盾时出面调解；在社区中，有社区调解员，负责调解社区人员纠纷；在社会中，有专门调解生活矛盾的电视节

目、社会组织等。无论是之前的“中人”、团绅，还是现在的调解员、电视节目，都通过引入第三方来解决矛盾纠纷。这是因为受传统文化人道主义的影响，人们更愿意通过礼义廉耻制约和平衡社会关系，并处理各种纠纷。这种充满中国传统智慧的社会治理方式，正是如今以调解方式解决诉讼纠纷的基因所在。

（3）土地买卖契约

土地买卖契约有白契和红契之分，本书中主要以白契为主，红契较少。每份契约上都用毛笔工整地记录了当时的交易缘由、交易时间、交易内容、地界划分、证人等内容。

白契与红契本质都是关于土地买卖的契约，主要的区别在于白契是民间契约，红契是与官府的契约。同时，二者在内容上也有所区别，红契在契尾的天头大书“契尾”两字，“契尾”两字中间有“字号”二字。据了解，版框右半部（前幅）刷印户部与督抚推行骑缝契尾的法令，接着则填写业户姓名、交易的田房数目、价银与税银，然后是字号与年月日，年月日处正押布政使司全印。中间有业户、价银、税银字样，以及布政使司印。正文内容有：“贵州等处承宣布政使司韦，上曰议奏事奉，抚部院宪牌准，户部咨开，原因。奉旨依议。钦此。钦遵。咨院行司。奉此。合印契尾颁发，或须至契尾者。”据了解，合印契尾颁发，官府需令业户看明，当面骑字截开，前幅给业户收执，后幅同季册汇送布政司查核。而须至契尾者，业户呈契投税，官府遵定例，照格登填，令业户看明，当面骑字截开，前幅粘给业户收执，后幅汇同季册送司查核，转报院、部。

白契，即民间契约，开头说明立出卖田文约人，原因，见证人，交易土地面积、价格及坐落位置、四至及其他约定。最后，立出卖契人表明无异议，并附一句“今恐无凭，卖方立契给买方，永远为据”。右上方写明买契为据，右下方是凭中人，即原业主、族内人、说和人、过付人、代笔人等人亲笔签名见证。在多方见证下，买卖双方秉承契约精神，遵守契约内容。

契约文书中提到，“情因仙父刘子朋存昔得买朝陛之田业一股，地名杨柳湾，兹因年岁不礼，夫室请议，情愿请中，李儒珪侄刘国与等，作中说合，将父所买之业卖与陈以观名下，子孙永远为业。本人日后无得异言，此系心甘情愿，并无套情等”。由此我们可知道，茅台杨柳湾之名在明清时期就已存在，甚至于更早之前。

关于杨柳湾，曾有“天降宝珠生灵泉”“蝶引佳全酿美酒”等传说，所以本地才会有“酒出茅台镇、香起杨柳湾”的说法。从过去到现在，杨柳湾所承载的不仅是茅台的光荣与自豪，还有茅台用一生的岁月去诠释的人文文化。

现代社会，无论是银两借据、调解纠纷文书，还是土地买卖契约等，契约精神仍旧延续。例如，我在家中偶然翻到一张 10 多年前的房屋买卖合同，合同内容大同小异，包括甲乙双方，房屋面积、价格、位置，其他事项等，最后写“恐口无凭，立字为据”，甲乙双方、从中人签字按押。

契约精神不断延续至今，对文化、经济和法律制度等方面具有重要影响。契约精神体现了中华美德的“诚信”，形式上的自愿协议和责权对等的精神也是沿用至今的行为准则。契约精神，无论何时，都不会过时。

翻阅页页契约文书，我们宛如亲临彼时的茅台镇，看到一份借据如何产生、一场纠纷如何解决、一份土地交易如何完成。从一人、多人，家族，到整个茅台，都鲜明地反映了茅台的人文社会活动。

一页文书，岁月流年；一地德庄，家族辉华；一处茅台，文史烟云。茅台德庄契约文书，微物之“小”，有历史之“大”。

XUN JI REN HUAI

寻迹仁怀

一

水利·地标

挂在悬崖上的飞天长歌

◎沈仕卫

“有一种气魄震撼山岳，有一种力量无坚不破，十三道悬崖十四匹坡，凿渠汉子家在崖窝……”这首由贵州怀庄酒业（集团）有限责任公司董事长陈果作词的《茅台大堰颂》，生动地再现了修筑仁怀市盐津河动力渠时的艰辛。

此歌歌颂的是一位叫曹大权的修渠老人。

茅台大堰，又叫仁怀盐津河电站引水动力渠。从仁怀市盐津河谷开启，在茅台酒厂制酒十八车间附近结束，全长10.3公里，悬挂在今中枢街道办事处和茅台镇之间的悬崖绝壁上，规范段水深2.2米，宽2米。它今天以1.3立方米每秒的流量呈现，提供茅台小河电站每年1400万千瓦的发电水能。但因为它藏于大山深处50多年，在交通尤为发达的今天，人们习惯车来车往，它早已被人遗忘，年轻人更是知者甚少。

凿渠汉子家在崖窝

陈果写有一篇长文《盐津河（小河）电站建设概况》发表在《仁怀政协文史资料》第35期。开篇就表达了一种“愤懑”的情绪：“悠悠岁月，过往烟云，盐津河（小河）电站运行发电至今已几十年，当年的当事人大多还健在。但，包括仁怀市志在内的地方史料，似乎忘记了为仁怀工农业生产曾经功不可没的盐津河（小河）电站，忘记了曾经的功勋指挥长曹大权同志。”

盐津河电站引水动力渠

曹老今年已经83岁。这条渠倾注了他半生心血。

从盐津河峡谷深处的污水处理厂院内进入水渠，渠堤有一米多宽，人在上面行走基本安全。让人惊讶的是堤上多数路段的荒草刚被人割掉。50多年来，一直都有人在护渠。而50多年，这条渠的水也从来没有断过，盐津河电站也只因技术改造中断过两年没有发电。

曹老介绍，盐津河（小河）电站早在1958年9月就开始动工，施工到 1959 年春节，刚好完成起点滚水坝石砌工程，就遇到三年困难时期而被迫停工。一直到 1966 年，全国掀起“农业学大寨”高潮，工程才得以重启。工程重启时是 1966 年 7 月 1 日，故当时该工程被命名为“七一”引水大堰。直到 1971 年 12 月，大堰修筑完工，开始修筑引水渠，当时的曹老是仁怀县茅台公社棉农大队的大队长，之后，他被任命为茅台公社民兵连长，以工程副指挥长的名义，一直带领民兵修渠。渠修成后，他又带领民兵修筑从茅台南坳到小河电站长 4.2 公里、宽 6 米的进站公路，为电站的建设提供了交通保障。

从起水处平滩河岩沿渠出发，经光脑壳岩、周家箐岩，然后到油光箐岩，3 公里多便花了一小时。这条渠一路弯折向西，弯的地方，河面略显宽阔，水面也较平缓；而直的地方则最少都有 1 米宽，波涛汹涌，那奔腾的力量完全可以冲走一头大水牛。走过的 3 公里渠，至少有 70% 是在悬崖上，它随着悬崖蜿蜒曲折，像挂在绝壁上一样。人走在渠堤上，要是一脚踏空，定是粉身碎骨。

最险处是油光箐岩，有长达 30 多米的隧道，其进口和出口的岩与地面垂直呈 90 度。曹老说，这是盐津河动力渠中唯一的隧道，当年修此段渠时，悬岩上无路，为了降低伤亡风险，只安排 12 名民兵两班倒，民兵从山顶上用吊绳下到渠上方一个山洞里吃住，施工时又用吊绳从岩顶吊到施工点，他们需要的粮食、工具、炸药都是从另一匹岩通过滑绳输送过来。

今年已经 71 岁的游正强，家就住在离渠不远的梅子坳。他没有参与此渠的修建，却是这条渠施工的见证人。他说，那时候修渠，他知道曹大权是副指挥长、民兵连长。修渠那些年，为解决修渠人员吃的问题，有专人在山上养猪、养牛、养羊，那时候他没少去工地蹭饭。

当时茅台公社棉农大队组织上百名民兵为常修队，长期奋战工地，承担起工程攻坚克难的重任，民兵们服从安排，常年吃住在工地。棉农大队为了保证常修队生活补给以稳定队伍，专门组建蔬菜组，定期送粮送菜到工地。常修队也安排专人在施工工地饲养猪牛羊，自带碓磨，自力更生。

“那时候苦啊，每天每人只有一斤半口粮、4 分钱的油盐海椒补助，但这条水渠我们一共打了 14 匹岩。当时国家计划紧张，我们没得炸药，我就想个办法，去买硝酸铵、硫黄、锯木末，自行炒制加工成土炸药来施工。当时县水电局局长汪廷普来看了，感动得不行，才特批了两吨炸药给我们，我们这才把‘卡脖子’节点工程‘穿洞’打通，成功把水引到了猪鼻孔岩。”回忆起当年的修渠往事，曹大权眼睛湿润。

在一些山势相对平缓的土方路段水渠都被封闭在下面，用石头拱成桥状，将渠藏于“桥”下。曹老说，水渠修成后，他花了 3 年多时间带领群众来施工，原因是土方路段滑坡严重，这是为避免水土冲进沟渠造成水毁而采取的措施。渠上有好几处排洪匣，有几处修建在沟渠之上的山洪引流渠，这些都是避免水毁的防范措施。

曹老所说的 14 匹岩，按起点到终点顺序分别为：平滩河岩、光脑壳岩、周家箐岩、油光箐岩、猪鼻孔岩、马颈子岩、滑坡岩、巴竹岩、映山红岩、王家沟岩、大洞岩、红石岭岩、锣鼓岩、二斗岩。整个工程结束，没有出现一例安全事故。今天沟渠 3 公里处位于猪鼻孔岩与马颈子岩之间的梅子坳，已有一条硬化水泥路从渠上跨过，通往磺厂沟；沟渠 8 公里处的红石岭岩处，同样有一条硬化的水泥路从上盘旋而下直到河底。

主宰茅台二十余年!

出发近 3 小时后，我们终于来到了红石岭岩，从渠上往下看河底，河底已经崛起一大片民营酒厂。这是这条寂寞的沟渠一路走来第一个热闹地方。再往前走，就剩下 2 公里长的锣鼓岩、二斗岩了。从河流远处

从山腰上经过的水渠

豁口看出去，茅坛公路高高的大桥有如天堑横跨两山。

二斗岩团山堡处直下的管道通到河底，便是运转了 48 年的盐津河电站。曹老当年修渠有功，渠成后组建电站，他被吸纳为电站员工，又带领群众修电站，最后当电站站长直到退休。曹老说，这个电站是仁怀市历史上第二个水电站，是首个电站桥坡电站发电量的 2 倍。它于 1973 年发电后，直接供给茅台酒厂用电，还供应了中枢、茅台两镇 43 个大队用电，其中包括一些食品加工企业。茅台酒厂在用此水电前靠柴油发电产酒，年产量较低，但用上水电后，产量连年上涨。直到 20 世纪 90 年代末盐津河电站并入国家电网，茅台酒厂才脱离了对小河电站的依赖。可以说，这条渠，这个电站，曾经主宰了茅台酒厂 20 多年的命运。

4 小时终于走完大渠的全程。10 公里，一步一景。无论在任何渠段，盐津河都紧紧地追着水渠不放，连水渠终点的电站也就修在盐津河边。这一路上峡谷险峰奇绝无比，举起手机随便一拍都是风景。

这条用水的方式连通中枢与茅台、横挂于仁怀大山深处悬崖绝壁的渠，50 多年来，一直在做贡献，至今仍没有停止。今天，这条水渠每年能为国家提供 1400 万千瓦的发电能量，创造 700 多万元的产值。

仁怀市人大常委会副主任、仁怀市总工会主席吕恩说，10 公里水渠全过程穿山过崖，风景绝美，其旅游品位也极高。他提出，如果引盐津动力水打造“清凉茅台”“醉里水街”，那么，茅台古镇的魅力将大大增加。

“将水引入茅台镇街区，形成市井小水系，以此打造放大版的‘醉里水街’，使茅台镇真正成为‘依山而建傍水而游，河岸风光曲水流觞，醉里水街错落有致，亲水宜业宜游忘忧’的小而特河岸小镇。此水得以进一步净化再排入赤水河，对茅台酒厂一段生物多样性有好处。此外，此水流淌有利于繁荣镇上酒水相融的业态，对于改善调剂茅台古镇夏季炎热的现状也大有作用，将来茅台古镇就不会留不住客人。”吕恩说。

吕恩的想法得到仁怀市多位人士的认同。

茅台镇镇长蔡思军说，仁怀盐津河动力渠的修建是仁怀历史上的奇迹，其修建过程中反映的人文精神极具价值，这正是茅台古镇的发展需要的魂。引动力水入茅台镇，以此让茅台富有亲水性，是个好主意。但需要处理好 3 个方面的问题：一是各职能部门人文历史和现实需要的关系；二是自然生态政策和现实需要的关系；三是规划和落地的问题。

引得云天甘泉来

◎黄黔华　沈冰洁

仁怀市与金沙县交界处，有一条穿行于峡谷间的青菜河，它发源于仁怀最高峰芦竹山。

60 多年前，人们爬上悬崖峭壁，试图炸石断河，修建青菜河水库。尔后，又耗时 40 多年，在十分艰难的条件下，拦河筑坝，在百米悬崖上开渠，为仁怀南部众多严重缺水山区引来甘泉，解决约 7 万人的饮水问题，灌溉面积达 1.4 万余亩。

群山中的青菜河水库，蜿蜒于仁怀南部山区的 200 公里水渠，是仁怀人民以坚忍不拔、百折不挠的精神，一代接着一代拼命干，用勤劳和汗水，甚至鲜血和生命谱写的壮丽诗篇。

一

从后山苗族布依族乡驻地出发，沿着弯弯曲曲的村道，小心翼翼在山坡上盘旋半个小时，方能抵达青菜河水库大坝。

大坝两岸，山高入云，峭壁如削。一泓碧水，倒映着山影，水鸟游过，在水面激出层层涟漪。

来自茅坝镇的刘国成、龙井镇的陈光禄，是青菜河水库的管理员。他们已经在这里工作超过 30 年，平时每天的任务是打捞水库中的漂浮物，巡视库区安全。在主汛期或枯水季，他们还要根据调度指令，及时开闸泄洪或调节出水流量。

青山秀水，是旁人眼里的人间仙境，而数十年如一日的山中生活，却枯燥无比。“但比起老辈人的付出，比起修水库、修水渠伤亡的人，我已经很幸福了。”刘国成说。

刘国成第一次到青菜河水利工程现场才 14 岁。“水库还没修好，我是来给在工地施工的父亲送东西。”他说，来水库的第二天是 1 月 1 日，“这个时候，我才晓得新年第一天叫元旦。”

实际上，刘国成去工地给父亲送东西时，距青菜河水利工程开工建设已近 20 年。

1957 年，当时的茅坝区委、区公所与茅坝、龙井、立英、九仓、小湾、后山、两河、哑塘等 9 个公社领导经过反复研究，并发动群众充分讨论后，向仁怀县委、县政府提出修建青菜河水利工程的请求。

按照最初的选址，青菜河水利工程大坝地址位于现坝址下游的天生桥河段，计划坝高 50 米，修建渠道 11.5 公里，再在渠道沿线修建 3 座“结瓜水库”和 10 座小山塘。但后来经过遵义地区及贵州省水利部门勘察后，决定将大坝地址上移至现址，并将其作为“定向爆破筑坝”的科学实验项目。

“定向爆破筑坝”，通俗说，就是通过爆破两侧山体，直接利用崩塌土石方堵塞河道，修筑水库大坝。这一方案，是由铁道部川黔铁路建设工程师刘德付现场勘察论证后，基于坝址位于崇山峻岭中无路可通、材料运送成本高等现实条件提出的。

1959 年 11 月 14 日，青菜河水利工程开工建设。首先开建的是总干渠，以及开挖引水隧洞和用于填充爆破山体炸药的洞室。根据设计，工程施工人员要先在悬崖上开凿出总长度 300 米的 10 个洞室，再装入 229.7 吨炸药，炸岩 15.85 万立方米，抛掷 6.3 万立方米，作为大坝所需用石。

“这个工程先修的是渠道，后来才修大坝。而且，大坝附近几公里内的干渠施工，不能爆破作业，只能一锤一锤地敲凿石头。”刘国成说，自

青菜河水库

已成年后到了工地，才知这是为防止反复爆破的震波危及未来大坝基础安全。

二

茅坝、九仓、龙井、后山等地，原来均属于茅坝区管辖，也是仁怀的粮食主产区。但是，由于山体切割，缺水严重，很多即便是坝区的良田沃土，也只能种杂粮，种水稻的不多，导致粮食不足、百姓生活贫困。

人们编的顺口溜，是当地缺水、贫困的真实写照："渴饮龙塘冷水，饥餐小米苦荞，松添一碗红花，不如油煎青菜。"而这段顺口溜里面的龙塘、冷水、小米（市）、苦荞（寨）、一碗（井）、红花（岭）、油煎（尖山）、青菜（坳），都是地名。

青菜河水利工程开工，干部、群众的积极性很高，从区公所到公社，再到生产大队、生产队，人们自带粮食和工具，翻山越岭赶往指定工点，在深山中搭建起窝棚，全力投入到工程建设中。

资料显示，这段时间，9 个公社的村民参加建设，18 公里总干渠工地上每天有超过 4000 人，其中男性 2700 多人，女性 1400 多人。

"二层岩、油槽箐，猴子爬不进，谁想修沟渠，除非送老命。"当地民间流传的另一段民谣，这样描述 18 公里总干渠经过地段的艰险。

这些地方绝大多数崖壁高约 400 米，而青菜河水利工程的总干渠，必须从崖壁腰部穿过。从每个公社抽调来的村民，组成了"尖兵班"，用箩筐、绳索、白布，吊着人放到悬崖绝壁上打炮眼、放炮炸岩。在油槽箐施工时，九仓公社的涂在芹等 18 位女青年，主动请战，加入"尖兵班"，与 3 位男青年耗时 150 天，在"举头望天头欲掉，低头看河骨已散"的悬崖上，开凿出一条可供人通行的栈道，才使得大队人马得以进入作业。

青菜河水利工程，是一个典型的"三边工程"，即一边勘测、一边设计、一边施工。其间，设计方案多次调整。同时，出于国家政策调整和资金保障等原因，工程几上几下。

1960 年 8 月，在“以粮保钢，增产节约”运动中，青菜河水利工程暂停施工。而此时，已完成总干渠石方 17.3 万立方米，土方 4.3 万立方米；引水渠道掘进 99 米；已开挖的 4 个药室每个宽 3 ～ 4 米，长 30 ～ 40 米。

曾在茅坝区任职的李先安回忆，事实上这次只是停止施工，相关的其他工作并未停下。“区委、区公所和县水利部门紧密配合，利用这段时间，抓紧勘测、设计、呈报资料，争取省和地区立项。”他如此写道。

三

1965 年 9 月，经过努力争取，工程复工。尽管正处于农忙季节，但是每天在工地上作业的村民，也没有低于过 600 人。到了农闲时节，更是多达 2000 余人，还有突击队，重点是抢修进坝公路，拦河引水、抢修总干渠，重修上次建成后崩塌的渠段等。至 1970 年，由青菜坳至水库坝址的公路修通，青菜河至青菜坳 18 公里总干渠打通，天门垭隧道打通。

1971 年初，青菜河水利工程开始筑坝，东、西干渠及支渠全部开建。到年底，全线每天上工人数超过 4000 人。而此时，鉴于原设计大坝汛期坝顶无法泄洪，大坝类型被调整为重力坝，坝型标准提高，且新增了一座坝后发电站。

刘国成、陈光禄的父辈，此时都在工地上奋战。

“那个时候，人们抱定了不修好水库、水渠绝不回的准备。”刘国成说，龙井公社还派出了后勤人员，在水库附近的山坡地上，开出玉米地、菜地，种玉米和白菜、莲花白，养猪、养鸡，以保障本公社参建村民的生活供给，有时候还把多余的肉、菜送到指挥部，分配给其他公社

悬崖峭壁上的二层岩渠段

参建工队。

为了提高作业效率，人们除了挑灯夜战，连续 8 年大年三十都奋战在工地，还想出了许多新办法。比如，通过在两山之间架设滑丝，凌空吊运重物；利用高差，修建滑轨，快速运送材料；设计出挖土、刨石的两用锄头；采用投掷火把等方式，加快隧洞排烟；利用硝酸铵、谷糠等制作土炸药，解决爆破材料不足等问题。

因为青菜河水利工程复工，大山深处边变得热闹起来。“听说有了医院，还有电影院，每个星期要放一场电影。”陈光禄说，“学习铁人王进喜的电影，也在这里上映过。”

水渠经过的峭壁密林

这期间，许多干部和群众因此负伤，甚至献出了宝贵的生命：1959年12月25日晚，后山公社年仅20岁的女青年，在招呼同伴撤退时，被脚下的钢钎绊倒，坠下悬崖死亡；1959年12月31日，一位名叫曾宪布的村民，在高家岩段施工时，因下雨路滑，坠崖摔成重伤，3天后在医院去世；1960年1月8日，村民朱占国在高家岩作业时，被落石击中头部死亡；1965年9月27日，茅坝公社武装部部长陈国治在油槽箐施工现场被坠落的悬石砸死；1965年11月10日，参建村民陈光华在油槽箐点炮后，返回躲避途中，被悬石击中身亡；1966年6月19日，二层岩悬石滚落，将正在作业的村民陈国超砸下悬崖；1972年夏季，14位村民在二层岩施工现场就餐时，脚下的岩石发生崩塌，他们随之滚落 200 多米深的山崖……

仁怀人以愚公移山的精神，终于在峡谷之中，修建起库容量为 700 万立方米的青菜河水库，成为仁怀南部山区人民的“大水缸”。

四

1976 年 3 月，青菜河水库正式下闸蓄水。刘国成清楚地记得，下闸这天，指挥部给每个参建大坝的人发放了一块肥皂、一对电池、四两肉的购买票证。“尽管自己还是要掏钱去买这些东西，但在那个年代，能领到这些票证，是十分令人羡慕的福利了。”他说。

水库下闸后，发生的一件趣事让陈光禄至今记忆犹新——

考虑到水库下闸后运输材料需要，一位技术人员经过反复论证，在水库坝区工地上，用水泥造了一艘载重 5 吨的船。可是，水库下闸后，眼看水就要淹过船帮了，船却在原位纹丝不动。

难道是自己计算有误？技术人员急得满头大汗。

其时，省内所有水泥厂生产的水泥，要首先满足乌江渡水电站工地。1975 年开始，青菜河水电站水利工程的水泥供给十分紧张。为了确保工程建设，仁怀县拨出资金，并抽调大批技术人员和群众，用 7 个月时间，在茅坝二号弯抢建了一座年产 3000 吨的水泥厂，以及在五马河孟家桥河段建起一座装机 250 千瓦的水电站，向水泥厂供电。

面对这种情况，这位技术深感责任重大，顾不得河水冰冷刺骨，跳进水中找原因，结果发现是由于造船时渗到底部的水泥砂浆，与地面部分粘连所致。于是，他赶忙招呼大家，用钢钎、棍棒使劲撬动，分离船底与岩石的粘连，终于让船浮了起来。

这艘水泥船，后来一直作为工作船，在水位逐渐升高的库区穿梭，转运工程材料，也运送龙井公社后勤人员种在山上的粮食、蔬菜。直到多年后，它在一次超载运送木材过程中，遇到暴风雨泊岸避险时沉没。

“现在，枯水期时，还能看到它高高翘起的船头。”陈光禄说，“如果能打捞起来，送到博物馆去，它一定会吸引很多人。”

1977 年 10 月，青菜河水库坝后水电站建成发电。

五

青菜河水库下闸蓄水后，蓄水状况良好。清澈的青菜河水，沿着开凿在悬崖峭壁上的 200 公里总干渠、东西干渠和众多支渠，穿山过坳，向茅坝、小湾、两河等公社供水，使得 8400 多亩稻田得到灌溉，最大落差 300 多米。

但是，因为地形条件复杂，资金和材料供应不足等，青菜河水利工程还有大量工程待建。而且，已投入使用的部分，也出现严重的渗漏等问题，导致已受益的 8400 多亩稻田，有 1400 多亩灌溉得不到保证。

因此，青菜河水利工程续建工程的报告，再次被送到遵义地区、贵州省水利部门，甚至贵州省人大会议上。

今天的黎明村，因为干旱严重，曾有“灶孔”之说。据称，有人曾以当地的仙人洞、仙人搁石景点，写过一个上联：仙人洞仙人搁石纵有仙人也难降黎明灶孔之温。

早先，仁怀县相关领导调研时，曾打算实施工程，修建提灌站，从黎明河提水灌溉，但由于投入巨大，未能遂愿。

青菜河水利工程的渠道，也要修到这里。但水渠穿山的黎明隧道，是一块“硬骨头”，基于设备和经费原因，直到 1987 年仍未打通。时任青菜河水库续建配套工程指挥长的李先安，有感上联和群众修渠干劲，写了下联：五里坡五里支渠虽无五里却可变古镇贫困之貌。

李先安在回忆文章中说，这个下联，对黎明群众抢修黎明隧道到五里坡红旗支渠、加快掘进黎明隧道，起到了动员作用。1989 年，黎明隧道终于打通，接着又从隧道口修建了长 4 公里多的支渠到五里坡，从而使得黎明、望龙坪、贾角山 3 个村的 1000 多亩田土得到灌溉。

六

经过 1986—1996 年省、地、县三级多次增加投资，整个工程主体建设基本完成。不过，因为资金不足，青菜河水利工程原设计的部分项目没有实施。比如，修建提灌站，从水库提水到后山乡灌溉 6000 亩田土；西干渠仅修至仁和寨，没有修建到原设计的鸽儿坳；等等。

尽管如此，持续了 40 多年的青菜河水利工程，仍然产生了巨大作用。工程陆续投用后，能够灌溉 14 900 亩稻田，为 7 万余人提供饮用水。同时，为保持库区水土，不但划定了禁伐区，还开展了大规模人工造林活动，减少水土流失。此外，配套修建的两座水电站、一座水泥厂，以及后来为综合利用增修的张家屯水电站等，为仁怀南部山区及毗邻的金沙县部分乡镇照明和基本建设，提供了支持。

如今，出于环境保护需要，当年修建的水泥厂、水电站先后被关停和拆除，但青菜河水利工程仍持续不断为仁怀南部山区及部分坝区供水。人们顽强地与恶劣自然条件斗争的精神，成为激励后人奋发向前、推动仁怀高质量发展、推进中国式现代化的强劲动力。

仁怀酒旅“地标”背后的故事

◎黄黔华

今天，酱香酒独特的口感已被越来越多的人所喜爱。由此，去仁怀，游茅台，寻酱酒源流，探酒香奥秘，感悟独特仁怀酒文化正渐成风尚。

一切都那么自然、和谐。酒与文旅，与历史，与文化，已深深交织在了一起，“酒文旅融合”渐成热词。

仁怀，是全国较早推动酒文旅融合发展的地方。20多年前，在“开发赤水河旅游，寻找仁怀第二经济增长点”这一超前战略思维的引领下，尚不为时人重视的旅游业，被写入了政府工作计划，并大开大合付诸实施。于是，第一批建设的酒旅“地标”——美酒河摩崖石刻、国酒门、巨型茅台酒瓶、国酒文化城等应势而生。如今，它们不仅仅是本地人引以为豪的标志，更是外地人来到仁怀心之向往的必看景点，已然成为展示仁怀风物、体验酱酒文化、品味历史内涵的重要载体。即使没有来过仁怀，这些地标也已为很多国人耳熟能详、津津乐道。

接下来，让我们一起去探寻这些“地标”背后生动曲折的故事吧！

广地同频的规划

时间回转到1994年。当时，以茅台酒为代表的仁怀酒业，发展到一个新阶段，民营酒企的产品逐渐销往全国市场，并多次获得国家级奖项，“仁怀酒”的名气初显。

分析仁怀历年经济数据发现，全县以工业为主的第二产业收入，自1991年首次超过第一产业后，快速增长，至1994年已是第一产业的1.5倍。同时，以服务业为主的第三产业收入，也实现了翻倍。

也是在这一年，由遵义地区文联组织的“仁怀文化现象研讨会”，以及第五届“赤水河之声”音乐节，先后在仁怀市举行。

经济趋活，文化渐热。透过这些现象，时仁怀县委、县政府认为，可以以酒为媒，融合独有的文化和自然资源，发展旅游业，实现三大产业的交融发展。可是，这种大胆的想法并不是每个人都能理解和认同的。当时，一位县领导在做说服工作时，这样跟大家说：“起码，你得让人来喝了酒，还有地方可以去耍。他留下来耍，就要住店、吃饭、坐车，就会产生消费，让我们多了一笔收入。”

仁怀旅游该怎么做？当时县委、县政府和贵州茅台酒厂，在这个问题上，进行了深入探讨和研究后确定，依托神秘茅台，突出特色，主打酒文化之旅。

事实上，在仁怀县提出发展旅游业前的1993年，由贵州茅台酒厂投资，占地面积达3万多平方米的中国酒文化城（现名为国酒文化城）开工建设。这个总建筑面积达8000多平方米的建筑群，除了甬道、楼阁等传统建筑外，最亮眼的部分是汉、唐、宋、元、明、清及现代风格的馆舍等，其中中国酒文化历史长廊中的内容，几乎囊括了中国酒的通史。此外，还建设了茅台园林景观。

仁怀县政府、贵州茅台酒厂，有专门的联席会议制度，保持着厂、地沟通的好传统。仁怀的旅游产业思路、贵州茅台酒厂的中国酒文化城建设，是厂、地同频发展的典型案例，也是后来仁怀市“立足茅台、服务茅台、厂市同兴”思路的雏形。

虽然调子是定下了，茅台的文旅项目已开建，但旅游业还未得到足够重视；加上过惯了“穷日子”，投入大笔资金用于短期内难以见效的文旅项目开发，干部职工思想上还是有顾虑的。而且，1994年初，因粮油价格上涨厉害，仁怀重新启用了1993年才暂停使用的城镇居民购粮证，规定每人每月供应中等大米10公斤、菜籽油0.5公斤。相关项目的建设和推进面临认识不统一、资金不足等多方面的困境。但县委、县政府还是下定决心，坚定“开发赤水河旅游，寻找仁怀第二经济增长点”的目标，依托川盐入黔、茅台酒、四渡赤水等历史人文资源，着力发展旅游业，成立“茅台国际旅游规划办公室”（后改为“茅台国际旅游开发办公室”），着手制定仁怀第一个旅游规划——茅台国际旅游区发展规划方案。

这个发展规划方案，包括在遵仁公路盐津河大桥一端修建仿古建筑“国酒门”、在峡谷山头修建巨型茅台酒瓶、建设“国酒门山庄”，以及修建赤水河茅台至两河口段公路、在赤水河崖壁上凿刻“美酒河”摩崖汉字等。

1995年3月，茅台国际旅游区发展规划方案通过省级论证。同年7月，当时中国第一、亚洲第二、世界第三大桁式组合拱桥——盐津河大桥合拢。同年11月30日，国务院批准撤销仁怀县设立县级仁怀市，仁怀发展进入新阶段。

“国酒门”和“天下第一瓶”的由来

在遵仁公路盐津河大桥一端修建“国酒门”，是仁怀茅台国际旅游区发展规划的项目之一。“很多重要场合，都有茅台酒的身影。因此，茅台酒在较长一段时间里，被称为‘国酒’。”一位了解当年决策的干部说，定名“国酒门”，除了凸显茅台酒的“国酒”地位，更重要的是把以茅台为代表的仁怀酱酒文化，视为中国优秀传统文化的一部分。

1994年，地标建筑“国酒门”工程开工建设。

国酒门一侧，《国酒门记》碑刻记载，仁怀建设“国酒门”之举，得

國酒門

KWEICHOW MOUTAI
贵州茅台酒
MOUTAI DISTILLERY

国酒门

到全国31个省（自治区、直辖市）、中国港澳台地区，以及日本79家友好单位的支持，并得到了它们的热情赞助。

时任仁怀市旅游事业局副局长的王云庆回忆说，因为缺少资金，修建"国酒门"，是通过募捐方式，面向全国筹集资金。"我印象中，光是仁怀糖烟酒公司，就发动了不少省内外糖酒公司捐资金，最少的一万元，最多好像是6.8万元。"王云庆说。

雍容华丽、庄重典雅的国酒门，位于遵仁公路上，高18.6米，宽23.8米。其主门高7.8米，宽9米，为四柱三门一殿两亭五檐的牌楼亭阁式建筑。拱额上的"国酒门"大字，是贵州茅台酒厂原党委书记邹开良所书。

国酒门按中国传统牌楼形制而建，典型的古建元素彰示着悠远的历史风韵。楼顶四角飞檐飘逸，恰似瑞鹤引翅上碧空。檐脊正中为二龙抢宝塑像。顶层正面有雄狮立威，背面有吉象呈瑞。此外，油漆的门柱和镶嵌楼壁的大理石均为典型的"中国红"，构成了整个建筑庄重喜庆的主色。这些无不显示出厚重的传统文化之韵，更折射出仁怀酱酒的味和魂正是根植于中国传统文化由生到兴。

巨型茅台酒瓶

"国酒门"前耸立着4根蟠龙华表，是用本地所产砂石雕刻而成，其上祥龙绕柱穿云，栩栩如生，雕工精细，技艺超群。其绘图者和雕刻者，均是仁怀本地的匠人。其中，承担绘画工作的，是家住赤水河边的任安强。他长期从事傩画等民俗图画绘制。据其回忆说，"当时有人找到我，说让去帮着画点画，去了后，才知道是要绘制‘国酒门’的石刻底图。”尽管之前有过为中国酒文化城绘制人物雕像底图的经历，但面对华表这种庄重之物的绘图，任安强心里还是没底。“我先用粉笔，在石头上画了个样，大家都觉得可以了，才用毛笔蘸着墨水绘画。”任安强说。

此后，任安强成了仁怀首批旅游设施建设工程的“御用”画师。吴公岩河段的石刻长龙、合马的石刻山羊，以及沿河公路旁的汉代铜鼓、铺首衔环壶等文物雕塑底图都出自他手。

承担华表及周边护栏石刻工程的是一位名叫陈大恒（音）的本地石匠。他所带领的石匠队伍，在仁怀小有名气，之前承担了中国酒文化城的部分石刻工程，后来又雕刻了被列入“大世界吉尼斯之最”的吴公岩石刻长龙等。

这时，另一项“地标”工程，也在“国酒门”旁的山头上开工建设。它就是绝大多数来仁怀旅游者必到的经典景点——巨型茅台酒瓶。著名书法家、人民日报社原社长邵华泽，为之题写“天下第一瓶”。

这个巨型茅台酒瓶，高 31.25 米，直径达 10.2 米，体积为 1469.33 立方米，是当时世界上最大的实物广告，被列入“大世界吉尼斯之最”。据测算，这个“茅台酒瓶”如果用来装茅台酒，能容纳 500 毫升规格的茅台酒 2 938 660 瓶。

巨型茅台酒瓶内部，有 6 层楼高。游客进入内部，沿旋转楼梯而上，透过窗口，可俯瞰盐津河峡谷的壮美风光。作为赤水河一级支流的盐津河，生物多样性丰富度高、风光俊秀，有着厚重的历史人文底蕴，迄今赤水河流域所发现的最早酒器——商周大口尊等文物，就出土于峡谷的山洞中。明清时期，作为进入川盐入黔通道的必经之地，峡谷上的怀阳洞内，留下了众多名人墨宝。

1996 年初，时任贵州省副省长楼继伟到仁怀调研，重点视察了盐津河大桥河和“国酒门”工程，对仁怀的旅游产业发展思路给予高度评价。同年，仁怀市在茅台国际旅游开发办的基础上，加挂了“仁怀市旅游事业局”的牌子。当时，贵州乃至中国西部地区，仅有极少数的县设立了旅游部门。可以说，仁怀是将酒产业和文化旅游相结合的开拓者之一。

“美酒河”背后的“美美与共”

“美酒河”摩崖石刻，位于赤水河吴公岩河段四川省古蔺县的悬崖峭壁上，与位于贵州省仁怀市境内的观景台和石刻长龙公路护栏，以及摩崖石刻汉字群，形成了著名的美酒河景区，成为万千过往游客的热闹“打卡点”和仁怀影视片中曝光率最高的地标之一。

巨幅“美酒河”摩崖石刻，也是川黔两省“美美与共”佳话故事的见证。1994 年 5 月，贵州省仁怀市与四川省古蔺县签订《仁怀古蔺缔结友好县协议书》，就产业发展、基础设施建设、生态保护、文化交流等达成共识。其中，由仁怀县创意发起，古蔺县协作，在古蔺县境内崖壁上凿刻“美酒河”摩崖石刻，即其协作具体内容之一。

赤水河边的吴公岩，初名“蚊虫岩”，运盐船难以通行。两岸川黔民众，在垂直的河谷峭壁上，开凿出台阶，供两岸渡船、盐船转驳。今天，残留于河岸的 9 孔“牛鼻眼”（指刻凿在石头上用于系船缆的石孔）和 35 级石阶，是这段互助历史的见证。清乾隆年间，渡夫吴登举以一家十八口性命担保，发动两岸群众疏浚赤水河航道，“蚊虫岩”更名“吴公岩”。清代诗人郑珍经过吴公岩，查访民情、人文，以吴公岩段及“背过山盐”的盐工为背景，写下“蜀盐走贵州，秦商聚茅台”的诗句。

“美酒河”三字，由邵华泽先生书写，于 1998 年开工凿刻，至 1999 年完工，是迄今世界上最大的摩崖石刻汉字，入选“大世界吉尼斯之最”。其中，“美”字高 41.2 米，宽 33.05 米；“酒”字高 31.62 米，宽 30.42 米；“河”字高 34.49 米，宽 32.6 米，笔画最宽处为 6.8 米，字刻深 1.8 ~ 2.2 米。

美酒河

人们“打卡”“美酒河”石刻的同时，更惊叹仁怀人的创造力，也好奇仁怀人是如何将这些汉字刻上悬崖峭壁，并保持笔画不走样的。

陈耀平是“美酒河”摩崖汉字施工组织者之一。他回忆时，如此描述了工程的艰辛——“在近三百米高的危岩上，根本无路可走……在悬崖上凿出一条羊肠小道供通行和运料，选择崖边的一个溶洞吃住……原

本用投影仪，将文字投射到崖壁上指引凿刻，不曾想，白天投影到对面崖壁上，什么也见不到。后来，又准备晚上投影文字，但试过几次，施工极其危险，只得放弃。"

"1998 年 10 月 1 日，大家想到了拓字。于是，先用电脑扫描后，将字打在布料上，找准位置，一个一个挂到崖壁上，再将字拓印在石壁上。挂字的时候，负责人就站在河对岸山腰上，举着望远镜，手持对讲机指挥——'老张，向左 3 米''朝上一米'。正式破崖刻字时，细小的地方用手锤凿，大的地方用山炮轰。这种炮很讲究，只能一点点来，稍有不慎，会伤到崖壁的其他地方，这三个字可以说是'炮轰'出来的。"

历时近一年，"美酒河"摩崖石刻汉字终于雕刻完成。时任仁怀市市长谭智勇，为"美酒河"摩崖石刻撰写了《美酒河记》：

千里赤水，源于乌蒙……更有天之灵，地之气，水之魂，人之本，创造出国酒茅台，金奖郎酒，香飘四海，赞誉五洲……四渡赤水，红军精神，千秋伟业英名，后人继承，称为英雄河。改革开放，酒业兴旺，沿河名酒争出，世人瞩目，誉为"美酒河"。

而今，"美酒河"摩崖石刻汉字，与吴公岩人文故事，有机融合，成为赤水河的一个厚重文化符号，被贵州、四川、云南三省屡屡印上官方画册，摄入电视宣传片，成为向世界推介赤水河文化的重要名片。

2020 年，鉴于石刻文字颜色淡化、边线风蚀，川黔两地的茅台、郎酒、宋窖、国台、钓鱼台、仁怀酱香酒等酒企，经过商议，决定共同出资，对"美酒河"摩崖石刻进行修复。这次历时 8 个月的修复工程，除清除笔画内的草木、剔除危岩、重新上漆外，还对照原字，对石刻笔画进行了美化，并将摩崖石刻汉字整体刻深了 0.5 米，使其笔画更显苍劲、有力。

融合发展带来无限动力

从第一次将旅游作为产业提出，到酒文旅融合发展，仁怀进行了30年探索和实践。

30年来，仁怀充分依托传统特色产业，工农旅融合、产城景互动、“红白绿”交相辉映，经济社会快速发展，成为贵州首个“双千亿”城市，先后获得“中国酒都”“中国酱香白酒核心产区”“世界酱香白酒核心产区”等荣誉称号。

今天，以盐运文化、酱酒文化、长征文化等为核心的仁怀旅游，与

盐津河峡谷

相关产业高度融合。神采八卦园、茅台酒镇、长岗红色小镇、马桑坪盐运小镇等新景点应运而生，结合酒庄游，与传统景点“国酒门”、巨型茅台酒瓶、“美酒河”摩崖石刻、国酒文化城等，吸引了大量游客。2023年前11个月，仁怀累计接待游客899.28万人次，旅游总收入达110.61亿元，游客人均消费1230元。

从“国酒门”、“美酒河”摩崖石刻，到酒文旅融合发展，仁怀的城市特色和魅力得到进一步彰显，表达形式愈加丰富，影响力持续提升，推动产业不断升级，人民幸福指数不断攀升，不断刻画出新时代的发展新画卷。

后记

◎李　武

仁怀，绿美相依，独特的生态系统孕育了4000余种动植物和无数微生物，自然天成，独一无二。

仁怀，酒香四溢，3000多年的酿酒史造就了佳酿美酒，成为世界酱香白酒核心产区，其中以茅台为代表的仁怀酱香酒，驰名中外。

仁怀，文化繁荣，900多年的建县史沉淀了多彩厚重的文化，盐运、酱酒、红色、西苗等文化相互辉映，相得益彰。

声名远扬的酒都仁怀，从庄蹻入滇到汉武拓疆，从改土归流到川盐入黔，再到红色革命的四渡赤水……共同绘就了仁怀赤水河的厚重底色，也成为长江文化的重要组成部分。

自幼生长在赤水河畔的我，为仁怀深厚的文化底蕴和独特的酱酒工艺深感自豪。为更好地传承独特的酱香文化，我曾设计了仁怀酒文化的“五个一工程”，即“一套书、一部剧、一台戏、一集曲、一桌席”。很庆幸，这个愿望在逐步实现。

仁怀市委、市政府高度重视文化保护与传承，主要领导亲自策划并参与，积极推动以酱酒文化为主体的文化体系建设。2010 年，仁怀市酒文化研究会成立，旨在传承文脉、弘扬传统文化，其宗旨是“解读酱酒工艺、传播酱酒文化、塑造品牌价值”。作为该研究会会长，我对创新酱酒文化表达、推动酱酒产业发展有了一些思考和规划。

2020 年 8 月，在“五个一工程”基础上，我又提出的仁怀酒文化“九大工程”[①]，得到市委、市政府及研究会全体会员的支持。我和团队围绕办会宗旨，积极推进这“九大工程”：发布了地理标志产品仁怀酱香酒系列标准；授予宋书玉、季克良等行业大咖“仁怀酱酒文化传播大使”称号；建立了以会刊《仁怀酱香酒》、微信公众号“酱香仁怀”、中国酱香酒文化网为主的媒体矩阵；出版了中国大型酒文化文献资料《酒典》，编印了酱酒科普读物《酱香秘域》；创作并发布了《风过仁怀带酒香》《一杯酱香山河醉》《英雄赤水河》《红》等系列酒文化歌曲；策划创作了登上央视的首个本土酒文化剧目《把酒问明月》；梳理出非物质文化遗产项目“高粱入仓仪式”等……仁怀酱香酒文化的传播和表达体系，正在加速构建和完善。

本书是我们为构建仁怀酱酒文化体系出版的系列丛书之一。我们希望通过历史资料和实地采访相结合的方式，撰写系列文章，讲述仁怀和赤水河的故事，传播世界酱香白酒核心产区文化，提升产区文化自信，赋能酱酒产业发展。

这些文章在内审会上备受关注，许多专家、学者、领导及会员对我们的工作予以肯定，认为很多资料填补了文史记录的空白，并期望我们继续努力。这使我们倍受鼓舞，同时我们也深感责任重大。经过认真研讨，我们团队进一步升华创作方案，决定以仁怀为核心，对赤水河流域

① 仁怀市酒文化研究“九大工程”：构建一个大体系——仁怀酱香酒文化体系；建立一组新标准——仁怀酱香酒系列标准；塑造一款好品牌——仁怀酱香酒；扶持一群好酒庄——仁怀酱香酒集群；推出一批文创酒——仁怀酱香文创酒；组建一个强社群——仁怀酱酒文化大使；孵化一组新媒体——仁怀酒文化媒体矩阵；打造一座数字馆——中国酒都文化数字馆；占领一个酒高地——世界酒文化大会。

及仁怀相关的历史文化遗迹、人文生态、技艺传承等进行全面、系统的整理和研究，然后再出版系列丛书。

本书以历史、文物、地名、物种等为线索，通过实地寻访和收集口碑，生动展现历史并使其鲜活起来。同时，本书以当下视角回顾历史，将历史沉淀与新时代发展有机结合，采用“寻”与“思”的方法，唤起人们对历史文化的尊重和对未来的思考，从而加厚文化底蕴，增强酱酒核心产区发展的“源动力”。

《寻迹仁怀》等系列酒文化丛书，也是持续推进和实施仁怀酒文化“九大工程”的成果之一。本套丛书的主创人员，包括仁怀市酒文化研究会秘书处人员、会员和顾问，都为创作本书付出了艰辛的努力，仅查阅的资料堆积起来就有一人高，采访行程累计超过 2 万公里。为调查和核实信息，其间采编人员还爬山涉水，多次进入赤水、习水的自然保护区核心区。

本书的成功出版除了团队的努力外，更离不开酿酒大师、国家级非物质文化遗产优秀传承人季克良先生的关心和帮助，他不仅时时关注进展，还为系列丛书一一题写书名，还离不开贵州省博物馆的李飞、贵州省文史研究馆的龙先绪，以及姚辉、陈灼、陈果等老师的付出，他们为团队提供线索和资料，甚至亲自参与撰稿或参与校正史实引用，为丰富书籍内容和保证稿件质量提供了重要帮助。另外，仁怀市文化旅游局的文物保护中心和仁怀博物馆，不仅为我们提供了寻访线索和资料，而且派出专业人员担任向导、联系采访对象，与我们共同商讨选题。仁怀市委宣传部将本书纳入仁怀市实施文脉传承工程，作为“笔墨仁怀”行动的重要项目予以支持。在此，我们向为本书编写出版提供帮助的所有领导和朋友表示诚挚的感谢。

仁怀厚重的文化、丰富的生态资源和独具特色的产业，为我们提供了广阔的发展空间。未来，我们将按照市委、市政府的要求，以弘扬仁怀优秀传统文化为使命，深入调研、精心研究、创新传播，持续推进仁怀酒文化“九大工程”，以更广阔的胸怀、更深远的视角、更专业的精神，将《寻迹仁怀》打造成地域文化的系列典籍，详细记录仁怀乃至赤水河的历史文化，为仁怀酱酒产业的发展提供源源不断的文化动力。

亭子
枢）

乾隆元年
1736 年）

川巡抚黄廷桂
川盐行黔的四
水路划为仁、
、綦、涪四大
岸，其中赤水
一线为仁岸

清乾隆三年
（1738 年）

仁怀划仁怀、河西、土城里归遵义府通判管理

清乾隆十年
（1745 年）

云贵总督张广泗奏准疏浚赤水河道，仁岸盐船改由茅台起岸

清咸丰四年
（1854 年）

杨龙喜起义军攻占仁怀县城，改仁怀为新开县，后被清军夺回

清同治三年
（1864 年）

仁怀县城被黄、青、白号军攻破，知县马钧被杀

清光绪五年
（1879 年）

四川总督丁宝桢奏准整治赤水河道，延续仁岸川盐运销

民国四年
（1915 年）

仁怀分赤水、吼滩、小溪、丁山四里，建立习水县

民国三十
（1942

仁岸官商
修赤水河

年
）

组织整
道

1949 年

仁怀解放

1965 年

仁怀划回龙、桑木、永安三个区归习水县管辖

1995 年

仁怀撤县设市，属遵义地区代管

2013 年

仁怀改为省直管

2019 年

仁怀调整为遵义地区代管

注：本图内容由张霖整理。

明万历二十九年（1601年）

复建仁怀县，辖仁怀、赤水、郎城、丁溪、安罗、李博六里，隶遵义军民府，归四川管辖，治所在留元坝（今赤水市区）

清初

仁怀为南明王朝控制区域

清雍正五年（1727年）

仁怀县随遵义府改隶贵州布政司

清雍正十三年（1735年）

仁怀县治迁……坝新城（今中……

……七年（……8年）

……怀里，隶……官司

明崇祯二年（1629年）

仁怀辖地改为十里，增加吼滩、河西二里；改郎城为二郎、土城二里；改丁溪为丁山、小溪二里

清顺治十五年（1658年）

仁怀被纳入清王朝版图

清雍正八年（1730年）

仁怀县署改驻生界宝峰寺

青

地域先
、鳖、
等县

唐代至五代

仁怀周边先后有羁縻义州、龚州、蔺州及芙蓉、琅川、胡刀、释燕、高山、舍月、湖江、罗为、邪施等县

北宋大观三年（1109 年）

建仁怀县，隶滋州，治所在复兴场（今赤水市复兴镇）

北宋宣和三年（1121 年）

仁怀、承流二县合并为仁怀堡

南宋时期

仁怀隶夔州路南平军

元代

仁怀属仁怀长官司、古磁（滋）长官司、石粉罗家永安等处长官司，明玉珍大夏政权怀阳县

明初

仁怀为播州土司辖地

明洪武十三年（1380 年）

景川侯曹震奉命整治赤水河道，开辟川盐入黔新路线

明嘉靖
（152

设立仁
播州长

新石器时期

仁怀已有人类繁衍生息

商周时期

仁怀云仙洞有濮人居住

秦始皇二十六年（前 221 年）

仁怀南部为蜀郡东南边境，北部属巴郡

西汉元光五年（前 130 年）

仁怀北部属符县

西汉元封元年（前 110 年）

仁怀南部属平夷县

三国时期

仁怀为蜀汉政权辖地

两晋

仁怀分属平夷县、鳖县和彝族扯勒部茅坝则溪

南北朝至

仁怀部分

后隶属平

安乐、合